宁波大学音乐教育专业建设系列教材

中小学“多感官联动式”音乐教学优秀案例集

王蕾　主编

西南大学出版社
SWUP 国家一级出版社 全国百佳图书出版单位

图书在版编目(CIP)数据

中小学"多感官联动式"音乐教学优秀案例集 / 王蕾主编. -- 重庆 : 西南大学出版社, 2021.8
(2023.7 重印)
宁波大学音乐教育专业建设系列教材
ISBN 978-7-5697-1056-4

Ⅰ.①中… Ⅱ.①王… Ⅲ.①中小学—音乐课—教案(教育)—高等学校—教材 Ⅳ.①G633.951.2

中国国家版本馆CIP数据核字(2023)第141737号

宁波大学音乐教育专业建设系列教材

中小学"多感官联动式"音乐教学优秀案例集

ZHONGXIAOXUE DUO GANGUAN LIANDONG SHI YINYUE JIAOXUE YOUXIU ANLI JI

主　编 王　蕾

副主编 宋萍萍　陈雯雯　刘笑成　张妍君　李芷清　管雅婷
胥　诺　郑莞川　杨家兵　彭琳惠　梁惠娣　林　玲

选题策划：王　菱　董宏宇
责任编辑：彭智烨
责任校对：郭彦臣
装帧设计：观止堂_未　氓
排　　版：李　燕
出版发行：西南大学出版社(原西南师范大学出版社)
地址:重庆市北碚区天生路2号
邮编:400715
电话:023-68254353
经　　销：全国新华书店
印　　刷：重庆紫石东南印务有限公司
幅面尺寸：210mm×285mm
印　　张：14.5
字　　数：397千字
版　　次：2021年9月　第1版
印　　次：2023年7月　第2次印刷
书　　号：ISBN 978-7-5697-1056-4
定　　价：49.00元

编 委 会

主编简介

王蕾，女，浙江宁波人，浙江师范大学教育学院教育学博士研究生(课程与教学论方向)，教授，美国哥伦比亚大学、华东师范大学访问学者。

主持三门国家级一流金课("音乐与健康""聆听中国""音乐鉴赏")，主讲慕课全国百余所高校的30余万学生选学，主讲音乐素养等课程广受好评。主编教材4部，曾荣获首届"最美宁大人"、首届"真诚奖教金"教学特别贡献奖，5次荣获浙江省高校教学类评比特等奖，曾荣获浙江省高校青年教师教学技能大赛特等奖、首届全国高校教师教学创新大赛一等奖暨全国高校教学创新设计奖、浙江省师德先进个人、浙江省高校优秀共产党员、宁波市音乐奖、宁波市五一劳动奖章获得者等荣誉，相关事迹获得《人民日报》《浙江日报》等主流媒体专题报道。

前言

多感官联动教学法是一种全身心、全方位、多感觉、立体化融入学习过程的“全身全反应”音乐教学方法。它将教育学、心理学、神经科学等学科理论与音乐课堂教学实践相结合，契合中国学生发展的核心素养，以培养“全面发展的人”为核心，促进“生本”建设。多感官联动教学法通过调动视觉、听觉、触觉等多种知觉参与，将听觉、视觉、动觉、触觉、味觉、前庭觉、本体觉等感知觉进行统合，进而促进大脑统合感知系统做出反应，有效促进音乐能力以及非智力因素（如注意力、记忆力、情绪控制、形象思维、逻辑思维等）的提升。它注重具身认知、生理体验交互的动态过程，同时，能改变音乐“离身”学习中过于重视知识讲解、依赖单一感官，却缺乏身心整体深度参与的尴尬局面。通过感知统合，多角度地感知音乐，才能使学生对音乐形成有深度、够全面的认知。因此，多感官联动教学法是符合中小学生自然成长规律的音乐教学方法。

多感官联动教学法通过趣味多样的活动引发学生的多种感觉的联动，引导学生有意识地调动“听”（听觉）与感受融合，“看”（视觉）与表现融合，“唱”（触觉）与创造融合，改变现有课堂中“教”与

“学”的方式，变“学有所教”到“学有优教”，倡导具身认知、多感官联动、动态感知。

本书汇总了一些基于多感官联动教学法的中小学音乐教学设计案例，希望藉此方式为各位读者提供理论思考和实践参考，为促进学生演唱水平和音乐素养，提高教学质量、提升学习兴趣、活跃课堂气氛、丰富教学形式而提供材料。愿广大音乐教师在营造鲜活、流动、焕发生命活力和创造性的教学空间和气氛的同时，提升教师职业认同感，实现高水平建设“美好教育”的愿景。

王　蕾

目录

第一编　小学部分

Chapter 1

第一编　小学部分

课例1 《玩具兵进行曲》教学设计

慈溪市第三实验小学　岑琳
慈溪市教育局教研室　孙霞

课　型

欣赏课

教　材

人民音乐出版社义务教育教科书《音乐(简谱)》
(本书简称“人音版教科书《音乐》”)一年级上册

教学内容

《玩具兵进行曲》

授课年级

一年级

教材分析

很多作曲家都写过以玩具兵为题材的作品,例如柴科夫斯基的舞剧《胡桃夹子》、皮埃尔的《玩具兵进行曲》、波埃鲁涅的《玩具兵》、伊格鲁的《玩具兵阅兵式》等。其中,德国作曲家莱昂·耶塞尔写的这首《玩具兵进行曲》是其中流行最广的一首。

整首乐曲富有进行曲风格,用复三部曲式写成。C大调,2/4拍。乐曲分为三大部分和一个引子与尾声。在乐曲的开头是个短小的引子,用号角式的声音在召唤听众入席,加上木琴和木鱼声,那叮叮笃笃的音响,描写玩具兵正以小喇叭和大、小军鼓为前导开始游行,更增加了童趣。第一部分情调明朗活泼,第二部分主题雄壮而有气势,反复时,加进了短笛、木琴、小钟琴,显得活泼风趣。第三部分是第一部分的再现,形成首尾呼应之势。最后尾声部分,作曲家用半音阶快速下行滑音,将玩具兵发现小主人醒了之后那惊慌失措而迅速地逃回箱子里的动作描绘得十分逼真、生动,最后用一个渐弱长音结束全曲。

学情分析

一年级学生以形象思维为主，喜欢想象、善于想象，又具有好奇、好动、模仿能力强的身心特点。因此，在聆听作品时，应调动多维感官，通过“听”“唱”“奏”“动”“创”等多种方式感受不同音乐主题的旋律特点及情绪，调动孩子的学习积极性，激发音乐想象力，从而获得音乐体验和音乐享受。

教学目标

1.通过聆听乐曲，感受童话般的音乐，激发孩子们丰富的音乐想象。

2.通过模唱主题、画旋律线、打击乐器演奏、小组合作表演等手法，引导学生参与教学活动，感受各部分的音乐形象和情绪。

3.在音乐活动中，区分不同的乐段并能用肢体表现不同的音乐段落及情绪。

教学重点

积极参与音乐活动，感受进行曲的风格特点。

教学难点

了解乐曲各部分的不同音乐情境，用多种方式表现音乐。

教学过程

一、创设情境，导入新课

师：小朋友们，你们看过《玩具总动员》吗？ 我们一起来看一看吧！

师：你们看到了什么？

生：我看到了好多玩具，他们像人一样会说话。

师：哇，真是太神奇了！ 玩具居然活了起来。今天老师也给你们带来了一个玩具兵的故事，这些玩具兵他们在干什么呢？(聆听全曲)

【设计意图】通过观看《玩具总动员》精彩片段，把孩子们带入一个鲜活的玩具们的世界，创设情境、激发学习兴趣，调动学习的积极性。

二、初步感受，聆听全曲

1.聆听全曲，交流感受

师：他们在干什么呢？

生1:他们有的在排队走来走去,有的在敲锣打鼓。

生2:他们好像在捉迷藏,有的好像在跳舞。

生3:好像有人追赶他们了,他们躲起来了!

……

2.简介作品

师:在德国有一个作曲家叫耶塞尔,他小的时候做了一个非常有趣的梦。他梦见那些可爱的玩具都从玩具箱里溜了出来,玩具兵们吹号敲鼓,玩玩闹闹。后来其他玩具也都跑了出来,他们一起开了一个愉快的舞会。天蒙蒙亮的时候,耶塞尔醒了,玩具们惊慌地逃回玩具箱里。耶塞尔起床一看,呵!原来是场梦啊!后来耶塞尔长大成了一个作曲家,他就根据这个有趣的梦写了一首管弦乐曲,叫《玩具兵进行曲》。乐曲中的玩具兵有的吹号打鼓,有的歌唱舞蹈,玩得不亦乐乎。

【设计意图】通过完整聆听作品以及了解音乐创作背景,使学生对作品有初步的感受和印象,引导孩子们展开音乐想象,为进一步深入聆听做好铺垫。

三、深入体验,分段欣赏

1.第一部分A赏析

(1)聆听主题a

师:你想象到怎样的玩具兵向你走来呢?

生:神气的、昂首挺胸的、活泼可爱的玩具兵向我们走来……

师:你能模仿他们神气的样子吗?我们也变身玩具兵一起来行走吧!(播放主题a)

(2)出示简化谱例,教师范唱主题a

师:看到这么多可爱的玩具兵,老师也情不自禁地唱起来!(师弹唱)

(3)学生跟琴唱歌谱

师:请你跟我一起也来唱一唱吧!演唱时注意休止符哦,这样才能表现出玩具兵活泼可爱的样子!

(4)学生跟琴唱歌词

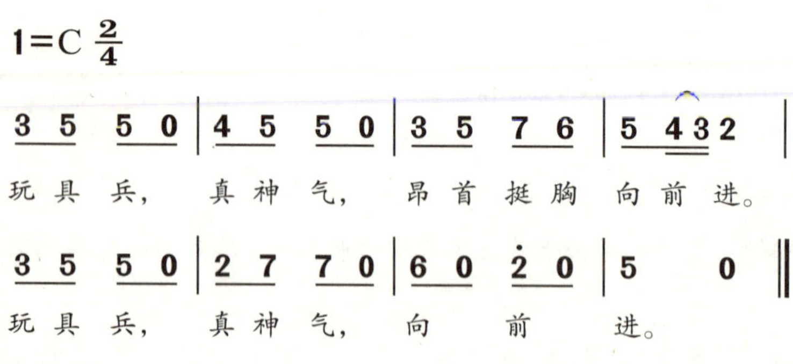

(5)学生创编歌词

师:多么活泼可爱的玩具兵啊!你能像老师一样也来编一编吗?

生1:玩具兵,真可爱,悄悄悄悄跳出来。玩具兵,真可爱,跳出来……

生2:玩具兵,真快乐,唱唱跳跳做游戏。玩具兵,真快乐,做游戏……

【设计意图】音乐主题是作品的灵魂和精华所在。主题a部分出现了许多弱起、十六分音符、变化音等等，对于低年级孩子来说，是非常有考验性的。因此，提取主题a旋律的骨干音，进行化简。简单的旋律，让孩子自主编创生动有趣的歌词，让学生轻松又愉悦地熟悉《玩具兵进行曲》的主题旋律。

(6)再次聆听主题a，学生随乐演唱

(7)用打击乐器为主题a伴奏

师：老师还给这段旋律加上了丰富的打击乐器，你们看。(教师播放打击乐器演奏视频)

(8)学生分别学习节奏棒和沙锤的两组节奏

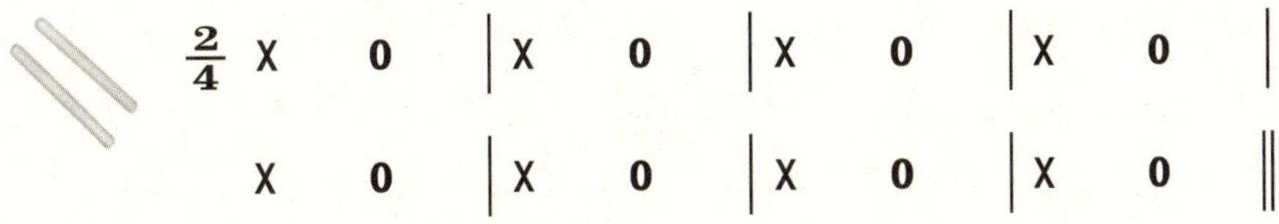

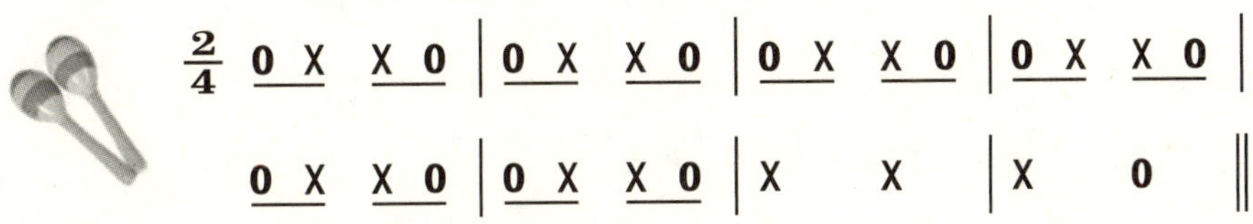

(9)选择其中一件乐器合作演奏(播放主题a)

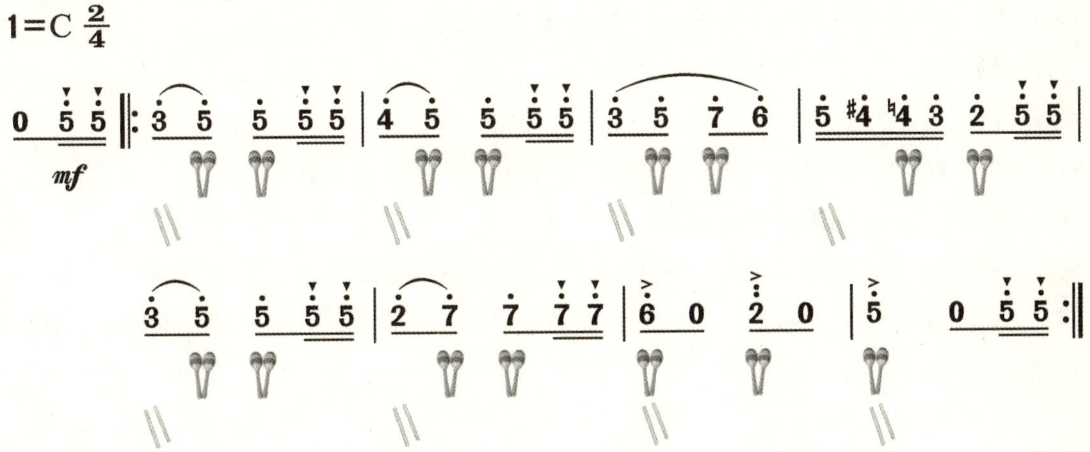

【设计意图】在第二次和第四次出现主题的时候，后半部的主旋律和节奏都发生了变化，选择较为轻柔的打击乐器(节奏棒和沙锤)为主题音乐进行伴奏，来进一步感受音乐的变化。打击乐器的演奏，不但培养了孩子们二声部的合奏能力，而且提高了关注音乐速度、力度、情感变化的能力。

(10)聆听主题b，画画旋律线

师：其实在这两段主题音乐中间还有一小段音乐很特别，你能找出来吗？(出示第一部分A图形谱)

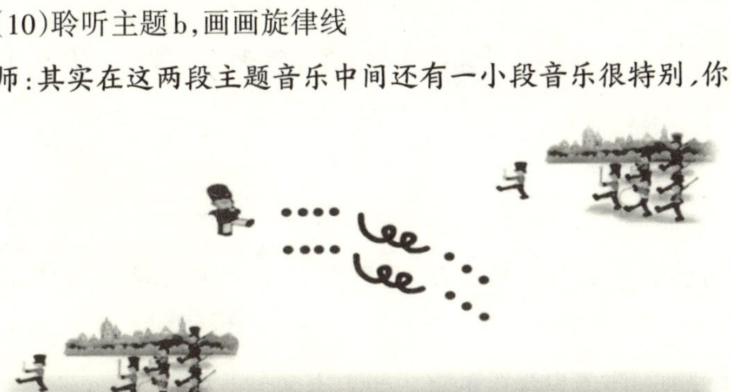

生：中间部分。

师:对,就是这部分音乐,请你跟我一起来画一画吧!

生跟师边唱边画主题b旋律。

【设计意图】直观有趣的图形谱,如同一张小型的"音乐地图",虽然不能记录音乐的全貌,但能反映出音乐的主要结构和典型要素,便于学生快速直观地认识音乐的特征,提高对音乐的感受力和理解力。借助这份"音乐地图",在不断变化的音乐中,音乐要素的断与连、高与低、弱与强都在小小的线条中呈现了出来,从而培养孩子们关注音乐和敏锐地捕捉音乐变化的能力。

2.第二部分B赏析

(1)聆听B主题

师:我们继续聆听,音乐发生了怎样的变化呢?(播放主题)

(2)学生自由编创律动

师:这段音乐变得威武雄壮,仿佛让我们看到了玩具兵们排着整齐的队伍在行进、集合。你们用怎样的律动来表现这些活泼可爱的玩具兵呢?请你用你喜欢的方式来动一动吧!

生自由编创律动。

(3)跟师律动

师:你们的律动真特别,老师也设计了一段律动,你能跟我一起再来动一动吗?

师根据旋律变化设计一组律动。

【设计意图】通过轻巧简单的动作设计,让孩子们用肢体动作参与到音乐中来,这样不但易于掌握,而且不容易过多分散孩子们的注意力在动作上,而是让他们专注于聆听音乐,在亲自参与音乐的过程中获得美好的音乐体验,享受音乐带来的快乐。

3.第三部分A'赏析

(1)聆听第三部分

师:你们做得真棒,接下来这段音乐和哪一段音乐相似呢?

生:跟第一部分相似。

(2)聆听尾声

师:是的。哎,当玩具兵们玩得正高兴的时候,突然音乐发生了变化,请你听听这里发生了什么事呢?

生1:他们好像悄悄地躲起来了!

生2:夜深了,玩具兵结束了游戏!

……

师:同学们的想象力可真丰富,老师也仿佛看到这样一幅画面:天亮了,小主人突然醒了,玩具兵们惊慌失措地回到了玩具箱里。

【设计意图】通过学生交流想象到的画面,进一步激发学生的音乐想象力和创造思维,让孩子进一步感受音乐的活泼。

四、律动表现，全曲聆听

师：这首《玩具兵进行曲》是由ABA′三部分再加一个引子和尾声组成的，现在让我们一起来完整地欣赏这首管弦乐曲，当你听到熟悉的音乐主题响起，请你用自己喜欢的方式大胆地表现出来吧！

【设计意图】在"听""唱""奏""动""创"多感官重复聆听、感知音乐主题的基础上，将作品结构用显性的方式表现出来，遵循低段孩子音乐学习的规律，自主地运用律动表现进一步加深对乐曲的理解，提升学生的自信心和学习的自主性，激发学生的表演欲望。

五、课堂总结

师：小朋友们，音乐是丰富多彩的，音乐是充满想象的，让我们插上想象的翅膀遨游在音乐的海洋里吧！孩子们，再见！

课例2 《快乐的小笛子》教学设计

杭州钱塘新区听涛小学 洪赟

课 型

以歌唱为主的综合课

教 材

人音版教科书《音乐》一年级上册

教学内容

《快乐的小笛子》

授课年级

一年级

教材分析

《快乐的小笛子》是一首通俗简练、富于儿童情趣的二拍子儿童歌曲，一段体结构，由四个乐句构成。歌曲第一、三乐句完全重复，第二、四乐句基本重复，但“fa”音出现较多，学生不易唱准。四个乐句的节奏完全重复，很有规律。格外有童趣的旋律，活泼有趣的歌词，刻画了吹小笛儿童天真可爱的形象。

学情分析

一年级学生以形象思维为主，好奇、好动、善于模仿，身心可塑性强，乐于参与。教学方法应主要选择游戏的形式，让学生在玩中体验，在玩中创造，最大程度地调动学生的积极性，使他们在亲身体验中进行有效的学习，保持他们学习的兴趣，从而提高学习效果。经过几个月的学习，学生已经基本掌握“X”、“$\underline{X\ X}$”、“X －”等节奏型，可以完成一些简单的节奏模仿练习。本课采用律动、歌唱、游戏相结合的综合手段进行直观教学，帮助学生感受、表现音乐。

教学目标

1.能用活泼、轻快的声音演唱歌曲《快乐的小笛子》,表达吹奏小笛子快乐的心情,让学生快乐地学习音乐、感受音乐。

2.采用情景教学,通过游戏、模仿、律动、合作等教学策略,让学生走进音乐,快乐地聆听、探究音乐,主动参与到音乐实践活动中来。

3.感受、体验并掌握二拍子的强弱规律,通过各种音乐方式让他们熟悉和掌握节奏、音高及乐句节奏规律。

教学重点

感受、体验歌曲的节拍感,能用活泼、轻快的声音演唱歌曲。

教学难点

掌握乐句规律。

教学过程

一、课前律动

聆听《快乐的小笛子》,律动。

1.跟音乐律动

师:欢迎小朋友来到快乐的音乐课堂,下面请小朋友跟我一起来做。

2.交流探索

师:我有一个小小的问题要问大家,刚才我们在听这段音乐的时候,用了几个动作?这些动作有变化吗?

3.再次跟随音乐律动

师:还有没有呢?我们再来一次。

二、感受与体验

师:踏着整齐的步伐,拍着小手,我们来到了小花园,花园里的花开得好漂亮!洪老师想去找一找,哪几朵花最漂亮?

1.体验歌曲节拍,感受四个乐句的尾音高低

(1)安静聆听音乐,师拍击节拍,并在尾音处做花开的动作。

师:老师找到了几朵最漂亮的花朵?(四朵)这四朵花的位置一样吗?

(2)学生听音乐，模仿拍击、律动。(原地——空间律动)

(3)找小伙伴合作律动。

师：请你邀请小伙伴一起去找一找这四朵花！

踏步，拍手，对拍，句尾做花开的动作。

2. 师：花园里真热闹，有一个小伙伴也在这里，你们发现了吗？

(如学生说不出来)师：老师用歌声告诉你！

生：是小笛子！

师：让我们来听听小笛子的声音。小笛子的声音是清脆明亮的，还是低沉浑厚的呀？

3. 体验节奏

(1)在旋律中体验节奏。

师：让我们用掌声来欢迎小笛子吧！

师：刚才小笛子和我说，他希望小朋友能用他唱歌的节奏来欢迎他。

师模唱旋律，生模仿拍击。

师：需不需要老师的帮助？那行，我们就先来试试。小耳朵仔细听！

(拍完后)师：刚才我们拍了四条小笛子唱歌的节奏，不知道你们有没有发现一个小秘密——这四条节奏一样吗？想一想再回答。

(2)教师用“du”模唱歌曲，师生接龙拍击节奏。

师：小笛子想和你们玩一个接龙的游戏，他拍第一句，你们拍第二句，可以吗？那我和小笛子一组。准备了，轮到我和小笛子拍的时候，你们可要仔细听哦。

(3)学生节奏接龙(分组练习→连续接龙)，体验乐句节奏相同的特点。

(4)在节奏练习中体验长音，句尾做花开的动作。

【设计意图】以小伙伴“小笛子”为主要线索创设情境，引导学生初步感受并模仿小笛子的音色，培养学生的学习兴趣，为正确的歌唱打好基础。在音乐中体验、模仿节奏，让学生在练习中听辨，发现四个乐句节奏完全重复的规律。

三、歌曲学习

1. 学唱音高，学习旋律

(1)师范唱旋律并用柯尔文手势表示每一句的尾音，生聆听、观察尾音变化。

师：今天，小笛子带着很多音乐伙伴来和我们玩耍，可他太着急了，把每一个乐句的小尾巴位置弄乱了，你能帮帮这些小尾巴找到他们的位置吗？

(2)模仿do、re、sol的柯尔文手势，学唱音高。

师：先来看看是哪几个小尾巴？

师：你能边做手势边唱尾音吗？你还能发现什么？(第1个和第3个比较高，第2个和第4个比较低，第1个和第3个是一样的。)

(3)巩固音高，帮乐句找尾巴。

(4)用柯尔文手势辅助，唱每一句的尾音。

(5)师生合作接唱旋律。

师唱前面,生唱尾音。

2.体验歌曲情绪,学唱歌曲

(1)聆听范唱,感受歌曲内容。

师:小朋友们真棒!为了感谢大家,小笛子邀请你们一起来唱歌,先听听它唱了什么。

(2)跟琴完整学唱歌曲。

师:大家一起跟琴来唱一唱。

(3)用欢快的情绪演唱歌曲,体验歌曲内容。

3.做捉迷藏的游戏,背唱第一段

(1)背唱难记的歌词。(荷叶遮住小伙伴:“小笛、小小笛儿、池塘里的鸭”)

师:看到有那么多音乐伙伴,池塘里的荷叶也加入了!它要和大家捉迷藏,你们看,它把谁藏起来了,你们还记得吗?好,那就来考考你们。

(2)内心歌唱,背唱后半句。

师:小荷叶和我们玩游戏可开心了,你看!它下边又藏着谁?先别出声,在心里唱一唱。

(3)背唱全曲。

师:呀!小荷叶真淘气!把所有的伙伴都藏起来了,你们能记得住吗?请你唱出来!

4.拍节奏完整演唱第一段

师:同学们记忆力超强!小荷叶难不倒你们呢!我们可以和小笛子快乐地歌唱啦!

5.学唱第二段歌词

(1)聆听歌曲第二段内容。

师:你们的歌声把小伙伴们都吸引过来了!瞧,谁来了?(大鸭、小鸭)

(2)学唱第二段歌词。

(3)创编律动,记忆歌词。

师:你有什么办法把小鸭子的歌词记在心里?记住歌词,等会儿在捉迷藏的时候才能够赢得胜利。

生探索创编。

(4)师:游戏时间又开始了,你们看,荷叶又把什么给藏起来了?

【设计意图】运用柯达伊教学法中的手势音高帮助学生直观感受音的高低,发现规律,用手势帮助唱准每一句尾音,能够非常有效地帮助学生唱好每一个乐句。通过“小荷叶捉迷藏”的游戏帮助学生背唱歌曲,增加学习的趣味性。在背唱过程中采用内心歌唱的方式,帮助学生将歌曲印入脑中,让学生能够更准确地歌唱。

四、创编歌曲

师:看着你们玩得这么开心,又一支小笛子也想加入我们。她想用“嘟嘟”这样的声音来加入我们,你们帮帮她,看看可以加在歌曲的什么地方?

(1)交流:在句尾加“0 嘟嘟”。

(2)师生合作加入同音支声伴唱。

(3)小组合作加入同音支声伴唱。

五、课堂小结

师：孩子们，今天和音乐小伙伴们的聚会马上就要结束了，让我们再次响起神气的小笛声！

学生听音乐律动出教室。

教学反思

值得肯定之处：

1.教学语言符合音乐教师的专业规范。

2.关注学生演唱音准、音色、歌唱的高位置。学生一开始声音是散的，音准也不到位，经过反复练习，通过荷叶的遮盖、接龙等方法分阶段解决了歌词的背唱，从学到会唱到背唱，效果明显。

3.关注学生的弱声演唱。

4.尝试多声部的渗透，在课堂的最后用一种开放式的、师生合作的方式让学生为歌曲加入多声部的同音支声伴唱。

有待改进之处：

1.支声伴唱处学生的节奏不对，教师的教学方法可以稍微改一下，让学生背唱歌词，由老师加进同音支声伴唱。在师生呈现的过程中让学生自主去发现，并且正确演唱。

2.需要给学生一个充分体验的时间。在体验音的高低时，需要引导学生透过表面的动作去关注音乐，建立起音乐与动作之间的联系，给学生一种音乐的思维。

3.学生学会歌曲后，可以做一个拓展，让学生认识笛子。听听笛子的音色，用直观的方式让学生了解笛子，感受笛子的音色。学生有对象感，唱起来就会更有情感、更有共鸣。

课例3 《火车开啦》教学设计

丽水市青田县塔山实验小学　季兆霞

课　型

以歌唱教学为主的综合课

教　材

人音版教科书《音乐》一年级下册

教学内容

《火车开啦》

授课年级

一年级

教材分析

《火车开啦》是一首活泼、欢快的匈牙利儿童歌曲。歌曲为大调式，一段体，由四个乐句组成，全曲节奏简单明快，旋律多为级进，流畅上口，歌词简练通俗。歌曲一开始生动地模仿了火车开动时发出的“咔嚓咔嚓”的声响；第二句采用了完全重复的手法；第三乐句在高音区进行，配以舒展的节奏，与前面的乐句形成对比，好像火车在飞驰，也表达了火车司机开动火车的自豪感；最后一个乐句在大调式主和弦上分解进行，而后级进下行至C大调主音。同时，音乐游戏“火车开了”中“X　–”“X”“$\underline{X\ X}$”这三种基本节奏，使学生在游戏中感受节奏的同时，进一步感受音乐的欢快情绪，潜移默化地受到音乐的熏陶。

教学目标

1.通过学习，感受火车的音乐形象，能用欢快活泼的情绪、轻巧的声音，清晰、准确地演唱歌曲《火车开啦》。

2.采用听、唱、演、创、评等多种音乐艺术表现手法，激发学生的主动参与意识，培养合作创新精神。

3.通过各种体验活动模仿火车的声音，培养学生对“X –”“X”“XX”三种音符时值的感受认识。

教学重点

用欢快活泼的情绪、轻巧的声音清晰、准确地演唱歌曲《火车开啦》。

教学难点

1.通过练习，在音乐活动中完成三声部节奏练习。

2.曲谱视唱。

教学过程

师：欢迎小朋友们来到青田县中小学音乐云课堂。我是塔山实验小学的季老师。

一、发声练习

1.听火车声并模仿

(1)听火车声

师：今天，季老师带小朋友们走进神奇的火车王国，端正好姿势，带上你灵敏的小耳朵仔细听，这是什么声音?(是小火车的汽笛声和车轮声，它们分别是我们的二分节奏、四分节奏和八分节奏)

(2)模仿火车声

师：自由地模仿一下，想一想，什么样的口型能把它们模仿得很好听?(引导学生用圆圆的、空空的嘴型)

2.单声部发声练习

(1)师生接唱

师：我们一起合作一下，我来当火车头唱黑色部分，你们来当火车尾唱黄色的火车声。小腰立起来，小眉毛小脸蛋笑起来，嘴巴保持圆圆的。

(2)引导声音位置

师：小火车烟囱里的烟是往哪儿冒的？我们的声音也要这样，往上走，高高的，轻轻的，嘴巴保持圆圆的。再来一次。

(3)声音指导

师：告诉你们一个小窍门，用同样的方法唱车轮声，小火车就能跑起来。一起来试一试。

3.三声部合唱

(1)听三种火车声的合唱

师：小火车真的跑起来了，三种声音合在了一起，你听!

(2)师：请你选择一种你喜欢的声音加入他们。

分角色唱。

1=C $\frac{2}{4}$

5 6 5 4 | 3 4 | 5 - | 5 - ||
火 车 火 车 来 了 wu wu

5 6 5 4 | 3 4 | 5 5 | 5 5 ||
火 车 火 车 来 了 hong long hong long

5 6 5 4 | 3 4 | 5 5 5 5 | 5 5 5 5 ||
火 车 火 车 来 了 ka cha ka cha ka cha ka cha

【设计意图】通过对火车声的模仿，感受二分音符、四分音符、八分音符的时值；再通过加音高的发声练习，引导孩子们形成正确的歌唱状态、声音位置、气息方法等；并在简单的游戏中进行合唱的训练。

二、学唱歌曲《火车开啦》

1. 学唱曲谱

(1)一听歌曲旋律，找二分节奏

师：小火车跑得飞快，我们也来当当火车司机。拿出你准备好的玩具车或者小球在地板上跑一跑，想一想，小火车是在什么节奏上跑出来的？(找到二分节奏"X －")

(2)看图谱，找二分音符

(出示歌曲图谱)师：看一看音乐地图，找一找"X －"这个二分节奏藏在哪些音符宝宝的身上。

(3)二听歌曲旋律律动，并视唱二分音符

师：你找对音符了吗？让你的小火车离开地面在音乐地图上高高低低地跑一跑，并在二分音符宝宝出现时和他一起唱一唱。

(4)三听歌曲旋律，律动、独立视唱二分音符，并找出相似乐句

师：没有我的帮助你行吗？我们再来试一试。还要找一找音乐地图上有没有相同或者相似的路线。(第一、二、四乐句相似；第一、二乐句一模一样，第四乐句是第一、二乐句的变化重复，头尾不一样)

【设计意图】音乐是听觉的艺术，听唱是低段儿童学习歌曲最有效的教学方法。让孩子们在反复的聆听中感受音乐要素，参与音乐活动，掌握音乐知识。

2. 学唱歌词

(1)一听歌曲，了解歌曲内容

师：一列来自匈牙利的小火车唱着歌通过音乐地图向我们开来了。(看律动视频，初听歌曲，感受歌曲内容)

(2)二听歌曲，律动

师：请你起立，坐上小火车，跟着小火车跑一跑。

(3)三听歌曲，揭题并体会歌曲情绪

师：他们带来的是匈牙利儿歌《火车开啦》。请你边听边做动作，并思考，小火车的心情是怎样的？

(4)指名交流小结

师：多么神气自豪的小火车啊，你们都感受到他们活泼欢快的情绪了。

(5)四听歌曲，轻声哼唱

师：坐好，看着歌谱，轻声地唱一唱，找一找火车声出现的三种节奏 X（四分节奏）、X –（二分节奏）、$\underline{X}$（八分节奏）都藏在哪些字宝宝身上。

(6)按节奏念歌词

（出示带节奏的歌词）师：跟着老师按节奏念一念歌词。注意"走""跑"的字宝宝要念得轻巧，二分字宝宝要念得平直饱满。

咔 嚓 咔 嚓	咔 嚓 咔 嚓	火 车 开	啦 –
咔 嚓 咔 嚓	火 车 跑 得	多 么	好 –
火 车 司	机 –	开 着 火	车 –
咔 嚓 咔 嚓	咔 嚓 咔 嚓	向 前 奔	跑 –

(7)跟钢琴慢唱

师：请你跟着季老师的钢琴唱一唱。注意不同的字宝宝要用不同的感觉去唱哦。

(8)跟钢琴恢复原速唱

师：小火车可是跑得很快的，我们加快速度试一试。（由慢到快地提速直到恢复原速）

(9)跟着录音伴奏准确地唱

师：相信你们一定唱得非常棒了。能干的小朋友还可以把歌词记下来。

(10)引导学生有感情地歌唱

师：小腰挺起来，小眉毛、小脸蛋笑起来，嘴巴圆圆的，声音轻巧的，高高的，把小火车轻快、自豪的心情给表现出来。

(11)加律动表演唱

师：你们真是小歌唱家，小火车为你们自豪。起立，加上你开火车的动作，边开火车边唱。

【设计意图】通过听原唱、念歌词、跟琴唱、跟伴奏唱、表演唱等一系列的活动，循序渐进地引导孩子熟悉歌词，自信歌唱，并能表现小火车的快乐。也进一步地掌握八分节奏、四分节奏、二分节奏。

三、合唱《火车开啦》

1.复习回顾发声练习曲

师：为了欢迎远道而来的匈牙利小火车，小伙伴们唱着歌都来了。（出示发声曲，让学生回忆课刚开始时的三种火车声以及合唱的感觉）

2.聆听合唱《火车开啦》

师：他们和匈牙利小火车成了好朋友，他们手拉手，心连心，开开心心地一起唱起了动听的歌。

3.观察曲谱交流

师：他们是如何一起唱歌的？火车声出现在歌曲的哪些地方？(小火车们在歌曲“咔嚓”声出现时加入了自己不同的火车声)

4.合唱《火车开啦》

师：请你选择一种你喜欢的火车声加入到他们的合唱中。

5.分角色合唱

两大组唱歌曲，一大组唱火车声“wu——”，一大组唱火车声“hong long”。

6.分角色加律动表演合唱

师：加上前面的律动，让我们一起来。注意歌唱的状态和声音的位置哦！

【设计意图】通过情境教学法，把小火车的声音融入到歌曲中，让孩子们在情境中完成三声部的合唱，既有趣又能锻炼孩子们的音乐素养。

四、结束语

师：在动听的歌声中，我们的火车王国之行就要结束了。小朋友们再见！

教学反思

《火车开啦》这一课的教学中，笔者将教学内容趣味化，通过图谱、玩球游戏、律动、旋律接唱等方法，充分调动学生听、唱、动的能力，让孩子们在愉快的故事情节中，全身心地投入到音乐的感知和学习中。充分发挥学生的主动性和能动性，使他们在“玩”中“学”，“学”中“玩”，轻松愉悦地掌握了枯燥的音乐知识，获取了积极愉悦的情感体验。

第一环节模拟小火车的三种声音，二分节奏wu—、四分节奏hong long、八分节奏ka cha ka cha；在发声练习中巩固这几个节奏的时值，并完成三声部的合唱训练。

第二环节的学唱中，通过铁轨式的图谱感受歌曲意境，并找到二分音符；在玩球的游戏中进行二分音符的旋律接唱并感受旋律的行进；在律动中熟悉歌曲，体悟歌曲形象；通过听唱、轻声唱、念歌词、跟琴唱、跟录音唱等一系列活动完成歌曲的学唱。

第三环节的拓展中，让学生找到火车的三种声音，进行三声部的合唱。

学生掌握得不错，但是也存在一些不足，引发了笔者的思考：

1.对于歌曲的学唱环节是否有更有效的方法？

2.三声部的合作仅仅是单音；如果可以根据三种声音的特点，让学生用不同的音高去合唱，会更形象生动。

课例4 《这是什么?》教学设计

浙江省台州市温岭锦园小学 梁小佩

课 型

综合课

教 材

人音版教科书《音乐》一年级下册

教学内容

《这是什么?》

授课年级

一年级

教材分析

《这是什么?》是人音版教科书《音乐》一年级下册第8课的内容。歌曲2/4拍,宫调式,结构为四乐句构成的一段体。歌词为谜语,"会走没有腿,会说没有嘴",还会发出"嘀嗒"与"当当"的声音,生动、形象,富有童趣。歌曲的旋律在有规律的节奏配合下,轻松、跳跃,第一、二乐句形象地描绘出钟表的机械声和报时声,第三乐句是重要的两个小乐句,呈示着两个设问,第四乐句是个扩展的尾句,平稳地落在主音"do"上,给人以完整的结束感。

教学目标

1. 能积极参与音乐活动,在聆听、律动、表现中体验音的高低。

2. 能用自然轻松的歌声演唱歌曲《这是什么?》,感受轻快活泼的情绪。

3. 通过感受变奏旋律,巩固音的高低,了解不同节奏所描绘的钟的形象,鼓励学生尝试表现不同的音乐形象,培养学生的音乐表现力与创造力。

教学重难点

感受与巩固音的高低。

教学过程

一、听音乐进教室(《调皮的小闹钟》)

1.律动

(1)走动

(2)以动作模拟闹钟、闹铃

2.讨论,摆调皮的造型

师:这首曲子熟悉吧?它叫?(《调皮的小闹钟》,点击课件)谁来做一个调皮的造型?

请个别学生做,老师带领其他孩子一起模仿,动作夸大。

3.律动A段

师:我们来玩个小游戏,当老师拍手的时候,请大家做调皮的造型,好吗?来,找到你喜欢的地方。

【设计意图】在音乐切分节奏的地方拍手,不仅带领大家做调皮的造型,也为下面切分的变奏做好铺垫。

二、歌曲《这是什么?》

1.感受音的高与低

(1)小闹钟的闹铃声——高

师:真可爱!请坐。小闹钟是怎样叫主人起床的呀?

听钢琴,你能唱出闹铃的声音吗?

(5 5 5 —“叮铃铃”唱法提醒,眼睛亮、眉毛抬)

小闹钟的声音可清脆了,我们要把声音传得远远的。

如果老师是小主人的话,听到你们的铃声我一定不会睡懒觉了。

(2)大钟钟摆声——低

(点击课件出示大摆钟)

师:认识它吗?这是一架大摆钟。看到这个钟摆了吗?你知道它的声音又是怎样的呢?也听好老师的钢琴声,来模仿一下。

(低音5 —,身体摇)

大钟的声音和小闹钟比,谁低谁高?

是啊,它可低沉了,声音都厚厚的。好像胖胖的感觉。

(3)声响串联

师：看老师的手势，我们一起来叫小主人起床了！

(跟着老师的指挥，大摆钟和小闹钟进行声响串联，也进行两声部练习，当成歌曲的引子部分)

【设计意图】通过对比大钟和小闹钟的声响，复习感受音的高和低，这里的高和低属于八度的关系，学生更容易掌握，也更容易感受到；后面歌曲的第一、二两个乐句的高低是四度关系，使学生由易到难进行练习。不仅如此，两个钟合作的时候也形成了二声部的效果，丰富了孩子们的听觉。

2.体验音乐

(1)讨论歌曲情绪

师：这是一个怎么样的小闹钟？(活泼、可爱)

(2)感受音乐的高低(教师清唱)

师：我们一起感受一下可爱的小闹钟旋律。拿出我们的小手，对着老师拍一拍。

师生徒手拍出高和低。

(3)讨论音的高低

师：咦，我们的手每一次拍的都一样吗？有高有低和音乐有关系吗？

(4)律动感受音的高低(音乐3遍)

师：看来小朋友的耳朵都非常灵敏，我们现在自己选择一个喜欢的地方站好。听音乐，边走边找小伙伴来拍一拍，当然，如果宝贝们没有找到小伙伴也不要着急，你就跟刚才一样，老师会一直对着你拍，你可以朝着老师的方向对我拍。好吗？仔细听音乐！

(5)听辨音的高低——根据闹钟图谱感受音的高低

师：我们画的闹钟一高一低。看，老师的卡片(第一、二乐句的后半句)。(清唱，唱完问)哪个高？哪个低？请你来把卡片贴到对应的闹钟下。

师：谢谢你，宝贝！她贴得对不对？掌声送给她！其实掌声也是送给自己的，你们是不是也会呢？

师：想想怎么样才能唱得高？小手拿高，嘴巴圆圆，眉毛抬抬。

【设计意图】体会歌曲第一、二两个乐句的相似，采用拍手、画闹钟等多种形式来感受一高一低的变化。

3.接唱完整唱名

对着板书师生接唱，第三、四乐句最后的长音请孩子们看老师的手势唱音符。(不说多余的话，直接接唱。先从黑板板书开始由教师指着接唱，后看教师指挥手势接唱)

(1)点黑板唱唱名

(2)跟钢琴唱唱名

【设计意图】从感性地体验高低两个乐句到理性地唱出高低两句的唱名，让学生一步一步巩固提高。

4.歌词学唱(加动作辅助记忆歌词)

(1)师生接唱(第一、二句接唱，第三、四句师生一起唱)

学生围圈坐着唱，教师边唱边在圆圈里走，以歌表演带领孩子记忆歌词。在歌曲的尾音邀请一个孩子。

(2)师：知道老师为什么邀请她吗？……对，老师被她的歌声吸引了，被她的表演打动了。给你点赞！当然还有同样赞的小朋友老师都来不及邀请，这一次我们俩都去邀请一个好吗？

孩子和教师一起带领其他学生唱。

【设计意图】邀请被点赞的孩子，孩子们的表演欲就出来了，当孩子们一个又一个地被邀请出来的时候，其他孩子的表现力也被激发出来。

5.跟钢琴表演唱（老师弹引子+前奏）

（1）师：小闹钟的工作辛苦吗？为什么呀？（从不停歇，走个不停）可是，你从歌曲当中有没有感觉到小闹钟因为辛苦而不高兴呢？

让老师也看到你们这样的表情吧！相信你们的歌声也会如此可爱！

请你们带领大家一起唱好吗？老师来弹钢琴了！

（2）加入引子

师弹“当——当——叮铃铃——”，问：听，这是什么旋律？叫小主人起床了！

6.跟音乐演唱

师：在座的小伙伴其实表演得都很好，那我们都出来找到你喜欢的位置一起表演吧！

三、体验变奏

1.调皮的钟（切分）

（1）感受切分变奏旋律，教师边弹边唱

师：你们的表演太精彩了！现在，老师要给这首歌变魔术，仔细听，这又像是个什么样的小闹钟？如果感受到了，你可以跟着音乐表现出来吗？（边弹边唱）谁来说说，这音乐给你什么感受？（调皮、特别快乐、淘气……）

（2）唱切分节奏，巩固音的高低（唱法要提示）

师：你看，（对着板书）**5 0 5 0 | 5 – |**边唱“当”边用手势辅助，老师给它变成了**5 5 5 | 5 – |**，边唱“当”边拍手辅助切分节奏。有什么不一样？

师：我来唱——，你来拍——

我来拍——，你来唱——

你来唱——，你来拍——

（手指**2 0 2 0 | 5 – |**）师问：按照刚才的节奏，你能唱出这句吗？（提示“拍手、音低”）

（3）师生接唱（清唱）

师：看好老师的手势（先唱高低，再师生接唱），听好老师的前半句。最后一拍造型！

（4）跟钢琴表演唱（师生接唱）

师：跟着钢琴，你们一定表现更赞！

2.优美的钟（三拍子）

（1）感受三拍子变奏旋律（教师边弹边唱）

师：给你们大大的赞！老师还要变魔术，仔细听，又有什么变化？还是用你们的动作表现出来……这一次音乐又给你带来什么不同的感觉呢？（优美，睡觉的闹钟，大钟……）

（2）唱优美的三拍子，巩固音的高低（唱响教室，唱法要提示）

师:(对着板书)5 0 5 0 | 5 - |边唱“当”边以手势帮助,老师给它变成了5 - 5 | 5 - 5 | 5 - - |,边唱“当”边律动辅助三拍子,手在头顶摇出节奏。我们一起来唱一唱。

(手指2 0 2 0 | 5̣ - |)师问:那这句应该怎么唱?

(3)师生接唱(清唱)

师:看老师的手势。(点高的闹钟和低的闹钟)

先唱高低,再师生接唱。

(4)跟钢琴表演唱(师生接唱)

师:唱得可真美,老师给大家钢琴伴奏。

【设计意图】变奏的环节同样是围绕“高”与“低”和孩子们进行活动,其实就是想方设法让孩子们对音的高低的领悟更加透彻。同时,也让孩子们知道音乐是可以变化的,这也激发了孩子们的创造力,为今后自己的创作积累经验。

3.完整演绎——引子+主题+变奏一+变奏二(钢琴伴奏)

(1)听钢琴表演

(听琴声回位置)

师:回忆一下,老师刚才的音乐魔术变了几次?现在,老师要把这几次的音乐串在一起,请听,我是怎么连接的?如果你们听懂了也可以跟着我唱出来,好吗?

(2)讨论顺序

师:告诉老师,钢琴是怎么连接的?

(课件出示三个闹钟)

(3)跟钢琴表演(两遍)

师:完整地跟着钢琴来好吗?小闹钟们找到了自己喜欢的空间,听好钢琴声。

四、小结

师:音乐奇妙吗?今天的音乐课你都感受到了哪些奇妙之处?

对啊,音乐有时候是?(高低手势提示)

只要我们仔细聆听,用心感受,你就会发现音乐更多的奇妙之处!好了,小朋友们,今天的音乐课马上要和大家说再见了!

教学反思

《这是什么?》是一首四乐句的谜语歌曲,歌曲的旋律轻松、跳跃。“会走没有腿,会说没有嘴”,还会发出“嘀嗒”与“当当”的声音,对孩子们来说非常生动形象,富有童趣,我想一般孩子都会喜欢这首歌曲。

音乐作为一门学科,应该有它合理的知识建构体系,我们要让一年级学生在音乐的基本知识和技能方面达到什么目标,才能为他们终身热爱音乐打下学科知识技能的基础?这不是简单地学会几首歌曲,欣赏几首乐曲就能解决的,而是需要根据学生的发展来制订具体的目标。我的这节课主要围绕音的高低进行教学。音的高低应该是一年级下册前两课孩子们需要掌握的知识点，它并不是本课的新授内容，却是这首歌曲的难点，第一、二乐句的高与低容易偏，所以这节课我主要是通过引导学生积极参与音乐活动，在聆听、律动、表演歌曲的过程中感受音的高低；通过感受变奏旋律，巩固音的高与低，了解不同节奏所描绘的不同钟的形象；并尝试表现出不同的音乐形象，培养孩子们对音乐的表现力与创造力。

对这首歌曲的变奏我自己尝试了很多种，但对于孩子们来说有些变奏太难。为了让孩子们容易掌握，又让他们对音的高低能有更深一层的掌握，我最后敲定了课堂上的两种：切分与三拍子。切分的灵感来源于律动的那首管弦乐《调皮的小闹钟》，《调皮的小闹钟》的主题音乐就是用双响筒模仿钟摆的走动声。开始它很有规律，但在每个乐句的末尾都会出现装饰音和切分节奏，在单调乏味的四分音符节奏中出现了一种不安分的性格和幽默的情绪，让音乐变得调皮可爱。《调皮的小闹钟》在前一课孩子们就聆听学习了，对切分或多或少有一点感受，所以，我也尝试着将歌曲进行切分变奏，但不会将整首切分变奏的歌曲拿来让孩子们完整演绎，还是针对高与低的“当当当”来玩，就是想让孩子们在感受高与低的同时，也知道音乐是多变的，同样的音高节奏不同就会有不同的情绪。选择三拍子变奏就是因为它明显的情绪对比，孩子们也能够从中很好地感受优美风格。

一年级是整个音乐学习的基础，针对一年级孩子的心理特征，激发他们的学习兴趣，并保持他们的学习兴趣非常重要。新课标里也提出，要培养学生终身喜爱音乐的兴趣。本节课的教学策略就是引导学生进行直观的音乐体验，引导他们积极参与到音乐中，去体验音乐、感受音乐。比如第一部分的律动，我用本课的一个管弦乐作品《调皮的小闹钟》引入课堂。接着就是让孩子们复习音的高低，通过小闹铃和大钟，把这些声响串联起来也正好成了歌曲的引子部分。到了学习歌曲的环节，继续围绕音的高低做各种体验活动，包括对着老师拍出高低，画一高一低的两个闹钟，都是给孩子们直观感受，感受到位了，唱起来也就准确了。唱歌词的时候，为了激发孩子们的表现力，我一遍又一遍地邀请表现出色的小朋友，直到最后全部小朋友整体表演。最后的变奏环节同样围绕高与低进行节奏变化，其实就是想方设法地让孩子们对音的高低掌握得更加透彻，也让孩子们知道音乐是可以变化的，这对于他们以后的音乐创造有一定帮助。

课例5 《铁匠波尔卡》教学设计

浙江省海宁市南苑小学 虞丽娜

课　型

欣赏课

教　材

人音版教科书《音乐》一年级下册

教学内容

《铁匠波尔卡》

授课年级

一年级

教材分析

本课是选自人音版教科书《音乐》一年级下册第7课《巧巧手》中的一首欣赏乐曲，作者是奥地利著名的作曲家约瑟夫·施特劳斯。乐曲是波尔卡典型的ABA曲式结构；多次出现敲打铁块的不同声响及轻快的主题节奏，是这首乐曲的独特之处。轻松跳跃的波尔卡舞蹈气氛中，旋律轻快跳跃，情绪热烈奔放，表现了铁匠们在火光中快乐劳动的情境以及人们对生活充满信心的欢乐心情。

教学目标

1. 知识技术目标：采用情境表演、打击乐伴奏等多种形式参与乐曲表现，着重体验打铁的节奏。
2. 方法经验目标：在音乐活动中感受、体验波尔卡舞曲的轻快跳跃、热烈奔放。
3. 社会情感目标：实践体验铁匠的快乐劳动和对生活充满信心的欢乐心情。

教学重点

引导学生通过音乐活动感受、体验打铁劳动和波尔卡舞曲风格。

教学难点

多形式引导学生参与乐曲的表现和自己情绪的表达。

教学过程

一、聆听A段中的c部

1. 随乐体验乐曲的节奏、力度、情绪

师：请小朋友跟着音乐找空间走一走，感受一下乐曲的情绪。

（播放2遍音乐）

2. 游戏找“叮”音

（1）师：仔细听，音乐中有一个特别响亮、特别清脆悦耳的声音，用手指找一找它。

（2）玩游戏，找“叮”走一走。

3. 模拟打铁

（1）师：叮叮叮叮，这是在干什么？

生交流。

（2）学一学：铁锤举起来，铁块准备好，铁锤敲起来。

4. 寻找打铁规律

（1）师：仔细听，这“叮叮叮叮”的打铁声有什么规律？

（2）交流总结，出示图形谱。

5. 整齐练习

（1）练习一下铁匠的打铁技能——师清唱2遍。

（2）跟上音乐展示一下打铁技术——播放2遍音乐。

6.观看视频:铁匠聚会——了解铁匠的职业

【设计意图】这一环节教师通过多媒体的音画展现,带领学生开展律动进教室、寻找“叮”音、模拟打铁、观看视频这些音乐活动,引导学生反复体验A段中的c部,感受打铁的节奏、力度和情绪,为A段的学习打好基础。再用视频直观地再现铁匠的真实生活,让学生走近铁匠这个职业,让他们对“铁匠之都”举行的铁匠聚会充满向往,为下面环节的参与表演做好铺垫。

二、聆听A段

1.排练音乐剧《快乐的小铁匠》

(1)玩道具

师出示道具小铁砧,范奏一遍,问:这是什么?

(2)指生试练

(3)练唱主题歌《小铁匠之歌》2遍

小铁匠之歌

我是一个小铁匠呀,小铁匠呀,小铁匠呀。

一起劳动真开心呀,真开心呀,真开心呀。

我是一个小铁匠呀,小铁匠呀,小铁匠呀。

一起劳动真开心呀,真开心呀,真开心呀。

拉起风箱,双手用力,嘿嘿嘿。

拉起风箱,双手用力,嘿嘿嘿。

拉起风箱,双手用力,嘿嘿嘿。

2.音乐剧演出

音乐剧包括主题歌和A段中c段的打铁音乐。

(1)把学生分成红、黄、蓝三队。红队分到的是碰铃、三角铁;黄队分到的是木鱼、单响筒、舞板;蓝队分到的是沙锤、串铃。

(2)交流:红队、黄队和蓝队中哪个队的乐器音色最适合演奏打铁部分的音乐?

(3)分队配合练习:红队演奏打铁音乐,黄队和蓝队演奏主题歌部分。

(4)随乐表演音乐剧。

(5)师小结:刚才表演的小音乐剧,我们给它取个好记的名字叫A段。

【设计意图】这一环节教师通过音画展现、道具和小乐器的配合,带领学生接触打铁工具,进行主题歌演唱、打击乐伴奏、音乐剧表演这些有趣的音乐实践活动。采用音乐剧排练的形式,帮助学生熟悉A段;用简单的歌唱,帮助学生尽快熟悉和记住第一和第三段的旋律,降低学生音乐学习的难度。而且有玩,有唱,有跳,有乐器伴奏,充分激发了学生参与音乐活动的积极性。

三、聆听全曲

1.生演奏A段

(1)师:跟上A段音乐来演奏一次。这次我给的可是整首乐曲,A段出现几次你们就演奏几次,另外的旋律交给老师来演奏。

(2)师交流:A段你们表演了几次?

2.了解乐曲结构

师:中间不一样的那段音乐我们叫它B段。所以我们将整首曲子分成ABA三段。

【设计意图】这一环节通过巧妙设计,用师生合作表演的形式,非常清楚直观地帮助学生辨析了整曲的结构。

四、聆听B段

1.介绍波尔卡

师:在刚才的B段老师跳的是波尔卡舞蹈。波尔卡是一种舞曲,起源于欧洲,也是捷克民间一种男女对跳的舞蹈。舞曲旋律轻快、活泼,节奏感强。波尔卡最基本的舞步叫吸跳步。

2.观看舞蹈视频

3.交流:说说观看的感受

4.练跳波尔卡舞蹈的几个简单动作组合

5.随乐表演

【设计意图】这一环节教师通过简单介绍波尔卡、观看视频、交流感受和表演舞蹈,引导学生充分地、直观地体验波尔卡的风格。

五、拓展表演

1.了解作品题目、作者、首演趣事

这首包含了铁匠打铁声和波尔卡舞蹈的乐曲叫《铁匠波尔卡》,是奥地利著名的作曲家约瑟夫·施特劳斯在1869年创作的。同年乐曲首演时,乐队把打铁用的大铁砧搬到了舞台上作乐器,还请一位演奏家扮演铁匠进行表演。

2.观看演出视频

师:仔细观察演奏家演奏时"叮叮叮叮"的打铁声,它们听起来一模一样吗?为什么?

3.指生交流

师:原来,由于演奏家演奏的方法和演奏工具的不同,我们听到了不一样的打铁音效,"叮叮当当"此起彼伏,让我们仿佛身临其境,来到了热闹的铁匠铺里。

4.打击乐协奏练习并表演

(1)师:演奏家想邀请你们用小乐器跟乐队合作,当一回小演奏家!敢尝试一下吗?

(2)练习乐曲的最后一句。

(3)完整合作表演。

请一位学生戴上围裙扮演小铁匠,用小铁锤、小铁砧和小风箱随乐进行表演;并邀请台下听课的老师们加入,用掌声表现打铁部分的敲击音效。

【设计意图】拓展部分的教学是整堂课的一大亮点。用简单的三个圆片来做指挥,由于是全员参与,必须要关注打击乐器和乐曲的配合。教学实施时为了表演的效果,教师在指挥时要特别注意合理的调度。

课堂上首演趣事的精彩讲述、随乐协奏的参与投入，使得学生的注意力高度集中，一直沉浸在音乐活动中。用这样的方式帮助学生体验成功的喜悦，爱上打击乐器，效果非常明显，把课堂气氛也推向了高潮。

六、总结延伸

1.简介作曲家创作波尔卡舞曲的背景

师：约瑟夫·施特劳斯有一天在街上被铁匠铺里传出的“叮叮叮”的打铁声吸引，到了里面，他看到了铁匠热火朝天的打铁场景。他非常激动而突发灵感，创作了《铁匠波尔卡》。

2.介绍一些波尔卡作品

师：我真佩服作曲家们的独具匠心，能把日常生活的素材融入美妙的音乐之中。看到雨天震撼的雷电就创作了《雷鸣电闪波尔卡》，看到人们聊天有趣就创作了《闲聊波尔卡》。如果你对这些波尔卡曲子感兴趣，课外可以去听一听。

3.小结

师：愿这首美妙的《铁匠波尔卡》成为我们共同的回忆，镶嵌在你童年的纪念册里！

【设计意图】总结环节，采用拓宽视野、总结提升的方式，给学生介绍作品的创作背景和一些波尔卡曲目，进一步把课堂延伸至课外。

教学反思

针对一年级学生的年龄和身心特点，笔者在这堂课的教学中尝试采用了情境法、讲授法、律动法、示范法、欣赏法、实践法等几种教学方法。努力营造轻松愉悦的教学氛围，设计生动有趣的音乐活动让学生参与体验，一步步带领学生走近音乐、体验音乐、享受音乐。整堂课分为六个环环相扣的流程，具体如下：

一、游戏体验、视听结合——聆听A段中的c部

为了让学生更快地感受音乐的节奏、速度、力度和情绪，笔者采用音乐游戏的方式让孩子们跟随音乐找空间，进行不断的叠加体验。先自由跟着乐曲的恒拍走一走；再寻找“叮”音走一走；然后模拟打铁节奏，扮演小铁匠熟悉A段中的c部旋律，帮助学生解决教学中最关键的旋律，乐曲最精彩的部分；最后再让学生静下来观看铁匠的介绍，走进铁匠这个群体，深入了解铁匠的工作和生活。教学中先动后静，既引导学生在愉快的游戏中掌握了乐曲的重点乐句，营造了“动中学”“玩中学”“乐中学”的良好学习氛围，又为接下来更好地学习乐曲、表现乐曲打下了扎实的基础。

二、互动排练、表演激趣——聆听A段

在前一环节了解了铁匠真实工作和生活的基础上，及时鼓动学生扮演小铁匠，引导时也是层层深入、步步铺垫。先出示道具小铁砧随音乐进行示范演奏，激发学生尝试的兴趣；再抛出表演音乐剧的“大招”提升对学生的吸引力；接下来就是顺理成章的音乐剧节目排练，从音乐剧的主题歌开始，对乐曲旋律的学习难度进行了调整，配上简单有趣的歌词帮助学生加深对旋律的记忆，使其在有限的学习时间里快速地熟悉乐曲第一段和第三段的旋律；最后加上之前学习的打铁旋律，在老师的指挥下尝试用小乐器进行伴奏演

绎，整个A段就让学生在不知不觉的互动游戏中学会了。课堂上，孩子们有玩有唱有跳，有乐器伴奏，参与音乐活动的热情高涨。

三、师生合奏、明析结构——聆听全曲

对于一年级的学生来说，乐曲的结构分析是一个很大的难点，如何合理安排设计，用浅显的方式展现乐曲结构是值得深思的。在这一环节的教学中，笔者尝试采用师生合作表演的形式，这也是整堂课的一大亮点。用简单的三个圆片来做指挥，让学生分三组有序地进行表演。帮助学生非常清晰地了解乐曲结构，而且这个结构是学生在教师的引导下自己表演、自己感受、自己发现的，难能可贵。

四、舞蹈入境、体验风格——聆听B段

由于乐曲是较为复杂的三段体结构，要让一年级的小学生在短短40分钟的课堂上完全掌握，确实难度很大，所以必须在降低乐曲欣赏难度上做文章。因此，在帮助学生欣赏完重点段落后，乐曲B段的欣赏教学就尽量简化了。先对波尔卡进行简单的介绍，用视频和图片观看的形式帮助学生尽快了解；然后再用随乐示范舞蹈给学生打样的方式，让学生尽快通过舞蹈表演来熟悉B段的旋律，引导学生直观地体验波尔卡的风格。为了提高学生的学习效率，笔者还为学生量身设计了简单的舞蹈动作，给乐曲配上了可以唱的舞蹈动作歌词，让学生一听到旋律就有画面感，就能跟着律动舞蹈起来，加快了学习的速度，取得了较好的效果。

五、关注细节、协奏拓展——拓展表演

这个环节考虑了再一次的动静结合，让学生表演完舞蹈后马上静下来听首演的故事，吸引学生了解这首乐曲在演奏时的趣事。让学生对乐队的演奏充满了期待，从而为下面的小乐器协奏做好心理上的准备。特别在观看演出视频时，笔者要求学生重点关注演奏家演奏的方法和演奏工具的不同，尝试静下心来仔细聆听区别乐曲中不一样的打铁音效，引导学生多区分感受乐曲的细微变化，这也是在为培养学生的核心素养做点滴的努力。而且，由于教师的引导代入感强，学生在这个环节中注意力高度集中，一直沉浸在音乐活动中，把课堂气氛也推向了高潮。

六、总结感悟、延伸回味——总结延伸

最后的总结环节，笔者把落脚点放在了乐曲的创作背景上，通过介绍作者的创作灵感，引申到其他波尔卡乐曲的创作背景，从而让学生对作曲家心生敬意，也让学生明白了音乐来源于生活的道理。

总之，整堂课重点关注了三个方面：

1. 以审美为核心，感受音乐魅力。以审美为核心，通过乐曲聆听、情境表演和创造性地将打击乐器伴奏分成三声部为乐曲伴奏这些活动，使学生充分体验乐曲的美感和愉悦的情绪。

2. 以兴趣为动力，徜徉音乐世界。针对一年级学生的身心特点，采取多样的形式来激发学生学习的兴趣，并注重培养学生共同参与的集体意识和合作精神，还引导学生初步感受、体验速度、力度等音乐元素在乐曲表现中的作用。

3. 以创新为引擎，神游音乐天地。通过创新的教学活动让学生感受、体验波尔卡舞曲轻快跳跃、热烈奔放的特点，以拓宽学生的审美视野。

课例6 《两只老虎》教学设计

浙江省龙游槐园小学　林苑

课　型

以体验和实践相结合的综合课

教　材

人音版教科书《音乐》二年级下册

教学内容

学唱合唱版的《两只老虎》

授课年级

二年级

教材分析

《两只老虎》这首歌曲选自人音版教科书《音乐》二年级下册第6课《兽王》。这是一首法国童谣，因歌曲旋律简洁流畅，歌词生动、有趣，深受孩子们的喜爱。二年级的孩子还处在一个天真烂漫，好动、好模仿，同时也建立了一定规则意识的时期，这首歌曲非常适合孩子们边唱，边感受，边游戏。

教材中《两只老虎》这首歌曲是以轮唱形式出现的，这也是教材中第一次出现合唱曲目。让孩子们第一时间喜欢上合唱，是一名音乐教师义不容辞的责任。因此通过本课学习，除了要让学生能辨别出轮唱和齐唱，初步建立"声部"的概念，为之后中年级学习合唱打下一定基础，还应该让合唱的美住进每个孩子的心中。

教学目标

1. 了解《两只老虎》这首歌曲及其相关知识，并能带着诙谐幽默、有趣的情绪演唱歌曲。

2. 通过律动、念白和聆听，全方位感受和体验“轮唱”，并能用轮唱的形式演绎《两只老虎》。

3. 根据《两只老虎》的曲调，编创歌词。

教学重难点

轮唱的学习。

教学过程

一、律动导入

师：同学们好，欢迎来到林老师的音乐课堂！首先我们做个游戏，请你们做个“复印机”，老师做什么动作，你就做什么动作，让我们开始吧！（播放音乐）

分步动作解析 第一个4拍：1、2拍往前走一步，3、4拍做起跑时的定格姿势。 第二个4拍：1、2拍往前走一步，3、4拍做举手发言时的定格姿势。 第三个4拍：1、2拍往前走一步，3、4拍向后转，同时用手做车轮转动的动作。 第四个4拍：1、2拍往前走一步，3、4拍人转向侧面，同时做双手举过头顶“拥抱”的定格姿势。 以上4拍动作重复4次。

师：请坐。同学们的“复印”功能真强大，学得很快！刚才我们活动活动了筋骨，接下来活动活动你们的大脑。请看一段视频，看完之后，告诉老师，你从中发现了什么？（播放视频）

生：视频中小朋友跳的动作，就是刚才我们进教室时跳的动作。

师：嗯，你观察得真细致。下面，我们分成8个小组，每一小组对应视频中的一个孩子。我们再来看一遍视频，仔细观察，分头学习他们是怎么做的。（播放视频）

师：我想学着视频做一做，谁想来试一试？老师请每组1位、共8位同学上台展示，老师喊口令。

师：通过亲身体验，同学们都有了自己的看法，我想来采访一下。请问——

（1）每个小朋友都有完整做那四组动作吗？

（2）中间有停顿吗？

（3）为什么看起来每个人做的不一样呢？

生：……

师：通过采访我们发现，要想完成好这一组动作，小组合作很重要。为了让小组合作得更完美，我们需要掌握一个诀窍，这就是我们今天的关键词“轮”。（出示课件）

师：“轮”的秘诀就是，首先，每个同学之间是有前有后，按顺序一个一个轮着做的。第二点，所做动作也是完整一套而且中间没有停顿的。第三点，做动作的时候，速度不能有快有慢，要按照一定的节奏进行。

【设计意图】通过身体体验和视觉感官体验，让学生初步感受“轮”，并了解“轮”的一定规则——完整，匀速，有前后。

二、步入正题

1.故事深入

师：今天，有两只老虎也想来凑热闹。先来了一只黑老虎，不一会儿又来了一只蓝老虎。他们一前一后轮番登场，想来进行一场跑步比赛。我们一起来念一念。(出示课件)

两只老虎	两只老虎	跑 得 快	跑 得 快	一只没有眼睛	一只没有尾巴
0000	0000	两只老虎	两只老虎	跑 得 快	跑 得 快

真 奇 怪	真 奇 怪	0000	0000
一只没有眼睛	一只没有尾巴	真 奇 怪	真 奇 怪

(1)全班学生分成两组，一组为黑老虎组，一组为蓝老虎组，分组练习念童谣。

(2)老师给一个固定速度，两组合练。

(3)结尾两小节补充完整，再合练一次。

【设计意图】通过创设情境，轮流念歌词，再次感受“轮”的魅力。因为分组练习念《两只老虎》并没有难度，所以在练习时要加入声部的音量控制训练，以及匀速训练等，以达到合练时声部的平衡，也为之后的轮唱打下基础。

2.歌曲进入

师：这是一首人们耳熟能详的歌曲，叫《两只老虎》，让我们一起来唱一唱这首歌曲吧！(出示课件)

老师弹琴，学生齐唱歌曲。

师：(边弹边唱序曲)黑色老虎，蓝色老虎，两只老虎……我们一起来听一听这两只老虎在干啥？(播放歌曲)

序曲歌谱：

1 2 3 1	3 4 5 3	1 2 3 1 3 4 5 3	1 - - -
黑 色 老 虎，	蓝 色 老 虎，	两 只 老 虎。	

师：这还是我们之前演唱的《两只老虎》吗？

生：不是。

师：不一样在什么地方呢？

生：有两个声部。

师：对。以前我们听到的《两只老虎》是单声部，今天我们听到的《两只老虎》是双声部，而且用了“轮唱”这种合唱形式。黑老虎先跑，蓝老虎赶紧跟上。我们也来试一试吧！

【设计意图】通过之前多次“轮”概念的灌输，轮唱此时已经水到渠成，没有难度了。练习中多关注轻声演唱，提醒学生演唱时学会倾听自己的演唱以及其他声部的演唱，以达到声部的融合，从中感受合唱“合”之美。

(1)和同桌合作演唱。

(2)请一位同学和老师合作演唱。

(3)全班学生分成两个声部，高声部(黑老虎声部)，以及低声部(蓝老虎声部)合作演唱。

(4)有能力的班级尝试三声部的轮唱。

(5)尝试加上序曲的《两只老虎》版本。

(6)临时组建班级合唱团，完成首演。(播放音乐，老师指挥)

师：同学们配合得很不错。接下来，我宣布二(6)班班级合唱团正式成立！我们首演的曲目是合唱曲《两只老虎》，请欣赏！

【设计意图】通过临时组建合唱团进行表演的形式，增加学生音乐活动实践的机会，也增强他们学习合唱的兴趣。

三、拓展深化

1.歌词编创

师：接下来，我们再仔细查看歌谱，看看你还有什么发现。

师：《两只老虎》这首诙谐的歌曲，我们耳熟能详。老师小时候也一直听父辈们哼唱，还以为这个儿歌来自中国呢。其实，它的曲调来自法国童谣《雅克兄弟》，又叫《还要睡吗》。(出示课件)

这首歌不仅中国人喜欢，全世界人民都喜欢，比如奥地利作曲家马勒创作的《D大调第一交响曲》就引用了这段旋律。再比如动画片《猫和老鼠》中也有它的身影，我们一起来听听。(播放视频)

【设计意图】《两只老虎》作为一首耳熟能详的歌曲，孩子们也许只能关注到歌词诙谐幽默，曲调很平缓，此处增设了对歌曲诞生来源的介绍，也想借此拓宽孩子们的视野，增加对多元化世界的了解和接纳。知识更多元了，孩子们也会变得更包容。

师：你们还知道吗？早在1926年，在我们中国，广东一带的爱国革命人士就曾用《两只老虎》的曲调，改编歌词，编创了一首《国民革命歌》，歌曲是这样唱的，“打倒列强，打倒列强，除军阀，除军阀……”

《国民革命歌》歌词

1. 打倒列强，打倒列强，除军阀，除军阀。努力国民革命，努力国民革命，齐奋斗，齐奋斗。

2. 工农学兵，工农学兵，大联合，大联合。打倒帝国列强，打倒帝国列强，齐奋斗，齐奋斗。

师：土地革命时期，这首歌又经过了重新填词，演变成了《土地革命歌》。之后又被改编成了《两只老虎》。《两只老虎》这首歌的最早记载要追溯到《蒋经国论》一书，书中曾提到：民国三十二年，一个欢迎会的最后一个节目中，台上台下齐唱《两只老虎》。我想，就在那个时候，《两只老虎》应该已被广泛传唱了。其实我们也可以尝试用这个方法，使用《两只老虎》的曲调，自己填词，当一回词作家。

【设计意图】《两只老虎》传入中国，经历了一系列的改编。汲取前人的经验，使用原曲调，进行歌词改编的这个编创手法，就可以顺理成章传授给学生了。

(1)教师展示改编版。

师：老师我先来，我把歌词改一改，改成一首《龙游石窟》，请欣赏！

《龙游石窟》

龙游石窟，龙游石窟，真神奇，真神奇，

堪称千古之谜，誉为九大奇迹，欢迎你，欢迎你。

(2)每人自己改编歌词，唱给同桌听一听。

(3)随机挑选2—3名学生演唱改编版歌曲。

(4)从中挑出一位学生的作品，进行二声部轮唱展示。

【设计意图】自己编创，点燃孩子们的创作热情。自己演绎，催生孩子们持续创编的动力。

四、总结下课

师：同学们，今天这节课，你都有些什么收获呀？

生：……

师：是呀。我们学唱了《两只老虎》，还深入了解了它，更棒的是，我们班上还涌现出了这么多小小词作家，为你们点赞。在这堂课中，我们还初步感受了轮唱的魅力，了解了轮唱的秘诀，我们临时组建的班级合唱团用轮唱的形式完美地演绎了诙谐幽默的《两只老虎》，谢谢你们的精彩演出！轮唱仅仅是合唱这个大家族中的一种形式，让我们记住这种以“合”为美的声音。今天这节课就到这里，下课！

(播放音乐)学生跟着老师律动出教室。

【设计意图】最后的谈话环节，既是一个总结又是对本课内容的复习和回顾，重复的作用在于加深学生的印象，有助于记忆。

课例7 《船歌》教学设计

宁波市鄞州区惠风书院 张艳娜

课 型

欣赏课

教 材

人音版教科书《音乐》三年级下册

教学内容

《船歌》

授课年级

三年级

教材分析

这首由德裔法国作曲家奥芬巴赫创作的《船歌》，是歌剧《霍夫曼的故事》第二幕中的一首女声二重唱，之后被改编成多种形式的乐曲，是一首广受喜爱的音乐作品。乐曲分为三部分。乐曲开始在均匀而略有起伏的节奏型伴奏下出现徐缓的第一部分主题，使人联想到风、船、歌。中间部分具有节奏性强的特点，自然流畅的旋律是它的主要特点，轻快简短的旋律交错进行。第二部分以连续的琶音进行，好似水面涟漪，直至乐曲高潮。第三部分是第一部分的再现，高低音声部呼应，犹如对话，又犹如二重唱。尾声中出现主、属和弦交替的荡浆节奏，大调主和弦的琶音逐渐远去，犹如船儿慢慢驶离，在轻轻的水声中消失在尽头。

教学目标

1.通过聆听感受音乐所描绘的音乐形象，了解“船歌”这一音乐体裁，熟练掌握主题旋律。

2.感知听辨乐曲中的主要节奏，八六拍子，掌握曲调波浪进行的走向，了解作曲者及其主要代表作品。

3.培养学生的聆听习惯,拓展学生视野,培养学生团队合作及探究知识的积极性和学习音乐的兴趣。

教学重点

记忆主题旋律及主要节奏、节拍,聆听主奏乐器音色。

教学难点

引导学生感知旋律行进走向。

教学过程

一、导入,引出课题

1.运用视听结合转换,引出课题

师:在美丽的意大利水城威尼斯,那里有水、船,还有船夫唱着优美的歌声,这三个内容总能组合成一幅美丽的画面。

教师在黑板上作简笔画。(水、船和音符)

师:水是威尼斯的象征,有了水、船,画面中还缺少什么呢?(船夫的歌声)最早的时候呢,船夫们每天在水上来来回回,唱着悠闲的歌。优美的歌声被音乐家敏锐的耳朵给捕捉到了,他们反复推敲琢磨,把它们作成了很多不同表演形式的音乐作品,有声乐形式的《桑塔·露琪亚》,有乐器独奏形式的《威尼斯船歌》,还有就是我们今天要学习的管弦乐演奏的,由法国作曲家奥芬巴赫创作的世界名曲《船歌》。

2.出示课题,板书"船歌"

二、分析作品,突出重点,攻略难点

教师先讲解"船歌"的有关知识。

师:"船歌"有两个身份证,它不仅是作品的名称,还有另外一个身份——是船歌体裁。我们可以这样来理解,你们在运动会的时候是不是走得很精神,这是进行曲体裁;那么船歌也是这样,风格特点不同,比如,有这样一个固定的节奏……

1.赏析引子部分,感知船歌体裁

(1)聆听感知水波的节奏特点。

师:你觉得是哪种声音?你听到的水声是偶尔出现还是一直存在呢?

第三遍听引子。

师:和水紧紧相连的是水面上的船,它在音乐中的声音是怎样的?

(2)教师提示,关注八分休止符,感受波光粼粼、水波荡漾的感觉。教师将有休止符的和长音进行对比,引导学生感受"波光粼粼"的感觉。

‖: 5 0 6 6 0 5 | 5 0 6 6 0 5 :‖

(3)听辨主奏乐器音色,出示长笛与单簧管。

师:你听到的是哪个声音?是低低的那个声音还是高高的那个声音?

生:高高的。

师:你再辨别它选用的主奏乐器是长笛还是单簧管?(第一遍听主题旋律)

【设计意图】引导学生立体式聆听音乐,不仅仅要关注“前排音乐”,同时要留意在背后衬托的音乐构成特点,鼓励学生主动探知。

2.学习体验八六拍及重点音型,进行多种形式的分组合作

师:这个休止符的出现,让你从音乐中感觉到了什么?

随着音乐感知休止符,并进行形式多变的分组合作。

(1)一组学生哼唱唱名,一组拍击节奏;

(2)一组学生模拟水声“哗——哗——哗”;

(3)教师引导,观察,纠错。

3.感受主题旋律,哼唱熟记

1=D $\frac{6}{8}$

3 4 4 3 | 3 2 4 4 4 3 | 3 2 4 4 4 3 | 3· 3 0 0 |

(1)感受主要音“4—3—2”,进行音的趣味练习及音程练习。

(2)讲解掌握八六拍的含义与强弱规律;练习节奏音型;感受“船歌”的歌唱特点。

A.感受旋律特点,熟记主题旋律。重点强调长短音与休止符的结合,划旋律线;感受八六拍的强弱规律。

师:现在我们再回到音乐中。你感觉到音乐发生了变化吗?是一直这样起伏,还是发生了变化?(出示 5、6、7、$\dot{1}$ 四个音)

教师在黑板上画出 5—6—7—$\dot{1}$ 旋律线。其他的对着学生来画,让学生跟着画,充分感受八六拍子的强弱规律。

师:再听听当旋律起伏发生变化的时候音乐的强弱有没有发生变化?当你感觉到发生变化的时候,你用这个手势来表示。(双手合起呈鳄鱼嘴巴状)

教师小结:在音乐中,往往力度的强弱会随着旋律的行进方向而发生变化。

(巩固体验)师:现在我们来做个小游戏,用你们的身体来体验5—6—7—1的起伏,从自己上下,到左右的起伏。

B.感受弦乐的音色特点以及在乐曲中所起的作用。

师:同学们,你能说出这是哪些乐器演奏的吗?(关注乐器音色、乐曲情绪)你觉得它是选择了哪种主奏乐器在演奏呢?

师:同学们积累得不错。老师还带来了小提琴的音色,你们再仔细听辨,给自己一个评价。(教师另外准备听小提琴,听音色。)

教师简介大提琴。

师：大提琴的音色浑厚丰富，在乐队里担任中低音的角色。作曲家给它一个特殊任务来演奏优美旋律的时候，是它最具有魅力的时候。

(3)哼唱熟记主题旋律。

用三种渐进的歌唱方法来学习，用"lu"哼唱。分组合作，师生合作，生生合作，来合唱主题旋律及弦乐组旋律。

(4)人声音响合成。

将学生分成三个小组，分别是水声组、划桨声组、旋律哼唱组。以不同形式和声合作方式(师生合作；分组合作，互相聆听)，提高学生学习、聆听、感知音乐的兴趣。

师：如果你是这艘船的船夫，你会哼唱怎样的船歌来吸引船上的宾客呢？如果你是乘客，面对着清波荡漾，清风徐徐，你会唱出什么样的歌呢？

【设计意图】富有新意地运用对比的方法，循序渐进，从听、看，到视听的结合，让学生感受到音乐存在的价值，充分感知音乐的无穷魅力。特别是在第3个小环节的设计中，突出了主体的对比，让学生充分理解"船歌"的双层含义。

4.聆听《船歌》尾声

(1)聆听尾声(也是第一部分的再现)。

用对比、参与等方法引导学生关注音乐的音色、速度、力度，感受弦乐的音色。

师：同学们，这段主题所选用的乐器是哪一种呢？(出示板书)

教师反馈学生的回答。边讲解，边板书，边归纳。

(2)引导学生关注音乐的强弱变化。

师：这段音乐和前面相比，有什么不同？

学生回答，教师根据回答灵活切换引导，继续引导学生思考。

师：船快靠岸了，你觉得音乐应该怎样来表现呢？

学生发挥想象，小组讨论，自由发言。

师：这个场面给你什么样的感觉？(紧张的)

(3)引导学生关注情绪、气氛的变化，强化节奏学习。

【设计意图】通过语言引导及律动，让学生感知六拍子的强弱规律在这段主题音乐中的作用；并充分发挥"在船上"的想象能力，为进一步解读作品做好铺垫；通过仔细听辨另一声部的音色和演唱，着重培养学生聆听作品内部结构的能力。使用不同教学手段帮助学生理解音乐，充分感知音乐语言的魅力，循序渐进，有效对比，方便掌握。主题旋律的学习，贵在多种手段的介入引导，从"船"上找乐，从作品中让学生深入了解音乐要素对音乐的作用。

三、聆听全曲

1.师：在乐曲中，主题旋律出现了几次？

学生在桌上任选一种颜色的纸，用折纸的方式表现出来。

教师对学生的实践聆听结果给予评价。

2. 播放视频

音画结合，聆听，感受全曲。

3. 播放全曲（无视频）

（1）分组进行引子部分的和声合作。

（2）哼唱主题旋律。

4. 播放歌唱版《船歌》，换一种视听效果

四、简介作曲家及其作品

1. 简介奥芬巴赫（法国作曲家，法国轻歌剧奠基人和杰出代表）

师：这首《船歌》是由法国作曲家、大提琴家奥芬巴赫创作的，他从小喜欢歌剧，后来作有多部歌剧，《霍夫曼的故事》就是其中一部。今天我们欣赏的《船歌》就是《霍夫曼的故事》里一个乐章的主题歌，后来人们把它改编成了管弦乐，成为了世界名曲。

2. 视频播放奥芬巴赫的代表作品

教师用精炼话语介绍奥芬巴赫的代表作品，在结合授课内容的基础上，给予学生更深入的视听感受。

五、小结评价，课后延伸

教师小结评价。

师：在一节课上，老师能教给同学们的知识是有限的，但是方法却是无穷的。老师建议同学们课后再去找找其他的"船歌"，你能找到哪些？下节课我们进行知识互换。在今天的课堂上，每个同学都发挥了自己的好听力，向老师展示了你是一个驾驭船只的船手。

反馈延伸：运用提供网址的新颖方式，让学生自主探寻。鼓励各组用获得的"奖品"（网址）去找奥芬巴赫的其他歌剧作品。

课例8 《春天举行音乐会》教学设计

浙江省衢州市衢江区第一小学　郑芳

课　型

歌唱课

教　材

人音版教科书《音乐》三年级下册

教学内容

1. 音乐知识：八分休止符

2. 歌曲《春天举行音乐会》

授课年级

三年级

教材分析

这是一首欢快活泼的儿童齐唱歌曲。旋律流畅、活泼，八分休止符使节奏变得跳动，描绘了一幅充满生机的春天美景。歌词中象声词的运用新颖活泼，充满童趣，奏响了一曲优美动听的"春天交响曲"。

歌曲为一段体，前面四个乐句采用了模进和变化重复的创作手法，曲调欢快活泼。曲中八分休止符的巧妙运用，形象地表现了春风唱歌、春雨弹琴、春雷打鼓、春水鼓掌的欢乐情景。第五、六乐句采用了曲调的模进，十六分音符的节奏使歌曲更为热烈，富有动感，把"春天的音乐会"推向高潮。紧接着第七乐句节奏又渐渐变得舒展，最后的乐句重复了第四乐句的旋律，只是在结尾处作了节奏的变化。

教学目标

1. 自由探索声音，创设春天的情境，体验创造性地参与情景创设的乐趣。

2. 能选择合适的打击乐器为歌曲中的象声词伴奏，在奏、听、唱等音乐实践活动中学会唱歌曲，并能以欢快活泼的情绪，用轻快有弹性的声音演唱歌曲。

3.认识八分休止符“$\underline{0}$”；了解顿音记号，知道顿音记号的演唱方法。

教学重点

掌握后八分休止符的节奏，并学会用跳跃、轻快有气息支持的唱法，表达歌曲欢快活泼的情绪。

教学难点

“X　$\underline{0\ X}$”节奏型中第二拍后半拍节奏的掌握。

教学过程

一、导入部分

听《春天在哪里》进教室，课件播放春天校园的景色。

师：孩子们，乘着歌声的翅膀，我们迎来了哪个季节？

生：春天。

师：能描绘一下你眼里的春天吗？

生：……

师：春天真是一位优秀的画家！她为我们描绘了一幅幅美丽的画卷，让人流连忘返！她还是一位出色的音乐家呢，请听她的演奏！

1.自由探索，模仿春风、春雷、春雨的声音

师：你听到了什么声音？

生：春风、春雷、春雨。

师：轻柔的春风犹如妈妈的手，抚摸着大地，使万物生机勃勃。谁来模仿下春风的声音？(呼——呼——)

师：紧接着，一个响雷，(贴卡)是什么样的声音？谁来学学？(轰隆隆)一起来吧！

师：雷声之后，春雨唱着嘀嗒嘀嗒的歌，谁来学学春雨嘀嗒嘀嗒的声音？(响舌)

师：雨滴落到了这儿，雨滴落到了这儿……雨滴越来越多了，雨滴越来越少了……(随师手势的指挥感受力度的变化)

【设计意图】创造是发挥学生想象力和思维潜能的重要音乐学习领域，此环节的设计旨在调动学生的各种感官主动参与到音乐创作实践活动中，运用人声、乐器及其他声音材料表现春天自然界中的各种声音，激发创造热情，创设浓厚的春天情景。

2.有趣的节奏

师：你们的表演太富有创意了！仔细听，小雨滴唱起了有节奏的歌！

师响舌：X X 0 X | X 0 |

生模仿响舌。

师：咦，怎么唱唱还停停？

出示图形谱。

师：歌声中出现了什么？

生：休止符。

师：一个是八分休止符0，一个是四分休止符0，他们长得一样吗？

生：四分休止符休息一拍，八分休止符休息半拍。

师：仔细听，音乐中小雨滴的节奏出现了几次？

生：两次。（听伴奏音乐）

师：可爱、活泼的小雨滴，老师要用歌声来夸夸她！

师范唱。（出示曲谱）

5 1 1 3 | 5· 3 | 5 3 0 3 | 5 0 |

春 雨 唱 歌 （呀） 嘀 嗒 嘀 嗒，

师：同学们跟着琴声接唱。老师唱前面两小节，你们唱后面两小节。

师：小雨滴真活泼，让我们一起用歌声夸夸她，注意声音要像小水珠一样跳跃、有弹性。

【设计意图】聆听、模仿节奏，熟悉歌曲的旋律，通过对比让学生认识八分休止符。

二、学唱歌曲

1. 揭题，初步感受歌曲

师过渡语：伴着春雨动听的歌声，我们来到了春天音乐会的现场，音乐家们为我们编织了一个充满生机的音乐童话世界。让我们一起静静聆听！请仔细聆听，这首歌曲带给你什么样的心情？（第1遍听范唱音乐）

（1）课件播放音乐。

（2）师：好动听的歌声，这就是我们今天要学的春天音乐会的主题曲——《春天举行音乐会》，请同学们用欢快的情绪、跳跃的声音读读题目。

（3）师：这首歌带给你什么感受？（师用形体表现快乐的感觉）这是一首轻快、活泼的歌曲。

2. 再次聆听全曲，熟悉歌词（第2遍听范唱音乐）

（1）熟悉歌词

师：孩子们，让我们再次聆听美妙的音乐，音乐会上有哪些音乐家？

生自由讨论。

师：哇，音乐会上有这么多优秀的音乐家，他们的歌声交织在一起变成了一首美妙的交响诗！

（2）美美地念歌词

师：跟着老师的节拍，把这首美妙的交响诗有节奏地读一遍。把声音放在高高的位置，用轻轻的、有弹性的声音念。（解决5、6乐句的节奏）

3.学唱1—4乐句

师：多美的交响诗！让我们跟着琴声唱唱春天音乐家的歌。

(1)师：老师唱前面两小节的旋律，你们接唱后面两小节。注意用轻快活泼的声音演唱。

(2)第二次生唱师接。

(3)师：请带着活泼欢快的感觉，加入歌词唱唱。

(4)情绪指导。

师：老师被你们的歌声陶醉了！小雨滴的歌声嘀嗒嘀嗒就像在跳着轻盈的舞蹈一样，我们在演唱的时候力度要稍弱点，声音要轻快、有弹性。

师示范演唱1、2乐句。

师：打雷的时候你们害怕吗？春雷打鼓的声音力度比较强，我们用渐强的力度演唱。让我们把春雷的鼓声传到更远的地方！

生唱。

(5)完整演唱四个乐句。

师：可爱的雨滴、温柔的春风、威武的春雷、热情的春水，让我们带上力度的变化完整地演唱四位音乐家的歌，后背挺直，抬眉亮眼。(两次)

师评价：你们的精彩演唱让音乐会的歌声更加生动了。郑老师还想欣赏一遍！

4.学唱5—8乐句(师接唱后半段)

(1)师：同学们，你们有没有发现和前面相似的乐句？

(2)学唱最后一个乐句。

师：真善于观察！让我们一起唱唱。注意顿音记号要唱得跳跃、短促。

(3)跟随教师的琴声，把后半段连起来唱。

师：你们觉得哪个乐句最能表明春天音乐会已经达到高潮了？音乐家们演奏得更带劲了！我们在演唱这个乐句时情绪要更加地热烈，应该用什么样的力度演唱？(强的力度)

生带上力度和情绪完整演唱。

难点：一字多音的乐句 41 04 | 6 - |
音 乐 会，

师示范，生模仿。

师：音乐会是那么快乐，让我们在心里美美地回味一下“声断气不断”的演唱方法。

生模仿演唱。

5.跟琴完整演唱全曲

师：春天的音乐会是那么快乐和精彩，让我们用动听的歌声歌唱美丽的春天。

【设计意图】音乐学习需要重复。曲谱采用接唱的方法，降低了识谱的难度，培养了学生内心听觉和与他人合作学习的能力，增强了学习兴趣。

6.完整串联表现歌曲

师过渡语：你们的歌声已经让我完全沉浸在快乐的音乐会中了，让我们也一起加入音乐会吧！老师每组请一位同学担任打击乐手，前半段在划红线的地方伴奏，后半段就用“ X X ”的节奏为歌声伴奏；每组其余同学担任小歌手;郑老师担当音乐会的指挥。春天百花盛开,生机勃勃,和煦的春风抚摸着大地——春雨唱起了嘀嗒的歌——春雷敲起了鼓——春水鼓起了热情的掌声。音乐会开始喽!

点击课件的伴奏音乐。

师指挥。

【设计意图】通过准确演唱、理解感悟、多种表现形式这三个层次的教学,训练学生敏锐的音乐感觉,发展学生在音乐审美中的对比、想象能力,丰富情感体验。

三、课堂小结

师:今天我们学习了歌曲《春天举行音乐会》,认识了八分休止符。你们富有创意的表演感动了老师。让我们迎着春风,踏着春天的脚步,把这份快乐传递给更多的人!

生唱着歌走出教室。

课例9 《木偶的步态舞》教学设计

杭州市余杭区五常中心小学 曾彦

课 型

以欣赏为主的综合课

教 材

人音版教科书《音乐》三年级下册

教学内容

欣赏《木偶的步态舞》

授课年级

三年级

教材分析

本课选自人音版教科书《音乐》三年级下册第2课《美妙童音》。这一单元的音乐作品都是围绕感受童年生活的乐趣而展开学习。

法国作曲家德彪西，在1910年为他的爱女创作了一套共六首题名为《儿童乐园》的钢琴曲集，反映和刻画了孩子的童心世界。学生曾经在第五册学过其中第四首作品《雪花飞舞》，此课《木偶的步态舞》是最后一首第六首作品，乐曲描绘了红脸黑发、表情奇特的黑人小木偶滑稽的音乐形象。作品通过切分节奏、倚音，细腻刻画出小木偶机械、滑稽的动态特征，通过节奏、旋律、速度上的变化与对比表达小木偶的情绪、情感的发展。三部曲式结构中一、二段的情绪对比和一、三段的首尾呼应更加鲜明地烘托出小木偶的形象，同时作者在这首作品中吸收了黑人音乐的元素，使得音乐形象更加富于动感和童趣。

整个小学教材中德彪西的音乐作品一共有两首，分别是第五册的钢琴曲《雪花飞舞》和第六册的钢琴曲《木偶的步态舞》。学生虽然在课堂上接触过德彪西的乐曲，但是由于乐曲风格不同，他们对旋律、演奏形式、标题、出处以及作曲家的记忆未必那么牢固。《木偶的步态舞》的旋律虽然活泼，但是演唱旋律对于三年级学生来说有很大难度，教师要根据实际情况给予相应帮助。

本课教学除了选用教材提供的管弦乐之外，教师还为学生提供了合唱版本、钢琴版本，目的是让学生感受不同乐器、不同演奏形式对于刻画音乐形象的不同作用，进一步丰富学习内容，拓展学生视野。

教学目标

1. 能准确把握乐曲《木偶的步态舞》主题旋律所表现的活泼、欢快的音乐氛围，感受音乐带给童年的快乐，并进一步喜欢上德彪西的音乐作品。

2. 知道乐曲《木偶的步态舞》的作者是法国的德彪西。能感受音乐中的切分节奏、旋律走向、伴奏织体，在听辨的基础上准确地用肢体语言表演，理解节奏、旋律、织体等音乐要素对塑造音乐形象的作用。

3. 从整体到局部再到整体聆听《木偶的步态舞》，通过音乐要素感受音乐情绪的变化；通过听、看、画、演等音乐活动，启发学生对音乐进行想象与理解，并鼓励学生在音乐体验活动中大胆表达见解，自信地进行音乐表现。

教学重点

学生能准确把握乐曲《木偶的步态舞》三段体的结构，理解节奏、旋律、织体等音乐要素对塑造音乐形象的作用。

教学难点

在音乐中听辨切分节奏、旋律行进，并用肢体语言表现。

教学过程

一、律动进教室

随奥尔夫音乐进入教室，用律动表现四分、八分、二分音符。

【设计意图】四分、二分、八分音符在二年级时已经学过；在律动中复习已有的知识经验，为探索切分节奏做好铺垫。

二、聆听a主题，探索切分节奏

1. 第一次聆听a主题，自由地走一走，感受恒怕

师：听着音乐走一走，感受到很稳定的节奏。

2. 分乐句聆听，听辨切分节奏（第二次聆听）

（1）听辨并表现切分节奏。

师：有没有听到不稳定的节奏？

老师弹奏一个乐句，学生听辨。

师：谁能用动作表示一下吗？

师生共同探究，用什么动作表现这个不稳定的节奏，如拐脚、屈膝、踏步等。

师小结：我们把这种不稳定的节奏称为"切分节奏"。

(2)听辨第一乐句。

师：这一句有几个切分节奏？听到切分节奏时用踏步表示，不是切分节奏请站着不动。

学生听辨出有3个切分节奏，并用动作表示。

(3)听辨第二乐句和第三乐句，要求和第一乐句一致。

(4)认真听辨第四乐句，找出和前几个乐句不同的地方。

让学生反复听辨，这个乐句只有两个切分节奏，分别在什么地方。

【设计意图】教师教给学生，远没有学生自己找答案让他们更专注，更有成就感。通过听辨稳定节奏和不稳定节奏，抓住切分节奏的特征，并让学生在四个乐句中主动体验、分析、实践，给学生以思维的空间、试错的空间，调动学生学习的主观能动性。

3. 出示图形谱，用踏步和拍手来表现(第三次聆听)

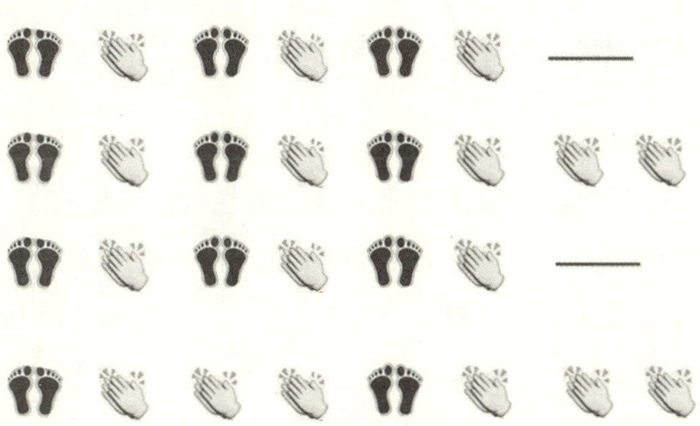

师：我们用踏步表示切分节奏，用拍手表示其他稳定的节奏，想一想可以怎么做？

【设计意图】从声音到符号，一旦学生可以在听觉上识别新元素时，教师就可以将这个特定元素与记谱法相联系，从感性的层面上升到抽象层面，提高音乐读写能力。

4.初步尝试跟着音乐律动(第四次聆听)

允许学生试错。

5.完整表现a主题(第五次聆听)

6.选择和音乐适合的颜色表现a主题

【设计意图】音乐是听觉的艺术，培养聆听习惯，发展音乐听觉能力应贯穿于音乐教学始终。本环节通过找准典型节奏，从单纯的节奏练习到找到音乐中的节奏再到找出乐句中的不同节奏，在不断的听辨活动中熟悉主题音乐，充分训练了学生敏锐的节奏感知能力。在这个过程中，允许学生试错，放手让他们自己去发现新元素，并辅以图形谱、色彩，培养学生多角度感受和表现音乐的素养。

三、聆听b主题，探索特殊音响

1.师：我们再来听一段音乐，你们能找到下行的乐句吗？

2.体验下行乐句，学生自己创编动作表演

3.体验休止符乐句

师：我做个木偶的动作，你能帮我在音乐中找出相匹配的乐句吗？找到了请举手。

根据老师的动作，找出相匹配的乐句。

4.学生自由编创包含下行、休止符的乐句

5.完整表现b主题

【设计意图】先模仿再创新。让学生在模仿老师、模仿同学的过程中，完成感性经验的积累，才能有效地进行创编，进一步理解音乐与动作的关系。而这个过程也是教师由“搀扶”到“放手”的过程。

四、揭示课题，聆听乐曲

1.介绍糕饼舞

师：同学们，这两段音乐来自黑人小朋友很喜欢跳的糕饼舞。谁跳得好，大人就奖一块糕点，因此叫糕饼舞。法国著名作曲家德彪西借用了糕饼舞的音乐，给他的小女儿写了一首有趣的乐曲《木偶的步态舞》。

2.完整聆听全曲

五、聆听第二乐段，探索织体，体验多声部音乐

1.感受速度、力度、情绪的变化

师：听，小木偶怎么了？他的情绪变得怎样？你是怎么发现的？

教师引导学生关注速度的变化、力度的变化和情绪变化之间的联系。

2.在黑板上画旋律线，感受旋律

师：这些旋律是什么乐器演奏的？(大提琴)

3.找出织体，并用动作表现出来

师：除了听到大提琴的声音，你还听到了什么声音？

教师根据学生的回答，补充完整图形谱，要求学生自己编创动作表现点状声音。

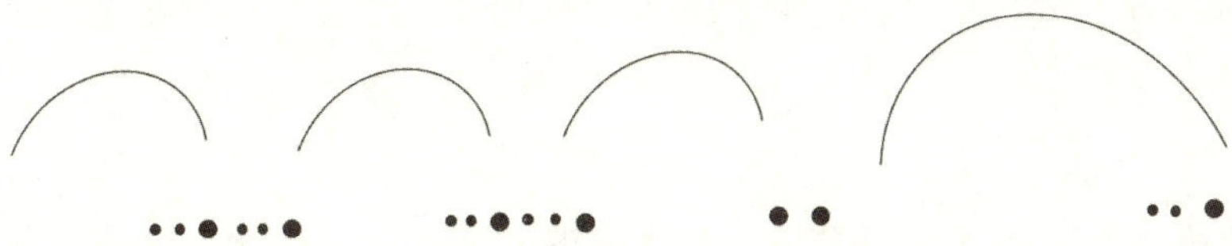

4.分角色表演

一半同学扮演提木偶的人，随音乐挥舞木棒；一半同学扮演滑稽的小木偶。

【设计意图】引导学生关注音乐要素，以及音乐要素和情绪之间的关系；引导学生聆听多声部音乐，关注不同的声部线条，逐步提升音乐欣赏素养。分角色分组别表现两个声部，符合乐曲的音乐形象，也增进了同学间的团结协作，让他们体验到音乐创造的快乐和成功的喜悦。

六、聆听第三乐段，探索乐曲结构

师：如果我把第一段称为A，第二段称为B，那你们觉得第三段应该是什么？

在黑板上板书：ABA曲式结构。

七、完整表现乐曲

主题a，学生跟着图谱表演。

主题b，学生可以自由表演。

B段音乐找小伙伴一起表演。

【设计意图】音乐的学习需要模仿、巩固，也需要创新、合作。完整地表现乐曲，通过师生合作、生生合作，共同完成一个作品，享受音乐带来的快乐。

八、拓展欣赏

师：《木偶的步态舞》诙谐有趣，深受世界人民的喜爱，被改编成了很多版本，有钢琴版本、管弦乐版本，还有合唱版本。我们跟着一起哼哼看。

教学反思

给孩子更多思维成长的空间

现行的音乐欣赏课，教师都会引导学生带有目的地去聆听，有依据地进行想象，在活动中对音乐要素进行探究，逐步引导学生学会欣赏音乐作品。由于教师在课前做了大量案头工作，教材挖掘得很深，课件设计精美，音乐活动有效有趣。但同时我们也发现，设计得太多后，学生只是跟着教师的思维走，对音乐元素的体验更多只是模仿。看似热热闹闹的活动也仅仅是活动，缺少了学生的主动思考和探究，缺少了学生思维成长的空间。

《木偶的步态舞》这一课例做了很多尝试。教学设计的前几个版本都是教师带着学生律动，感受切分节奏，体验上行下行，体验休止符带来的机械感。学生玩得很开心，动作表现也很精准。但是课后检测发现，离开了教师的带领，其实他们并不会。几经尝试，课例最终形成现在这个版本，着力点就在于给孩子更多学习的空间。

1.思考的空间

在教学中，为了保证完成教学流程，我们总是赶着时间进入下一个环节，但从培养音乐素养的目标出发，我们应该给与更多的空间让孩子们进行思考。本课从听辨切分节奏入手，抓住切分节奏“不稳定”的特征，让学生理解“小木偶”的音乐形象。但这个过程不应该是由老师来告诉他们，一个乐句有几个切分节奏，用什么动作表示，而是让他们自己去听辨出切分节奏出现了几次，在什么地方出现，用什么动作表现。在听辨、分析、探究的过程中，学生牢牢记住了主题旋律，并且能在图形谱出现后完整表现，从而慢慢建立音乐思维，最终培养出具备“音乐耳朵”的人。

2.试错的空间

能力的提升一定是需要反复操练的。在学习过程中，学生有可能犯错。给他们试错的空间，错了可以反思总结，一次次摸索，最终形成他们自己的体验。在欣赏b主题时，不时有学生找不准颗粒状的音乐，有时快了，有时慢了，这时教师就应该给与试错的空间，让学生去反思总结。经过反复操练，学生们最终都能准确地表现。

3.想象的空间

抓住典型的音乐特征进行合理的想象，是音乐学习中常见的方法。在标题性音乐中，我们往往会固化音乐形象。如在本课例中，我们以切分节奏的不稳定性联想到木偶行走的不稳定，以短句中的休止符联想到木偶动作的机械性。通过想象，将乐曲的音乐形象与艺术形象融合到一起。那么，还有让孩子们自由想象的空间吗？是不是所有的音乐片段都得在“木偶”的固定形象里？我们在b主题里设计了很多动作，有跷脚的，有机械行走的，有“躲猫猫”的……让孩子们根据动作来选相匹配的乐句。等孩子们熟悉音乐后，再自由创编出他们心中符合这一情境的动作，给他们充分的想象空间。

华东师范大学钟启泉教授指出，真正的学习，不能只停留于单纯的“知识的记忆”，而应当是学生主动参与“知识的建构”，让思维成长。这样的课堂目标一定是指向学生素养提升的，这样的学习过程一定是开放性外显促进回归式内化的，这样的课堂一定是积极幸福的。

课例10 《同伴进行曲》教学设计

金华市南苑小学 方伟青

课 型

以欣赏为主的综合课

教 材

人音版教科书《音乐》三年级上册

教学内容

1. 欣赏管乐曲《同伴进行曲》
2. 选择欣赏《狮王进行曲》《运动员进行曲》《中国人民解放军进行曲》

授课年级

三年级

教材分析

《同伴进行曲》由德国作曲家卡尔·泰克创作，它轻快优美的旋律为全世界人民所熟悉，是一首用管乐器演奏的进行曲名作。乐曲为复三段体结构。在4小节引子之后，由高音乐器奏出刚健有力的进行曲A段第一主题。主题旋律的后半部分出现了多次大跳，音乐显得更为明朗、活泼。当主题旋律反复一遍时，一个柔美如歌的对位旋律与节奏短促的主题旋律相伴进行，仿佛两个性格迥异的好友携手同行。在主题又做了一次重复变化后，乐曲进入中部，中低音乐器奏出平静温和的旋律，音调上下回旋，好象是对昔日好友的深情怀念。随着第一部分的主题再次出现，乐曲在热情洋溢的气氛中结束。

教学目标

1. 情感与价值观：通过聆听音乐，能充分感受进行曲的风格特点，乐于与同伴在音乐中进行队列表演等活动，激发学生珍惜友谊，乐于与同伴交往的情感。

2. 知识与技能：能听辨并记忆乐曲A部分主题旋律，初步了解部分西洋管乐器的音色特点；体验A、B不同乐段所表现的不同音乐性格情绪，能听辨并用动作来表示两条旋律的对位交织。

3. 过程与方法：通过对比、聆听、列队表演、身体律动、画旋律图谱等方式来感知不同乐段的音乐表现要素，熟悉记忆主题，了解乐曲的曲式结构。

教学重点

1. 听辨体验《同伴进行曲》A段两个主题旋律的不同特点。

2. 跟随音乐进行身体律动和列队表演活动。

教学难点

听辨A部分两段不同性格的主题旋律对位交织进行。

教学过程

一、导入

教师敲小军鼓，学生随鼓点踏步进教室，做列队行进变化。要求学生队列整齐，能听鼓点用较整齐的步伐统一踏步行进，并随口令变换方向。

【设计意图】为进行曲风格的体验做铺垫，在鼓点中聆听、感知行进的节奏、节拍，并能关照集体和同伴，做整齐的队列动作。

二、聆听体验《同伴进行曲》A部分第一主题

师：听着鼓点同学们走得非常整齐，现在老师请出一支乐队演奏一段音乐，看看大家能否跟着音乐走出整齐的步伐呢？

1. 一听，律动踏步

初听A乐段第一主题，伴随音乐，学生列队走回位置坐下。

师设问：这段音乐有什么特点？（关注情绪、速度、乐器音色等等）

2. 二听，画图谱，将节奏、乐句转为视觉体验

师设问：这段旋律可以分成几句？最强音和高音出现在哪句？

3. 三听，拍节拍和重音

师：我们用身体乐器来拍一拍，看看谁拍得更干脆有弹性，两个强音你会怎么拍呢？

4. 四听，奏乐器

教师请出大鼓，加入强音。请一个学生奏大鼓，其余同学可以模拟演奏自己喜欢的乐器，边原地踏步

边演奏。

【设计意图】开门见山引出乐曲的第一主题音乐，四次聆听分别从听觉、视觉、动觉、多感官联觉体验情绪、乐句、节拍重音，从整体感知到局部层层深入，用孩子们喜欢的音乐活动方式学习感受这段音乐的几个重要音乐要素，在多觉联动的玩乐游戏中，不知不觉地熟悉记忆乐曲的第一主题。

三、聆听A乐段的第二主题

1.初听，辨一辨

师设问：哎，同学们仔细听！有没有新的乐器伙伴加入到他们的演奏中？

2.复听，说一说

师：新的乐手加入的是一段怎样的音乐？音色是怎样的？带给你什么感受？

（舒展、优美、柔和、宽厚）

3.出示PPT，了解大号乐器

看演奏姿势，听大号的音色，模拟音色唱它的两句旋律。

4.画旋律线

在黄色卡纸上随音乐旋律的高低画出起伏旋律线。

四、听辨比较第一主题和第二主题的片段

1.听音乐选择色卡

师：橙色一种颜色的卡片代表只有第一个主题的旋律，橙、黄两种颜色叠加的色卡代表有两个主题相伴出现的乐段。接下来考考你的耳朵灵不灵，老师播放两段音乐，请你选择一色还是两色叠加，用手指数字告诉我。

2.分角色扮演，用动作表现A1、A2和变化部分

师：哇！你们耳朵真是太灵敏啦，演奏家们太喜欢你们了，他们想邀请小朋友们正式加入到他们的演奏队伍中。

当第一支乐队只演奏单独的第一主题时，请1、3、5、7组小乐手起立踏步演奏，当大号演奏的第二主题交织进入时，请2、4、6、8组起立踏步加入到演奏队伍中。有个小小提醒，当音乐弱的时候，我会示意大家原地踏步，当音乐强的时候，大家可以踏步往前走。出发吧！

【设计意图】这部分是本课的重点也是难点。对于单一的旋律，学生比较容易感知和记忆，但对于两条旋律交织出现的乐段特点，需要学生深入仔细听辨欣赏。本环节通过聆听比较、身体律动、演唱对位旋律、色卡演示、不同角色扮演等方式让学生进一步体验两段主题旋律交织的音乐表现特点。

五、欣赏B部分

师过渡：小朋友和同伴在一起开心吗？老师看到小朋友相亲相爱很感动，要为你们歌唱一番！

(1)老师用“啦”范唱四句旋律。

(2)听音乐家如何用音乐表达。

(3)用舒缓的动作跟随音乐画出爱心旋律图谱（从底部开始画，一个完整乐句画出一个爱心图），表现

平静、温和、友爱、深情。

(4)跟随音乐做爱心造型律动。

【设计意图】通过演唱、舞蹈、引领,将主题音乐升华,让学生感受乐曲B部分的情绪变化,并在律动中渗透和谐相处、团结友爱的思想意识。

六、聆听A',完整演绎,拓展欣赏

师过渡:音乐殿堂传来了我们熟悉的音乐,这段音乐和哪段音乐相似,请你选择相对应的色卡。

(1)初听选色卡。

(2)回忆乐曲结构,完整演绎。

(3)给音乐取名。

(4)观看演奏视频,模拟乐队走出教室。

(5)介绍进行曲特点,听辨音乐。

判断哪几首是进行曲,做适当的步态表演。

【设计意图】通过比较聆听,检验学生对A部分主题音乐的感知是否已经清晰,最后总结进行曲特点,将感性认知提升到理性知识。并设计拓展内容,再次将理性概念运用于实践感知,让学生进一步加深对作品的记忆和对进行曲风格的理解。

教学反思

美国作曲家科普兰曾将音乐欣赏的三个阶段表述为:感觉音乐,感受音乐的表现力,真正理解音乐。本课教学环节呈现了较明显的递进目标。首先,学生在行进中充分感知进行曲的音乐风格特点。其次,在音乐欣赏过程中对不同音乐段落的节奏、旋律、力度、速度、音色等音乐要素进行深入的体验、理解、分析,鉴别其音乐表现手法。最后,在友爱的氛围中进行律动表演,进一步理解音乐,留下深刻印象。教学过程环环相扣,流畅自然。

音乐的倾听需要反复,但由于小学生有好动、注意力不能持久的特点,所以必须借助各种辅助手段帮助学生有效地参与聆听欣赏。在本课教学中,笔者将听觉艺术拓展为视觉、运动觉等,例如开门见山引出乐曲的主题,让孩子们通过喜欢的身体律动参与感知音乐的进行曲节拍风格,用视觉绘画划分乐句,用击打身体参与音乐的力度表现,在多觉联动的玩乐游戏中,不知不觉地熟悉、记忆乐曲的第一主题。又如,两段旋律交织出现的乐段欣赏,是本课的难点。我通过聆听比较、运用不同色卡表示不同乐段等方法,再一次将不同音乐视觉化,然后通过演唱对位旋律、不同角色扮演身体律动等方式让学生进一步品味两段主题旋律交织的音乐表现特点,这样学生对有两种旋律交织在一起的音乐就会有深刻而清晰的体验了。本课例采用综合多样的教学手段,积极调动学生身体各种器官,帮助学生全身心地参与音乐,激发学生对音乐感受和鉴赏的兴趣,提高学生的各方面音乐能力,使常态的音乐欣赏课也能动静结合,活泼新颖,丰富多彩,效果良好。

同时,本课例处处体现出"儿童为尊"的生本课堂、"音乐为本"的活动课堂的宗旨。只有适合孩子的方式,才是他们喜欢的、乐于参与的方式。儿童喜欢想象,喜欢让自己身临其境,喜欢交往,喜欢活动,本课教

学紧紧抓住儿童的这些心理特征，结合《同伴进行曲》的音乐特征，从一开始的队列律动体验，到后面的角色扮演等等，老师面向全体学生，采用"情景式""合作式""互动式"等学生喜闻乐见的方法进行教学，同时也充分尊重孩子，兼顾个体学生的独特体验。学生自然学得轻松愉悦，课堂自然显得生动活泼。

"让学习发生在音乐活动中。"本课例的音乐教学过程是一个个活动的推进和叠加，而所有的活动都回归音乐本原，回归学生三大音乐素养的提升；纵观本课教学，笔者始终围绕音乐三大核心素养——审美感知、艺术表现、文化理解，设计了各种学生喜闻乐见的音乐体验活动，层层推进，让学生在活动中获得音乐素养的提升。

课例11 《那不勒斯舞曲》教学设计

德清县实验学校　胡芳

课　型

欣赏课

教　材

人音版教科书《音乐》四年级下册

教学内容

欣赏乐曲《那不勒斯舞曲》

授课年级

四年级

教材分析

《那不勒斯舞曲》是俄国作曲家柴科夫斯基创作的芭蕾舞剧《天鹅湖》第三幕中的一首舞曲，以小号为主奏乐器。乐曲分为两部分，第一部分由三个主题组成。在乐队全奏四小节热烈的引子后出现了由小号以小快板速度演奏的活泼而轻快的第一主题；第二主题的节奏及音调与第一主题相近；第三主题速度由慢而快，热烈奔放。第二部分，乐队以全奏形式演奏意大利热情奔放的塔兰泰拉舞曲风格的音乐，速度急促，将全曲推向高潮而结束。

教学目标

1.通过欣赏《那不勒斯舞曲》，感受乐曲轻盈优雅以及欢快热烈的舞曲风格。

2.积极调动学生的多种感官，以多种方式熟悉作品的主题音调，感受与表现音乐特点。

3.初步认识和了解西洋乐器中的铜管乐器——小号，了解其音色及丰富的表现力。

4. 通过本课的学习，简单了解柴科夫斯基以及他的经典作品《天鹅湖》，感受芭蕾舞剧的魅力，激发学生热爱世界经典音乐文化的情感。

教学重点

感受《那不勒斯舞曲》的音乐情绪以及风格特点。

教学难点

1. 以多种方式参与音乐，感受舞曲的特点。

2. 音乐主题的记忆。

教学过程

一、导入新课，整体性欣赏

师：老师带来一首自己非常喜欢的曲子和大家分享！大家听听看音乐带给你怎样的感受呢？

师生交流得出：音乐是欢乐喜悦的。

【设计意图】音乐课堂坚持听觉为先的原则，让学生安静地、专注地聆听能让他们最快地进入音乐的状态，感受音乐的美妙。

二、欣赏A段

师：你能用动作来表达你对音乐的感受吗？

（一）律动表现，感受主题

1. 播放音乐主题a，鼓励学生用自己的肢体动作表达对音乐的感受

师设问：除了欢乐喜悦，音乐还带给你怎样的感受？（优雅高贵）你还能来表现一下吗？

2. 再次聆听，学生律动

3. 教师示范律动

教师跨小步踮脚，双手从芭蕾手位的原位到三位，并随之打开。在音乐中重复动作。

4. 教师带领学生在教室中散开式随音乐律动

重复播放音乐。

提出要求：跟着音乐的节拍，随着音乐的感觉，自信、优雅地律动。

【设计意图】音乐课堂需要带领学生把所听到的音乐的各种因素（包括速度、节奏、力度、乐句、情绪等）及其内心感受，用肢体动作表现出来。在这一环节中，先发挥学生的主体聆听，让他们用自己的方式把听到的音乐主题表现出来。在此基础上，带领学生一起律动，这一律动虽然简单，但融合了芭蕾的韵味，让学生能更好地体验音乐的风格特点。

(二)介绍芭蕾舞

师:这么动听优雅的音乐其实是一首舞曲片段,你觉得是什么舞呢?

简介芭蕾舞。(“足尖上的舞蹈”,被誉为舞蹈艺术皇冠上的明珠)

【设计意图】简单了解芭蕾舞,能让学生更好地体验音乐的风格,进一步感受到优雅高贵的特点。

(三)分析欣赏音乐主题

1.播放音乐,安静聆听第一主题

师:让我们再次静静聆听这段动听的旋律。

(1)播放音乐,初步感受音乐旋律的特点(轻盈优雅)

(2)随琴哼唱主题

A.教师钢琴伴奏,范唱主题旋律,提示后面的“嗒”,唱出重音。之后带领学生反复模唱,从哼唱中进一步体验到旋律的平稳,以及四个乐句呈现的下行进行态势,和弱起、切分带来的悠扬、生动的效果。

B.采用比较法,带领学生听辨强拍在起拍与尾音所产生的不同效果,深刻体会节奏上的特点。

师:这段音乐很特别,改变了原来我们听到的音乐把强拍放在前面的习惯,而在乐句的尾音加上重音。这带给你们怎样的感觉呢?

C.寻找主题旋律的特点:四个乐句连续下行,似乎是把音乐的美妙沉淀在心底;四个乐句节奏型相同。

【设计意图】这一主题的教学是本节课的重点。经过前面反复的聆听和律动,学生对主题已经比较熟悉,在此基础上,带领学生哼唱主题,让学生直观感受和表现主题的乐句、切分节奏的特点、旋律的下行等;并体会音乐家巧妙地改变节拍的强音,在每一句的尾音上加上重音的手法,更赋予了音乐浓厚的舞曲韵味。

(3)了解主奏乐器——小号

复听曲调,学生就演奏乐器进行交流,谈谈对小号的认识,教师出示小号,进行介绍。

教师归纳:小号是铜管乐器家族中的高音乐器,已经有3000多年的历史,它最早是在军队中用来传递信号的,后来才成为演奏的乐器。它的音色明亮、辉煌,善于表现辉煌灿烂、胜利凯旋、刚毅雄壮的音乐形象。

【设计意图】认识小号,使学生理解小号的音色以及丰富的表现力,懂得乐器的性格对刻画音乐形象起到的非常重要的作用。

师:让我们一起再来聆听小号动听的歌声!

播放音乐,再次感受旋律的特点——轻盈活泼,又十分优雅。体会小号那种明亮却带有控制性的吹奏所表现出来的优雅与高贵。

(4)再次聆听,手势引导

师设问:主题旋律重复了几次?(两次)是一模一样的吗?当你听到特别的地方,请用手指轻微的动作来表现。

1=♭E $\frac{4}{4}$

0 56 1̇765 | 7 0 7 0 67 1̇765 | 6 0 5 0 55 6543 | 5 0 4 0 44 5432 | 3 0 1

再次播放音乐,提示学生反复时听到特殊的声音用手指的颤动来表现。

师:请同学们思考这是哪类乐器?带来了什么效果?(更加轻盈、生动)

复听,音乐反复时在长笛等木管乐器演奏的时候以手指颤动表示。

教师归纳:主题音乐重复中的添加使音乐更丰富、更生动。

【设计意图】采用手势表现方式进行教学,带领学生更加细致地关注音乐。通过简单的律动,反复的哼唱,学生主动参与音乐,体会音乐的流畅与美妙,并在动作的提示下一步步走进音乐,了解主题的乐句、节奏的特点、旋律的变化与重复、巧妙的配器等等。学生在这过程中,对音乐主题的记忆也更为深刻,从而较好地达到教学目标。

2.欣赏第二主题

播放音乐,对比第一乐段。

师设问:这段旋律又给你什么感受?

引导学生在之前的律动中将原位手势变成打开的方式,之后不变。理解音乐旋律的相似,是在第一乐段基础上的重复与发展。

【设计意图】这一主题是在第一乐段基础上的重复与发展,最大的特点是乐句起音运用了附点音符,节奏更为舒展了,显出从容不迫的音乐效果。所以,结合之前的律动,用一个打开的方式,学生能很容易从肢体动作的变化中得出音乐,尤其是节奏上的变化。

3.第三主题

初听音乐,师设问:现在的音乐又是怎样的?

学生双手放在身侧做小轮状的动作,直观感受该主题速度加快、力度加强的过程,烘托出热烈奔放的气氛。

跟着钢琴伴奏,带领学生模唱,速度从慢渐快,要求不需要太高,重在体会音乐的变化,更体会小号演奏的高超技巧,及在前两主题表现的优雅之外所带来的欢快热情的音乐表现力。

4.完整聆听全曲

师设问:第一部分有三段主题,我们刚才已经欣赏了,后面的音乐又是怎样的呢?

听后反馈:这段音乐速度更快、力度更强,是乐器合奏。

出示并揭晓管弦乐队——铜管家族、弦乐家族、木管家族、打击乐家族,教师根据出示的乐队图片简单描述排列的位置。

三、欣赏B段

1.一听,画图形谱

播放录音,聆听B段音乐,课件随音乐依次出现图形谱。

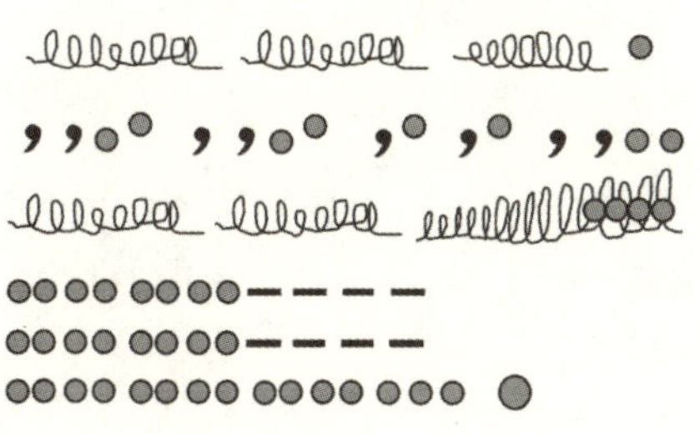

2.二听，感受合奏的魅力

感受弦乐、木管、铜管乐合奏的魅力。初步辨别弦乐、木管与铜管乐在演奏中展现出来的不同音乐性格，思考它们分别擅长演绎哪种情绪特点的音乐（如木管——轻盈，弦乐——舒展悠扬，铜管——刚健有力）。深切体会音乐家配器的巧妙。

重点了解在这段音乐中，为了营造热烈的气氛，加入了打击乐器的演奏。

指名一学生在圆圈处敲镲，带领其余学生加入拍手动作。

【设计意图】B段音乐是以全奏形式演奏意大利热情奔放的塔兰泰拉舞曲风格的音乐，速度急促，音乐时长约52秒。如何让学生主动参与这段音乐是一大难点。音乐是舞曲风格，但想让学生以舞蹈方式参与可行性不高，不仅容易引起课堂混乱，更会忽视音乐的聆听。为此，反复琢磨后，确定图形谱的教学方式，是最恰当而且有效的。在此基础上，加入简单的击镲和拍手动作参与音乐，让学生更主动地参与音乐，感受音乐的热烈，感受乐曲配器的效果。

3.介绍塔兰泰拉舞

这段音乐采用了意大利民间塔兰泰拉舞蹈的风格。传说很久以前意大利南部曾出现一种名为塔兰泰拉的毒蜘蛛，被它咬伤是很危险的。当地人采用一种很奇怪的方法来解毒，说到这里让学生猜是什么方法，激发他们的好奇心。然后再告诉他们答案：用发狂似地跳舞来解毒，而且必须跳到筋疲力尽、大汗淋漓。

师：这样的舞蹈应该有怎样的特点？请同学们讨论。（动作剧烈，节奏急促，速度越来越快）

四、完整聆听全曲

1.静听

让学生安静聆听全曲，感受音乐的细致变化，体会音乐表达的情感。

2.复听

听到熟悉的音乐可以用动作、手势、图形谱、加入演奏等方式来表现。

五、介绍作者及作品背景

《那不勒斯舞曲》是俄国作曲家柴科夫斯基所作芭蕾舞剧音乐《天鹅湖》第三幕中的一段以小号为主奏乐器的意大利风格的舞剧音乐。

简介《天鹅湖》，从话语讲述过渡到视频的欣赏。

六、拓展延伸

观看舞剧视频《那不勒斯舞曲》。

师：在这部经典的《天鹅湖》中，还有许多经典的曲目。

【设计意图】了解舞剧《天鹅湖》并欣赏舞剧视频片段，能让学生从直观的视听感觉基础上进一步感受与体验乐曲的风格和特点，也让他们更好地建立舞剧音乐、舞曲的知识概念，从而激发对作品的喜爱。

七、小结

师：柴科夫斯基曾说，“每一个音符，都是出自我的内心深处”。这些经典的音乐作品积淀着深厚的文化底蕴，散发着芬芳的艺术气息。同学们，让我们一起去关注、聆听、喜爱这些经典的作品，徜徉在音乐的海洋里，享受神奇与美妙！

【设计意图】经典的音乐作品充满芳香浓郁的艺术气息，让人的心灵得到净化与洗礼。教师简单的总结，目的在于让学生认识到这些作品凝聚着音乐家的心血，具有无穷的魅力，能震撼每一个人的心灵。希望教师的殷殷期盼能激发学生欣赏的渴望，让这些经典作品绽放光彩。

教学反思

重视音乐听觉，坚持听觉为先

教学过程中，不论采用什么样的教学方式和手段，在设计与实施的过程中始终坚持听觉为先的原则。

从进入课堂安静地聆听，在听觉中加入肢体律动、手势表现，到后面的图形谱挥动、打击乐器的参与等，都脱离不了听觉。无论是安静的聆听，还是多种方式的聆听，始终聚焦在“听”上，激发学生积极主动地参与聆听音乐，听辨音乐的变化等。

例如在聆听第一主题重复时，笔者是这样引导的：“主题旋律重复了几次？”“两次是一模一样的吗？”“当你听到特别的地方，请用手指轻微的动作来表现。”在聆听的基础上学生有意识地去关注重复和变化，并且用手指颤动敏锐捕捉到这一变化带来的轻盈、生动。

充分发挥律动的表现作用

这节课，结合作品本身就是舞曲的特点，充分运用身体律动带领与帮助学生更好地参与音乐、体验音乐。学生不仅是用身体，更是用心灵去感受音乐节奏的疏密、旋律起伏和情绪变化的规律。这也是学生音乐学习中最有效、最为简便的教学方法。

例如第一次完整聆听全曲后，让学生自己用简单的肢体动作表现主题，在喜悦的基础上进一步体会优雅轻盈。在此基础上，教师融合芭蕾的简单律动带领学生在教室内随着音乐表现，用踮脚、打开等方式更好地体会音乐的特点。之后欣赏第二主题的时候，用一个简单的变化动作，学生就能很好体会两个主题的变化和联系，以及附点节奏带来的大气、从容的特点。

调动多种感官，联动式欣赏作品

音乐音响不具有语义的确定性和事物形态的具象性。音乐教学只有通过多种实践形式才能得到实施。这节课，在听觉、动觉为主的教学模式中，学生积极融入音乐之中，亲身参与音乐，很好地体验与表现作品，感受音乐要素的表现力。同时通过流动式图谱的展示、《那不勒斯舞曲》芭蕾舞剧视频片段的欣赏、《天鹅湖》剧情的简单描述等，学生的视觉、感觉、知觉等也被充分调动起来，他们能多方位地参与音乐作品，获得音乐的深层次感受，收获音乐的知识。

关注音乐本体，积累音乐文化

整节课始终围绕音乐的本体展开，从聆听音乐、参与律动，到舞曲风格的感受与体验、乐器音色的了解、作品文化背景的认识等，教师带领学生在音乐中一点一滴、逐层深入地感受和体验，没有过多的干预，没有过多的讲解。学生在积极主动参与的过程中,建立对音乐特点的理解,理解到音乐表现了什么,是如何表现的,并感受到音乐家的巧妙才思以及芭蕾舞的韵味和魅力。

音乐之所以感动人,是因为音乐本身!教学中,我们就应该结合音乐作品,围绕音乐本质,采用恰当有效的教学手段,积极调动学生的多种感官,让他们更好地参与、体验、表现和享受,感受音乐的无穷魅力!

课例12 《看大戏》教学设计

宁波市鄞州区东南小学 胡敏

课 型

欣赏课

教 材

人民音乐出版社2011课标版教科书《音乐》

教学内容

《看大戏》

授课年级

四年级

教材分析

《看大戏》是一首极具河南风格特点的戏歌，由刘蕾作词、李仲党作曲。歌曲的音调吸收了流传于河南的主要地方剧种——豫剧的唱腔风格。歌曲旋律进行中$^{\sharp}4$的运用、大跳音程以及语言与旋律的紧密结合等特点，使歌曲带有浓浓的豫剧风格。歌曲带有韵律的念白也增加了歌曲的趣味性。本课的学习旨在培养学生热爱祖国悠久历史文化的情感。

教学目标

1.初步了解豫剧的有关知识。

2.通过感受和体验戏曲歌曲，丰富情感体验，激发对戏曲音乐的热爱。

3.在聆听、感受、模唱等音乐活动中，体会歌曲旋律与豫剧唱腔的相似之处，并在歌曲演唱中初步表现豫剧唱腔的特点。

教学重难点

1. 体验、感受歌曲所具有的豫剧的唱腔特点。

2. 表现歌曲的豫剧风格特点。

教学过程

一、视听导入，激发兴趣（5分钟）

1. 师：同学们，今天老师带大家去看两场戏，请看第一场，猜一猜它是哪个地方的剧种？

播放《天上掉下个林妹妹》。

生：浙江的越剧。

2. 师：《天上掉下个林妹妹》正是越剧《红楼梦》中的著名唱段。越剧起源于浙江的嵊州，它以唱为主，声音优美动听，表演真切动人，极具我们江南的灵秀之气，素来有中国第二大剧种之称。下面让我们一起走进越剧唯美典雅的旋律中。

3. 出示课件：歌词的前两句

"天上掉下个林妹妹，似一朵轻云刚出岫。"（热情奔放、刚柔并蓄）

"只道他腹内草莽人轻浮，却原来骨骼清奇非俗流。"（韵味浓郁、委婉细腻）

男女生分组学唱。

【设计意图】小学生对中国戏曲知之甚少，应该从何入手最好？自然是与家乡有关、相对比较有所见闻的经典剧种和曲种。本课的一开始笔者直接借中国第二大剧种——浙江的地方剧"越剧"为导入，充分调动学生的学习兴趣，并引导学生对戏曲种类有了初步了解。与此同时，在教学过程中强化对音乐的感官体验的同时，在立体的情感空间与戏曲中的人物进行跨越时空的心灵碰撞和情感对话。而这些戏曲文化的模仿演唱，不同风格剧种的对比聆听，更能给学生的听感带来冲击，并在情感体验的基础上让情绪得以延伸，真正触动内在的灵魂，从而获得与曲中人物的情感共鸣乃至情感延续。

二、欣赏豫剧《花木兰》（15分钟）

1. 师：中国戏曲不仅有着悠久的历史，而且300多种地方戏遍及了全国各地，今天老师还给大家带来了一个北方的剧种——豫剧。让我们一起来欣赏一段经典唱腔，《花木兰》中的选段《谁说女子不如男》。

播放《谁说女子不如男》完整视频。

2. 师：俗话说"一方水土养一方戏曲"，每一种地方戏都具有鲜明的地方特色。同样是女孩子，你从两段戏曲的唱腔中感受到林妹妹跟花木兰的性格有什么不同？

生回答。

出示课件：南方代表——林妹妹——委婉细腻

　　　　　北方代表——花木兰——（　　　）

师：性格柔弱的林黛玉给我们带来了委婉细腻的唱腔；豪迈大气的花木兰更是带给我们高亢激昂的唱腔。

3.师：老师给大家布置了课前作业，你们还查到了有关豫剧的哪些信息呢？让我们一起来分享一下。（豫剧的起源、流派、伴奏乐器、经典剧目等）

4.师：那就让我们一起来学一学花木兰，感受一下她潇洒、大气、豪迈的性格。

出示歌词《谁说女子不如男》。

第一遍学身段，扮木兰。

播放《谁说女子不如男》。

第二遍唱歌词，找特点。

出示课件：豫剧的旋律特点

师：豫剧唱腔中的"甩腔"也正是由河南方言的发音特点形成的。旋律的大跳、装饰音都让我们感受到了北方人豪爽大气的性格特点。

第三遍加上身段，唱歌词感受豫剧铿锵有力的唱腔风格。

【设计意图】课前，教师通过预习单的形式，引导学生运用多种现代化教学资源进行主动学习，让学生的审美能力不仅得到有效发展，其情感表达、听感素养以及音乐鉴赏能力都得以发展和提升。在教学过程中，通过欣赏和学唱豫剧经典片段《谁说女子不如男》，让学生们体会豫剧唱腔粗犷、豪放的风格，感受豫剧唱腔的下坠和下滑，再让学生找出歌曲中哪句是典型的豫剧拖腔。教师在课前请教了河南老乡的方言，并在课上对学生进行了示范，让学生也用河南的乡音来模仿着唱一唱。这样多层次教学资源的综合运用，使得课堂上的音乐体验效果甚好。最后在歌曲力度上稍加处理，一群活泼可爱的小戏迷仿佛就在舞台上欢快风趣地演唱。

三、欣赏戏歌，主动探索（18分钟）

1.听风格

（1）师：今天老师带来了一首戏歌。你们听，它跟越剧、豫剧哪个剧的风格更相近？

出示课件，提问：

A.跟哪个剧种风格相近？

B.歌曲中出现了哪些人物？他们在干什么？

播放音频《看大戏》，第一遍完整聆听。

学生回答问题。

板书：看大戏。

（2）师：那接下来让我们把音乐放进心里。再来听一遍这首歌曲，你觉得这首歌曲含有哪几种表演形式呢？

播放音频《看大戏》，第二遍完整聆听。

学生回答问题。

板书：念　唱

（3）师：那你在歌曲中听到了哪些乐器在演奏呢？

学生回答问题。

(4)师:今天老师带来了梆子,下面我来给念白伴奏,请你听一听哪些字的节奏比较突出?

出示课件:念白具体内容

师打节奏,唱念白:

老槐树,槐树槐,槐树底下搭戏台

演大戏,看大戏,听了大戏唱大戏

老槐树,槐树槐,槐树底下搭戏台

演大戏,看大戏,将来我要唱大戏

请学生回答问题。

2.唱念白

(1)师:正是因为在这几个字的地方加上了附点八分音符,才让我们感受到念白的腔韵更足了!接下来请大家跟着梆子的节奏来读一读念白。

老师敲梆子,学生打节奏唱念白。(第一遍念白)

(2)师:刚才是老师敲梆子,现在我想请同学来敲,谁愿意?

请一位学生敲梆子,纠正方法。

请有梆子的同学拿出梆子,一起来,其他同学唱念白。(第二遍念白)

(3)师:老师今天还带来了一种武场打击乐器——锣。谁愿意来试着演奏一下?

请学生演奏,并讲解正确的演奏方法。

(4)师:那你觉得它俩适合配哪个节奏呢?

出示课件:念白+节奏,再出示锣和梆子的图片。

(5)请一组学生拍一拍锣的节奏(每一小节的第一拍),另一组学生拍一拍梆子的节奏。

(6)请部分学生演奏乐器,其他学生分成男女生两大组,拍节奏、唱念白。

3.学戏歌

(1)寻相似

A.师:有了这些打击乐器,这个念白更有戏曲的味道了。请仔细听下面的唱段部分。你还能找到锣的声音吗?如果听到了,请拍一下手。

播放唱段,学生拍手。

出示课件:歌词

B.师:原来这个锣不仅出现在了休止符这里,还出现在了第二部分的第一拍中。你能从旋律中找出它跟豫剧花木兰相似的地方吗?请大家小组讨论一下。

C.学生交流:旋律进行中使用#4比较多,"#4 5"的进行也很有特点,音程的跳进以及5、2的运用等方面,与歌曲《看大戏》有许多相似之处。

(2)学唱第一部分

A.师:让我们一起用河南话来念一下第一部分的歌词。

学生跟着老师用河南方言念歌词。模仿河南方言,感受歌曲与方言的联系。

B.学生跟唱。

C.带上动作，找一找甩腔。

(3)学唱第二部分

A.师：第二部分中唱得最有味道的是哪一个字呢？你能帮忙找出来吗？

教师范唱，学生寻找“戏”字音的变化。

B.师：原来这个“戏”字的音是如此丰富。我们用动作来“做一做”。

板书：做

C.简单过一下四个“戏”字的动作。

师：哪个“戏”字最有韵味呢？一起来学一学。

D.完整演唱第二部分。

(4)完整演唱

A.师：让我们带着愉快的心情，一起唱一唱《看大戏》！

B.分组组合表演：演奏组、念白组、表演组。

C.随着音乐表演歌曲。

【设计意图】“以戏为歌唱四方”，利用戏歌的形式开启戏曲教学在课堂中又一新的篇章，在戏歌与戏曲之间建立起教学桥梁具有较高的可行性。在学唱戏歌的过程中，通过寻找戏歌中最有韵味的“戏”字、用表演形式“做”表现四个戏字，让学生在音乐中主动寻找戏曲的“根源”。《看大戏》实现了豫剧的戏曲元素与现代音乐元素的有机结合，在现代音乐风格的表现下，琅琅上口的说唱部分的念白节奏与演唱部分的结合相得益彰，对比中更是体现出了和谐统一。正是这样循序渐进的教学方式，使得学生对戏曲的音乐特点有了直观和深入的感受，最难能可贵的是，这些感受是学生自主获得的，能让学生真正触摸到戏曲的风采，感受到音乐课堂的魅力。

四、小结(2分钟)

师：今天这节课我们一起领略了根据豫剧唱腔风格创作出来的戏歌《看大戏》。我们在这首戏歌中找到了豫剧的念白韵味、唱腔特点以及伴奏乐器。我想大家一定跟老师一样感受到了传统戏曲艺术带给我们的启发，今后我们还会接触到更多的戏曲种类和戏歌。

五、拓展

师：大家还想了解哪些关于豫剧方面的知识呢？请在课后到网页上去搜一搜、找一找。

豫剧的行当：生旦净丑

豫剧旦角流派：悠长天籁的“陈门”创始人陈素真，高亢激昂的“常派”创始人常香玉，韵味淳厚的“崔派”创始人崔兰田，大气响亮的“马派”创始人马金凤，委婉含蓄的“阎派”创始人阎立品，缠绵委婉的“桑派”创始人桑振君……

豫剧的主要伴奏乐器：文场——板胡、笛子、三弦等；武场——板鼓、堂鼓、大锣、小镲、梆子等。

花木兰的最早的表演者：《花木兰》是根据《木兰从军》改编的豫剧，主唱为豫剧大师常香玉，是1951年常香玉为抗美援朝捐献“香玉剧社号”战斗机进行义演时的主要剧目。

教学反思

在课的一开始，以豫剧与越剧的唱腔对比和人物的性格作为切入点，让孩子们有耳目一新的感觉。在学唱戏歌的过程中，丰富演唱形式，通过独唱、小组唱、表演唱、齐唱、合唱等多种演唱形式，激发学生的学习兴趣。整堂课始终围绕“戏”展开，“戏中的韵”、“歌中的戏”，让学生通过实践探索寻找《看大戏》与豫剧之间的联系，使学生在潜移默化中了解中国的戏曲文化，增强民族自豪感，提高音乐的审美能力和欣赏能力。

1. 唯美体验，让课堂教学模式得以革新。戏歌让传统文化与现代音乐形成了融合，能够充分激发学生对传统戏曲的关注热情，进而提高学生对传统文化的认识、理解，培养他们传承经典艺术的动力和建立文化自信的荣誉感和使命感。

2. 多元创新，让学生的学习能力得以成长。戏歌欣赏既通俗易懂又雅俗共赏，在一定程度上降低了传统戏曲的理解难度和学习难度；戏歌教学不会受到曲韵、曲调限制，教学形式更加灵活，趣味性也有所提升，学生更容易接受。同时，多媒体等现代信息渠道的建立，让学生能主动加入到书本以外的学习中去。

3. 审美追求，让学生的美育能力得以提升。通过运用戏曲中“唱、念、做、打”四种表演形式，同时在戏歌中实现音乐审美体验的延伸，有利于学生音乐欣赏范围的扩大，对学生核心素养的发展和美育的培养有着积极的促进作用。

传统戏曲的音乐唱腔或委婉、细腻、绵长，或粗犷、豪放，但唱腔必须严格遵守一定的格律化的程式。这种程式化的音乐表现手段虽然使人容易记忆和理解，但在思想感情的表达上还是有很大的局限性。而新时代的戏歌完全打破了这种束缚，它既吸取了传统戏曲中的唱腔元素，又结合了现代的音乐潮流，带给人们全新的听觉感受。这也正是笔者为提高学生的美育欣赏能力，将这首戏歌作为欣赏作品带进音乐课堂的初衷。

“千淘万漉虽辛苦，吹尽狂沙始到金。”面对社会发展，发扬传统文化、重塑经典艺术精神，在小学音乐课堂上，不失为一种延续“文化信仰”的好途径。相信在不久的将来，小学音乐教学领域必将会迎来“长风破浪会有时，直挂云帆济沧海”的壮丽风景。

（本课例获教育部2018年“一师一优课、一课一名师”活动评选省级优课）

课例13　光影·印象——《小小少年》教学设计

嘉兴海盐实验小学教育集团　孙菠

课　型

歌唱课

教　材

人音版教科书《音乐》四年级下册

教学内容

歌曲《小小少年》

授课年级

四年级

教材分析

《小小少年》选自人音版教科书《音乐》四年级下册第2课，是德国电影《英俊少年》的插曲。旋律以弱起开始，采用变化重复的写作手法，因此唱起来琅琅上口。歌曲中的典型节奏附点八分节奏，在歌曲里多次使用，它有一种推进感，描绘的少年形象充满了欢乐，好像在走路时都会随时蹦蹦跳跳。而舒展、有起伏的曲调让我们感受到少年在成长的过程中，也会遇到烦恼。合唱版的《小小少年》，把原来副歌部分改为平行三度的和声进行，使音响更为丰满，更富有表现力。

学情分析

四年级的学生已具备良好的音乐聆听习惯，能在音乐节奏和旋律变化中感知音乐情绪的变化。在合唱方面，已积累一定的合唱经验，然而在教学中，教师仍需通过帮助学生先建立第二声部的稳定性，让学生逐步从对单旋律的关注过渡到对两个声部的感受，循序渐进地完成双声部的合作。因此，根据学生的年龄特点和学习方式的特点，寻找适合学生的教学方法，是本课教学的一个切入点。

教学目标

1. 能用自然、和谐的歌声，自信地演唱，表现歌曲所塑造的阳光、勇敢的少年形象。

2. 在音乐活动中，用步态表现歌曲中的节奏，进行节奏的反应，体会附点八分节奏和长音延音线的表现作用。

3. 能唱好二声部，做到均衡、饱满，提升音乐合作能力。

教学重点

歌曲的情感体验。

教学难点

二声部的演唱。

教学过程

一、律动热身，铺垫情感

1. 听《小小少年》，拍手律动进入教室，热身放松。

2. 导入课题

师：今天老师带来了一首属于你们的歌——《小小少年》，为什么这么说呢？因为少年是指11岁到15岁的孩子，你们现在几岁？（11、12岁）看看歌词都说了些什么，是不是符合你们现在这个年纪的感受？我们像念诗歌一样，有感情地念一念歌词。

学生齐念。

师：听听我念的跟你有什么细微的差别，我在哪几个字上是拉长了念的？

听师范念歌词。

生再念一次。

师范唱歌曲。

【设计意图】本环节营造轻松自由的氛围，使学生在愉悦的情境中进入学习，并从学生的角度精心设计问题，激发学生进一步探索的欲望，从而自然引入歌曲。

二、介绍影片，唤起情感

1. 介绍歌手

师：你知道出演这位英俊少年的是谁吗？他叫海因切。你发现了吗？这部电影用了他本人的名字——海因切。他是荷兰人，出生于1955年，是那个年代的“小童星”、“金嗓子”。他11岁时出了第一首单曲，随后就开始出专辑了；12岁，也就是只过了一年，就拍摄了电影《英俊少年》并因此一举成名。

2.介绍电影

师：《小小少年》是德国电影《英俊少年》中的一首插曲。电影的主人公叫海因切，在他很小的时候，妈妈就去世了，他从小和爸爸相依为命。他的爷爷不承认他这个孙子，因为爷爷一直反对他的爸爸妈妈结婚。他的爸爸有一次因为被冤枉而关进了大牢。当然最后呢，他通过和坏人作斗争，成功救出爸爸。爷爷也因为看到他的善良而认可了他，并与他爸爸冰释前嫌，最后一家人团聚。

影片的开始，他就唱起了《小小少年》。我们来欣赏一下电影中的精彩片段。(播放视频)从他嘹亮的歌声里，你能感觉到他是怎样的一位少年？(阳光、自信、乐观、开朗……)

【设计意图】充分利用现代化教学媒体，通过欣赏海因切在影片中的精彩演唱，增强视听效果，丰富内心感受，进一步感受音乐塑造的阳光少年形象，不仅加深了学生对歌曲的印象，还激发了他们的演唱欲望。

三、挖掘要素，深入情感

1.体验节拍及弱起

师：再听一遍这首歌，告诉我，这首歌是几拍子？(四拍子)

师带领学生拍手体验四拍子的强弱规律，然后加上歌曲的范唱，引导学生发现歌曲是弱起开始的。

师：你们发现强拍落在哪个字上？

生交流：强拍落在“少”字上，而不是开头的“小”字。

师：歌曲开头采用了弱起。情绪是一点一点起来的，一波接着一波，蓬勃向上的感觉。

指导学生演唱。

1=♭E $\frac{4}{4}$

5. 6 | 6 5 - 3. 4 | 3 2 - 2 3 | 4 - 4 2 7. 6 | 5 - -

小 小 少 年， 很 少 烦 恼， 眼 望 四 周 阳 光 照。

2.体态律动——感受附点八分节奏和长音延音线的音乐能量

(1)拍出节奏

(2)走出节奏

师：怎么走，能够表现出阳光开朗、无忧无虑的样子？

请5个学生来走一走。

师边范唱，边和学生一起走空间。

3.跟琴体态律动

4.全体学生加入

【设计意图】如今的课堂关注师生之间的相互作用，师生通过彼此的交互、信息的畅通流动，共同完成学习任务。师生共同参与体验、发现、创造、表现和享受音乐美的过程，通过对比式、体验式的交互活动营造和谐的学习氛围，使歌曲演唱步步落实，层层深入，体现“生本”与“音本”的理念。学生自主设计合适的步态，充分感受附点八分音符带来的推进感，以及长音延音线处的音乐能量释放。

四、演绎歌声，表达情感

1.齐唱

2.再唱一遍，师加入低声部

师：你们的歌声真美，老师也想加入你们！听听我的歌声是从第几句开始的，我唱的比你们高还是低呢？

生交流：是从第三句开始的，比我们唱的低。

师：低声部带给你怎样不同的感受？(更柔和、含蓄)

引导低声部的学生用动作来表达这种感受。

3.学唱低声部旋律

(1)填空

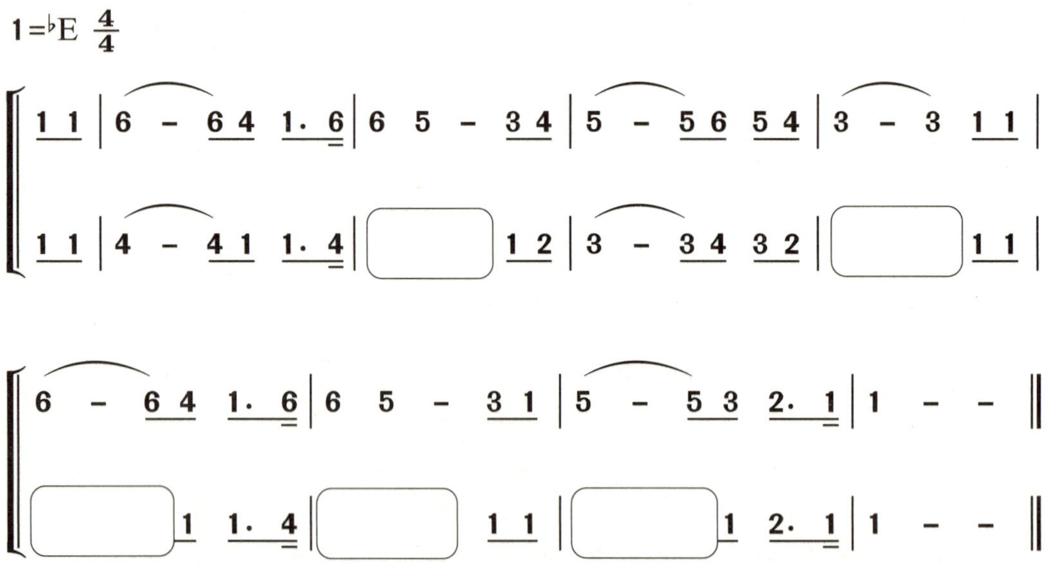

师：我唱的比你们低了几度呢？(三度)

(2)视唱

4.高声部视唱

5.二声部旋律合唱

6.二声部歌词合唱

7.跟琴完整唱一遍

8.小结：音乐形象——附点八分音符、长音延音线

【设计意图】合唱教学的关键在于先建立第二声部的稳定性，让学生逐步从对单旋律的关注过渡到对两个声部的感受，循序渐进地完成双声部的合作。为避免机械化的操作影响歌曲表现的灵动性，先不出示歌谱，让学生的注意力集中在音乐听觉上，从而更加细微地去建构多声部听觉，不断调整和巩固自己的声音，准确表现歌曲的美感。在此基础上，了解附点八分音符、长音延音线在歌曲中的表现作用，帮助学生建立“音乐要素”与“音乐形象”之间的关联，启发音乐思维能力。

五、拓展聆听，升华情感

师：岁月如梭，芳华易逝，这位少年也已经变成一位白发苍苍的老人。2010年，他登上了北京环球春晚的舞台，当他再次演绎这首《小小少年》时，你一定有不同的感受。(播放视频)

【设计意图】学生对音乐的感受很多来自自身的生活体验。通过了解歌曲的故事背景，介绍海因切这位荷兰的小演员，以及欣赏他在55岁时再次演绎《小小少年》的视频，令学生在鲜明的对比中感叹“岁月如梭，芳华易逝”——虽然当年的“英俊少年”已经不再年轻，但他对音乐的热爱，使他永远焕发着热情与活力。这是一个情感的升华过程，成功地唤起了学生对歌者的敬佩之情，起到画龙点睛的作用。

六、课堂总结，延续情感

师：老师特别羡慕你们的年纪，因为你们现在还小，还可以有很多的梦想去编织和实现。音乐不仅带给我们美的享受，还能在我们烦恼的时候舒缓我们的心情。我祝愿大家可以远离烦恼，每天拥有好心情！

教学反思

1.遵循认知规律，转变学生学习方式，实现音乐情感满足。我根据学生的学情，结合学生的生活经验，让孩子进入电影中男孩海因切的角色情境中，打开视觉、听觉、触觉等感官去切身体验主人公的所思所想，把歌曲的情感转化为自己的情感。学生把自己的真情转化为歌唱的激情，不仅让自己得到情感满足，还成功打动听众，真正做到传情达意。

2.立足生本理念，促进学生个性发展，细化音乐体验内涵。教学中，笔者充分关注学生对音乐的好奇心和探究愿望，重视自主学习的探究过程，放手让学生自主设计合适的步态来表现歌曲中多次出现的附点八分节奏。通过动作与音乐的关联，感受与体验动作中的音乐能量，构建新的音乐经验；通过对元素的体验，连接起自我的情感经验，唤起对作品情感的理解与共鸣。

3.利用现代技术，开阔学生人文视野，升华音乐情感品质。网络化教育打破了传统教育在时间和空间上所受的限制，不仅开阔了学生的视野，拓宽了音乐文化范畴，还让学生更全面地了解了歌曲创作背景等相关人文内涵。通过多媒体的点缀，在课的首尾进行呼应，歌手海因切的样貌变化对学生有着强烈的视觉冲击，大家感动于他虽然不再年轻，却因为热爱音乐而永远焕发出热情与活力，从而唤起了学生对歌者的敬佩之情，也让他们更加珍惜自己的幸福童年。

课例14　水乡情韵——《杨柳青》教学设计

嘉兴市海盐县行知小学　陆丹

课　型

综合课

教　材

人音版教科书《音乐》四年级上册

教学内容

江苏民歌《杨柳青》

授课年级

四年级

教材分析

《杨柳青》选自人音版教科书《音乐》四年级上册第2课《家乡美》，是一首在江苏地区广为流传的民间小调，全曲活泼欢快、热情风趣。通过方言的演唱、衬词的使用以及富有江南水乡特色的旋律的创作运用，抒发了美好生活所带来的喜悦之情和对家乡的热爱。

学情分析

四年级学生对民歌早有接触，但仅停留在音乐体裁的大致了解上，而对于如何寻找民歌音乐特征以及地域文化对民歌风格的塑造，理解还不够。通过对歌曲中方言的学习、衬词的感悟、旋律的追踪来深入了解江苏民歌的风格特点，这是本节课的重点、难点，也是开启音乐化认知的一项主要内容。因此本课的教学应该注重音乐作品的外在形式特征与内在文化精神之美，两方面相结合以提升学生的审美感知和文化理解。

教学目标

1.通过聆听、学唱、体验等多种教学手段把握江苏民歌的风格特点,感悟水乡情韵之美,激发学生对民族民间音乐的喜爱之情。

2.尝试用方言以及轻快、活泼的声音演唱歌曲《杨柳青》,表现江苏民歌的韵味与腔调。

教学重难点

用轻快、活泼的声音演唱江苏民歌《杨柳青》;激发学生对民族民间音乐的喜爱之情。

教学过程

一、评弹导入——品水乡曲艺

1.聆听音乐,走进情境

通过聆听海盐骚子歌《桥》的片段走进情境,感受桥多水多的江南水乡意境。

师:同学们,老师带来了一首很有意思的歌曲,听听看,你听到了什么?(听完)歌曲唱的是什么呀?(桥)你听懂了哇?对啦,其实这首歌是用咱们海盐方言唱的,属于咱们海盐的非物质文化遗产——骚子歌。咱们这儿啊水多桥多,正处于江南水乡,我们都是水乡的孩子。

2.欣赏视频,走进水乡人家

观看课件中甲骨文"水"字写法的展开,感受水墨江南,欣赏苏州评弹。

(过渡)师:从远古到现代,水孕育了万物,孕育了生命,孕育了民俗民风,也孕育了独特的音乐文化,今天,就让我们循着这一脉流水,走进水乡人家。

(连接)师:看,我们到了哪里?(课件出现茶馆)一起去看看,水乡人家在茶余饭后会欣赏怎样一种独特的曲艺。

(小结)师:你见过这样的表演形式吗?

介绍苏州评弹的形式——评话和弹词。

3.学江苏方言,体验评弹韵味

截取歌曲《杨柳青》中的歌词提炼成两句评话,引导学生用"小鸡叫"和"鹦鹉学舌"的方式,采用轻声高位的方法,跟老师用民歌中口传心授的方式念好念白,感受评话形式。

zao cen lu sui di di lu sui lun mo
早啊晨,露啊水,点点 露水 润 麦苗。

sai lo sui ti
青啊山,绿啊水,美丽 家乡 赛 天堂!

再与弹词视频无缝衔接,体验苏州评弹韵味。

(1)学习方言念白,感受评话

师：但是刚刚这个视频只出现了弹词，接下来咱们就来了解一下评话。评话到底是怎样的呢？你听到过吗？

活动：师打拍念白。

（2）学生学念方言，体验评话

师：江苏方言有什么特点？（发音靠前，平舌音）跟着老师学一学。（打拍+动作）

小结：江苏方言又被称作"吴侬软语"，以"甜、糯"著称。

（3）感受评话韵味

活动：用"小鸡叫"和"鹦鹉学舌"的方式轻声高位地念好念白，感受评弹的韵味。

（4）体验评弹韵味

（连接）师：今天，就让我们一起走进茶馆，欣赏苏州评弹！

活动：饮茶动作+评话念白。

【设计意图】这个环节的设计紧紧围绕"一方水土养一方人"的文化理念，视听结合欣赏江南地区典型的小桥流水风格，让学生在潜移默化中感受江南音乐细腻婉转之韵味。另外方言教学是本课中的教学重难点，将歌词中的方言教学融入到评弹体验中，也为接下去的歌曲教学做铺垫，起到承上启下的作用。

二、歌曲新授——唱水乡民歌

1. 教师范唱，发现方言特点

（1）师设问：民歌与评弹有什么相同的地方呢？（都采用江苏方言演唱）

（2）引出本课主题——江苏扬州民歌《杨柳青》，并用江苏方言念课题。

【设计意图】通过聆听、体验，继续感受吴侬软语的特点，并为歌曲教学中难点句的学唱打好基础。

2. 体验衬词，探究音乐情绪

（1）通过几个递进式问题的解决，探究衬词与音乐情绪的关联。

师：除了方言，这首歌还有什么让你印象深刻的地方？

A. 师：（找出衬词 <u>11</u> <u>10</u>）"青啊虐""崩啊虐"（念一念）知道这是什么意思吗？

B. 师：为什么要加那么多没有意义的衬词呀？（唱一唱）表现心情，心情如何？它有什么特点？（轻快）

C. 师：出现了几次？（4次）

D. 师：每次出现都一模一样吗？（教师演绎，突出强弱对比，让学生感受到——情绪发生变化，越来越激动）

E. 学生体验。

（2）找出情绪爆发的难点句，找出急换气记号，用口传心授的方式解决歌唱难点。

师：同学们，刚才那一段里有一句是情感的爆发，你发现了吗？那么多的衬词，那么紧凑的节奏，一口气能唱完吗？（学生讨论）听一听老师在哪里急换气了？

【设计意图】通过音乐的聆听体验、律动体验让学生来感悟民歌中衬词的作用，这样的设计倡导的正是"体验在先，理解、表现在后"的理念，让学生在实践参与中走进音乐的风格。

3. 聆听范唱，追踪旋律特点

（1）师唱旋律，提取主干音。

师:为了表现水乡的韵味,作曲家还藏了个秘密在旋律里,你们看!(PPT中的主干音随着老师唱歌谱而慢慢飘落呈现)

(2)跟琴唱主干音,感受音高变化。

学生随着柯达伊手势唱旋律,感受音高特点。

(3)男女生合作唱、师生合作唱,感受“倒影”式创作手法。

【设计意图】在教学方法上采用探究的方式,让学生分组唱一唱。体验在先,在获得直观的感受后,明确这是江苏民歌巧妙的创作手法,让学生时刻处于“水的文化”这一主脉络中。同时主干音的提取演唱为下一步的旋律学唱也打好了基础。

4.旋律学习,歌曲学唱

(1)跟琴唱A段歌谱。

(2)回忆、复习“小鸡叫”和“鹦鹉学舌”的发声方式,用轻声高位的方法跟琴学唱歌曲。

师:江苏啊是咱们嘉兴的邻居,同属江南水乡,可是江苏方言和我们的方言有点不一样。那我们这就去学学江苏的方言,还记得那段评话吗?(念两句)加上旋律唱一唱。

(3)跟着老师指挥完整清唱歌曲,感受A段和B段的情绪区别。

三、劳动体验——演水乡情韵

1.动作体验,感受水乡劳动画面

观看江南地区劳动场面的图片,男女分组体验水乡人们劳动的场景:女生插秧,男生挑担。

2.师生合作,表演情境剧,体验水乡情韵

师:学会了吗?一起去感受水乡人家的劳动场面!但是在开始前,老师想给音乐的前奏再加个引子:“喂,插秧咯——”你们回应我一下,就招个手说“来咯——”,明白了吗?那么喜欢站着的同学可以站起来劳动,喜欢坐着的咱们就坐着。

【设计意图】通过肢体语言的体验与表达,感受水乡人民劳动的场景,让学生感悟到民歌其实就来自人们劳动的过程中,进而深刻体会劳动人民热爱家乡的情怀。

四、拓展聆听——赏江边民歌

音乐跟劳动和生活息息相关,也只有在水乡,才能孕育出这样一首具有水乡独特韵味的《杨柳青》。正如课前所说的,水孕育了民俗民风,孕育了独特的音乐文化。江苏位于长江下游,现在就让我们循着母亲河长江溯流而上,去追寻沿岸具有代表性的民歌文化。

湖北民歌:《洪湖水浪打浪》

四川民歌:《太阳出来喜洋洋》

云南民歌:《小河淌水》

西藏民歌:《北京的金山上》

【设计意图】通过聆听、比较等教学方法,感受长江流域风土人情的差异而产生的不同风格的民歌文化,也对“水乡情韵”这一核心思想达到检验反馈的目的。

五、总结下课，情感激发

“君住长江头，我住长江尾”，我们同饮一江水，虽然诞生的音乐文化各不相同，但是我们的情怀却是一脉相承；不管是巴山蜀水，还是小桥流水，都在诉说着同一个主题，那就是——家乡美。

【教学流程图】

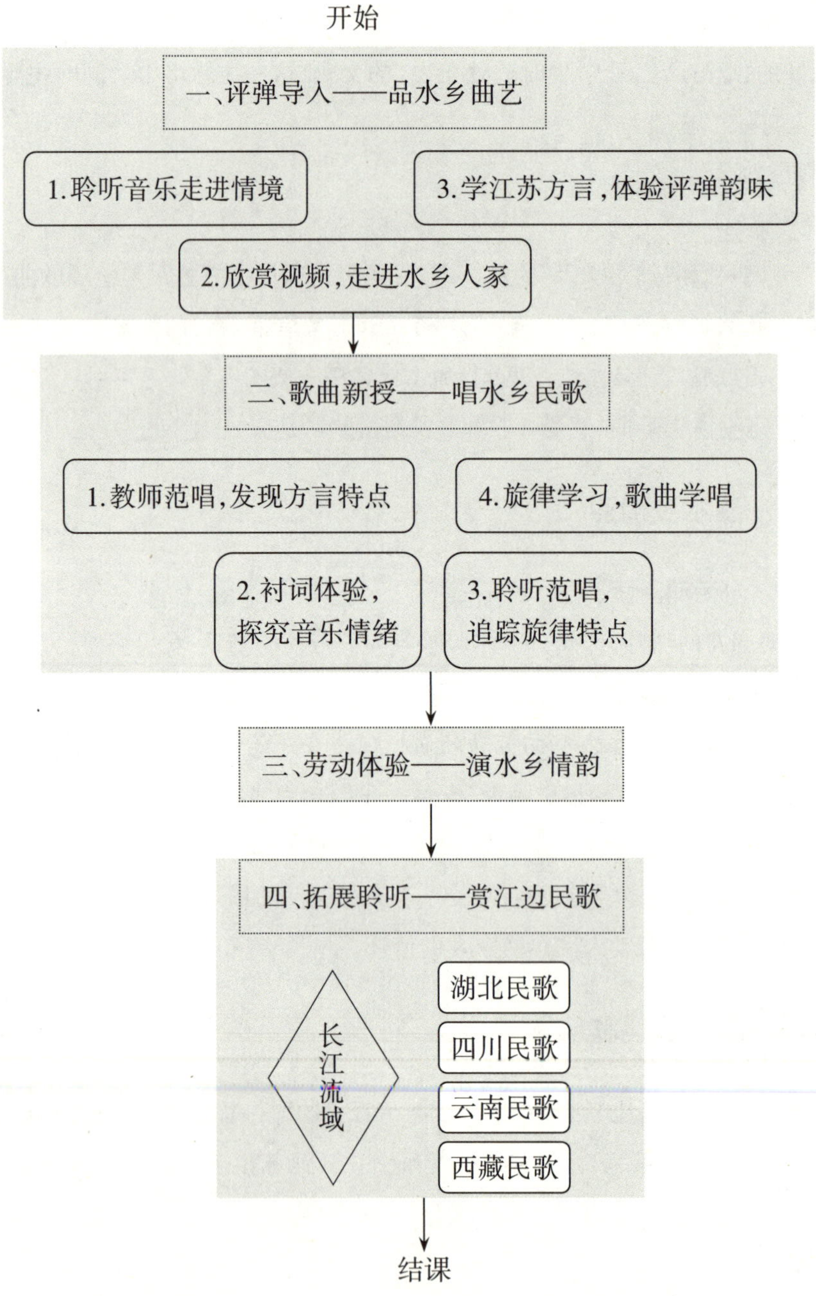

课例15 《D大调卡农》教学设计

宁波市北仑区顾国和外国语学校 顾敏

课 型

歌唱课

教 材

自行编排

教学内容

歌曲《D大调卡农》

授课年级

五年级

教材分析

歌曲《D大调卡农》改编自德国作曲家、管风琴家约翰·帕赫贝尔(Johann Pachelbel)创作的器乐曲"Canon in D",全曲共分三个乐句,每一乐句为八小节。纵观三个乐句,和声是统一的:Ⅰ—Ⅴ—Ⅵ—Ⅲ—Ⅳ—Ⅰ—Ⅳ—Ⅴ,然而歌曲的织体完全不同:第一乐句由四分音符组成,且每一小节由四分休止符开始,学生演唱时需要准确把握其时值;第二乐句由全音符组成,绵长的气息、舒展的状态是课堂所追求的;第三乐句由四分音符和八分音符组成,要求学生能跳跃地、有强弱变化地演唱。统一的和声、强烈对比的节奏,既增加了作品的表现力又清晰了乐句形象,方便学生表现作品,当歌者对此曲进行轮唱时,它的魅力如鲜花般绽放。

教学目标

1.通过本课教学,学生可以对歌曲进行很好的二部轮唱,在此基础上尝试三部轮唱。

2.能准确地表现四分休止符、全音符、八分音符在歌曲中的时值。

3.能用轻柔、舒展、跳跃的情绪表现歌曲。

教学重点

用正确的歌唱状态、不同的音乐线条演绎三个乐句，进行轮唱练习。

教学难点

轮唱过程中，做到层次分明，声部独立性强。

教学过程

一、师生问候

学生模仿教师念出的每一个字，"好——你——敏——顾"，然后要求学生在心里把四个字默默颠倒，就出现了"顾敏你好！"的亲切问候。

师：请同学们模仿我说的每一个字。

师：好！

生模仿：好！

师：你！

生模仿：你！

师：敏！

生模仿：敏！

师：顾！

生模仿：顾！

师：偷偷地在心里把这四个字倒个个儿……现在请大家大声说出来。

生：顾敏你好！

师：我就是顾敏，大家好。

【设计意图】用教师的名字与学生玩游戏，这种与众不同的问好方式，拉近了与学生的距离，方便更好地进行后面的教学环节。

二、导入：节奏卡农游戏

学生模仿教师的动作，模仿第一个动作时，记住下一个将要模仿的动作，学生的动作始终比教师慢一小节，形成"节奏卡农"。

师拍手：X X X X

生模仿。

师：当你们模仿我的第一小节时，我正在拍击你们将要模仿的第二小节。

师生进行两小节的尝试。

1=C 4/4

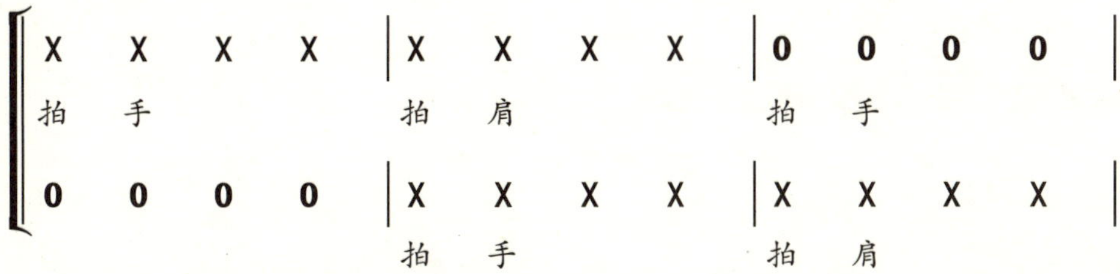

两小节成功后，进行下面的节奏卡农游戏。

1=C 4/4

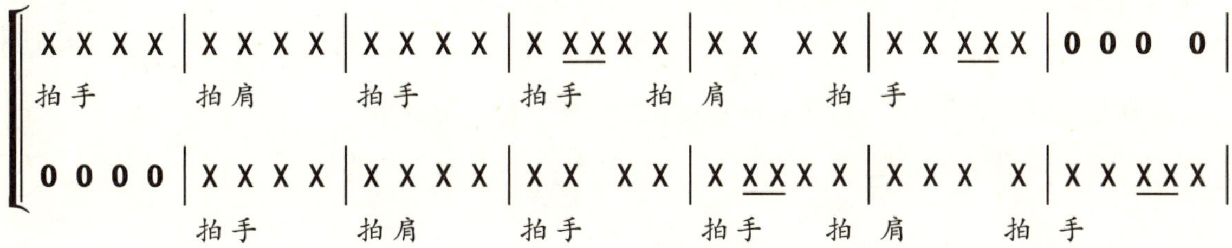

【**设计意图**】这是一种愉快的模仿，让学生初次体验节奏上的卡农，这样的设计也使课的一开始就生气勃勃，并为轮唱做好了铺垫。

三、歌曲教学(单声部)

(一)聆听教师范唱

出示乐谱后，教师吉他弹唱，师生共同分享歌曲。

D大调卡农

1=D 4/4

♩=88

顾敏 词

帕赫贝尔 曲

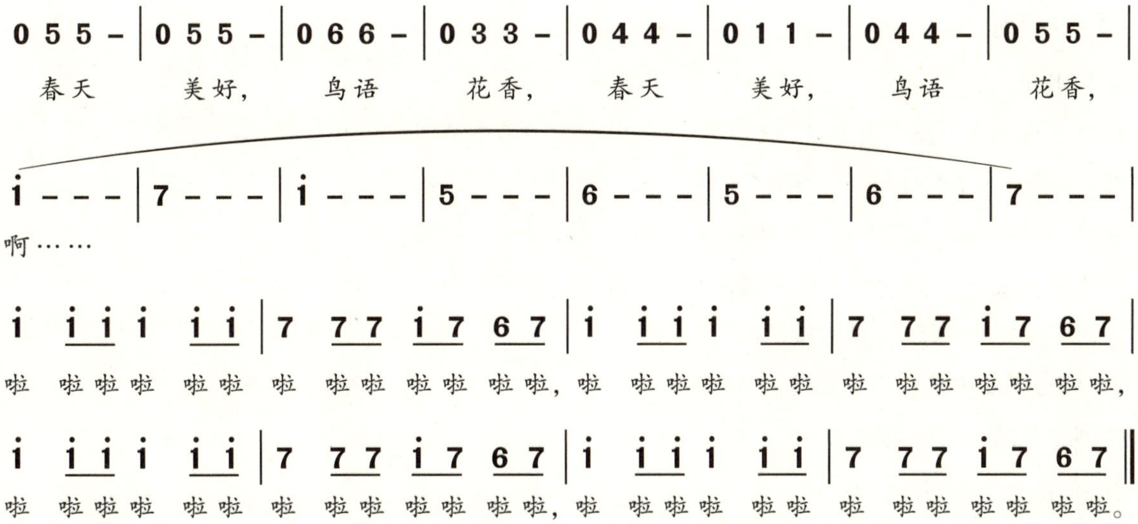

【设计意图】教师亲自吉他弹唱，深深吸引着每个学生，抱着吉他走在学生之中，让师生的交流顺畅、亲切。聆听全曲后，学生熟悉了作品，对歌曲的全貌有了了解。

(二)视唱歌谱

1.学生发现乐谱简单，决定完整视唱乐谱(第一遍)

2.逐句仔细视唱

(1)第一乐句

A.学生经过观察后，发现每一小节的第一拍都是休止符。

B.把休止符看作水珠，教师和着吉他视唱，学生在老师的歌声中寻找“水珠”，并点头表示。

C.视唱乐谱，引导学生正确的发声状态。

师：大家是深埋在土壤中的种子，当水珠滴下后，种子会发芽。

(2)第二乐句

A.教师用“种子继续生长”来引导乐句绵长的线条，进行第一遍视唱。

师：第一乐句是种子在发芽，第二乐句种子继续生长，长出了长长的枝条。

生识谱。

B.第二遍视唱，引导学生连贯地演唱。

师：我看到种子抽出了嫩芽，长长的枝条随风摇摆。大家要用歌声唱出不断生长的样子。

教师用正确的状态，形象地进行范唱。

学生在教师的指挥与引导下，歌声有了更好的状态，每个全音符唱得丰满并连贯。

(3)第三乐句

A.师生分别视唱，比比谁的叶子更嫩。

师：接下来该长什么了？

生：叶子！

师：我们来比比谁的叶子生长得更嫩！

师带着轻巧的颗粒性进行视谱范唱。

生尝试。

师再次范唱，让学生观察教师的范唱与学生有什么不同。

生找出“轻、短”的特点。

B.教师有变化地范唱乐谱，1、2小节弱，3、4小节强，5、6小节弱，7、8小节强。

师：老师的叶子和你们的一样吗？

生通过倾听、思考、回答，得出：不一样，老师的叶子茂盛，有大有小。

C.生再次视唱，当教师把吉他放低时，生弱；反之，教师把吉他抬高时，生强。

3.完成逐句视唱后，完整视唱乐谱

师：还记得三个乐句的成长过程吗？

生回忆总结“发芽、抽枝、长叶”。

师：把每个乐句的不同唱出来。

生在教师吉他的伴奏下演唱。

【设计意图】整个视唱过程由“整体—局部—整体”组成，循序渐进的教学，使识谱教学进行得有条理且细致。赋予乐句形象，使学生不知不觉地进入歌唱状态：休止符＝水珠，“一滴水珠滴下，种子开始发芽”，既准确把握了节奏，又调整了发声状态；全音符＝长出枝丫，小树的枝丫是细细长长的，所以同学们的声音既柔和又高飘；四分音符与八分音符的组合＝抽出嫩嫩的树叶，因为树叶嫩绿，所以歌声显得极为跳跃，在教师的引导下，又体现出了强弱的对比。

（三）填入歌词，有情境、有感情地演唱

1. 学生填入歌词完整演唱一遍

2. 启发学生处理歌曲的演唱情感

教师一边演唱，一边演绎歌曲的情境：

第一乐句，小熊做梦；

第二乐句，小熊伸懒腰；

第三乐句，小熊高兴迎接春天的到来。

【设计意图】学生投入情境演唱，并做出“睡觉”“伸懒腰”“快乐”的动作及表情。从“小熊梦想春天”的情境入手，赋予每个乐句截然不同的形象——轻柔、舒展、跳跃。

四、歌曲教学（轮唱）

1. 教师参与学生的演唱，让学生去发现教师演唱与学生演唱的区别（学生与教师轮唱）

师：老师会和同学们一起演唱，大家边唱边听，老师的演唱有些什么不同？

生：老师唱得和我们一样……不一样，比我们晚……

师总结作品轮唱的特点。

2. 请一部分学生加入教师的行列（学生与学生轮唱）

师：请一部分同学加入老师的演唱，其他同学继续坚持自己的声部。

生第一次尝试轮唱，会有不稳定。

生进行第二次尝试，效果比第一次好很多。

3. 调整声部均衡

师：两个声部要互相帮助、相互聆听，发现另一个声部轻了，就把自己的音量降下来，发现自己的声部太弱，就要更强，最终使两个声部的音量均衡一致。

生第三次尝试，有了更大的进步。

4. 设计两个声部如何同时结束

生通过思考后得出：第一声部完成第三乐句后，返回到第一乐句，这样就可以与第二声部同时结束。

5. 按学生的设计进行轮唱

6. 通过演唱经验得出独唱、齐唱、合唱、重唱的区别，并懂得合唱中的一种形式——轮唱

7. 根据已有经验设计三部轮唱（分声部，每个声部的进入、返回）

8. 配合“小熊”情境用三部轮唱来演绎歌曲《D大调卡农》

【设计意图】通过从“学生与教师”到“学生与学生”的教学过程，使学生轻而易举地掌握二部轮唱，并能通过已有经验设计三部轮唱，使知识技能化为己有。

五、观看视频

观看歌曲的原始视频，比较与学生演唱的区别。

【设计意图】这是感性上的提高，看过本视频的人无不为这美好的童声旋律所倾倒。

六、尾声

学生自信地选择用“三部轮唱”来演绎歌曲，并用脸部表情“包子”或“太阳花”来出示对本课的评价。

【设计意图】选择三部卡农，足以体现出对自我的信心，满教室的“太阳花”给了本课最好的评价。

教学反思

《D大调卡农》是一首教材外歌曲，之所以选择它是因为其动人的旋律和魔术般的卡农，教学后可以明显感觉到它的教学功用和艺术享受。吉他、卡农、春天构成了本课，然而最值得欣慰的地方是一位学生从一开始的“跑调”到后来的融入。从大家的第一句演唱开始，他的声音就如此清晰地灌入耳中，其间笔者也挣扎过，是否单独提醒、纠正，最后还是选择等待，等他随着课的继续一点点融入。他最终令人欣慰地做到了。

课例16 《晨景》教学设计

浙江省乐清市大荆镇第六小学　陈晓雯

课　型

以欣赏为主的综合课

教　材

人音版教科书《音乐》五年级上册

教学内容

《晨景》

授课年级

五年级

教材分析

《晨景》出自《培尔·金特》第一组曲，乐曲为带尾声的三部曲式。乐曲第一部分主题具有纯朴的牧歌风格，描写了晨曦初起之景。第一主题由长笛—双簧管—长笛—双簧管依次出现反复演奏，力度逐渐增强，调性连续作上移三度的转换（1=E — 1=#G — 1=B）描写晨曦微露、初显阳光之景色。当弦乐组增强力度把这个主题带回原调（1=E）时，乐曲达到了高潮，太阳升起，红日高悬，灿烂夺目。

接着，音乐逐渐平静，进入乐曲第二部分，由大提琴演奏的中段主题旋律宽广深沉，描绘日出时晨光普照大地，万物苏醒，弦乐十六分音符分解和弦的伴奏又给人色彩变幻之感，描绘出鸟儿在碧空展翅，自由翱翔的生机勃勃的景象。

乐曲第三部分为再现段，圆号吹奏出狩猎号角声，长笛的颤音吹奏出鸟鸣声，牧歌主题音乐逐渐松缓减弱。尾声，牧歌的主题越来越弱，渐渐远去直到消失。

教学目标

1. 在乐曲的聆听中感受晨景之美，激发对大自然和生活的热爱之情。

2. 通过聆听、哼唱、演奏、体验、探究感受乐曲不同乐段的主题音乐所表现的情境：哼唱和律动牧歌风格的第一部分主题音乐，展现晨曦初起之景；模仿鸟儿飞翔的动作随第二部分主题音乐律动，展现自由翱翔之景，哼唱第二主题音乐；模拟管弦乐队展现乐曲第三部分，展现色彩斑斓之景。

教学重点

熟悉乐曲的主题音乐，感受与表现《晨景》之意境美。

教学难点

第一、二部分主题音乐的情境角色演绎；主题旋律哼唱。

教学过程

一、情境导入

1. 出示课件（PPT 1）

师：孩子们，你们喜欢旅行吗？你是用什么方法去记录旅行中的所见所闻。

生：写日记、画画……

2. 师：有没有同学想过用音乐记录？

3. 出示课件（PPT 2）

师介绍：有这样一位作曲家，他喜欢采用自己本民族（挪威）的民歌音调来记录自己的所见所闻；他又是一位配器大师，特别擅长运用不同乐器的声音色彩去描绘身边的事物；他还用音乐为自己的朋友易卜生所写的幻想诗剧《培尔·金特》进行配乐。他就是挪威民族乐派的创始人——格里格，今天让我们一起走进他的世界，去感受他所创作的音乐幻想诗剧《培尔·金特》第一组曲第一首《晨景》。

【设计意图】链接学生生活经验，引发学生关注音乐作品的创作背景。

二、晨曦初起

1. 长笛演奏的第一主题

（1）出示课件（PPT 3），一次播放长笛演奏的主题音乐。（连续播放）

师：听到这段音乐，你有什么感受？

（2）学生二听长笛演奏的主题音乐后，说说是由什么乐器演奏的。（PPT 出现乐器演奏姿势，及时提示演奏姿势）

(3)三听长笛演奏的主题音乐。

师：长笛演奏的主题音乐带给你什么感受？

生：飘渺，很遥远……

(4)师：你们觉得这音乐描绘了什么样的情境？

(5)四听(PPT 4)，老师请学生伸出手，随音乐一起描绘美丽的情境。(PPT出现旋律线提示)

学生带着想象体验景、情、旋律的同形同构之美。

(6)在五听长笛演奏的主题音乐背景下介绍“牧歌”。

作曲家所要描绘的景色空间是由旋律音高变化、乐器音色变化来表现的，这种描绘的方式叫作牧歌。

2.双簧管演奏的第一主题

(1)出示课件(PPT 5)，一听。

师：这次主题音乐的情境描绘是否有变化？(情境的空间高度发生变化)

(2)二听，师：你能听出是用什么乐器演奏的吗？(PPT图片出现双簧管及其演奏动作)

3.弦乐队演奏的第一主题

(PPT 5)一听，师：这时，主题音乐又有变化了，你能想象这是一幅什么样的画面？你能听出是用什么乐器演奏的吗？

重复听弦乐队演奏的主题音乐，边听边讨论。

师：请同学们说出演奏的乐器。(PPT图片出现弦乐队——小提琴、中提琴、大提琴和低音提琴的演奏动作)

4.完整聆听A主题

(1)出示课件(PPT6)，师：在这一部分，作曲家想具体表现什么呢？请大家用自己的手，随音乐描绘去寻找答案吧。

播放A乐段完整课件。

(2)师：格里格用管弦乐去描绘晨曦初起，我们用歌声和身体语言去描绘，怎么样？

完整感受与体验第一主题音乐并律动。

A.在主题音乐情境中，两组学生用“lu”母音哼唱主题的旋律，歌声犹如飘在海面上空的云。

律动步骤如下：

全班分两组，第一组学生在6/8拍的韵律中第一拍前进一步，二、三拍拍肩律动，第四拍后退一步，五、六拍拍肩律动。

第二组则反之，第一拍后退一步，第四拍前进，二、三、五、六拍与第一组相同，两组在空间中的行进表现浪花涌退的感觉。

B.师：你们发现每一小节第一个音都是sol，但都是有变化的，为什么会有这样的变化？这表现了什么样的情景？

生：海浪涌现是一个变化的过程……

【设计意图】引导学生通过聆听不同乐器演奏的主题音乐，感受牧歌风格的音乐描绘手法。用身体的起伏把节奏的旋律线做出来，体验音乐节拍的律动感和旋律所描绘的晨曦初起的美好画面，让学生在完整律动体验中更深入地了解作品内涵。

三、自由翱翔

1.一听《晨景》的第二部分(PPT 7)

师:孩子们,感谢你们带来如此动感的晨曦初起、海上航行的画面。(主题乐句不断重复)这时,晨光开始普照大地,鸟儿展翅飞翔。

(PPT 8)生二听音乐,随音乐律动。

2.(PPT 8)二听

师:让我们随第二主题的旋律一起飞翔。

随着音乐,师生一起展翅翱翔。

3.三听

教师想象着变成了“鸟妈妈”,学生想象着幻化成“鸟宝宝”,师生在教室空间里自由“飞翔”,想象穿过草原或是森林、高山、大海……当音乐进行到谱例中出现图形mi′的位置时,“鸟妈妈”引导“鸟宝宝”们在这三个点上进行统一的振翅飞翔。

4.四听

学生在mi′处统一振翅飞翔,同时一起哼唱主干音mi′。

5.看谱哼唱第二主题旋律

【设计意图】形象地结合鸟儿飞翔的动作,感受音乐自由的流动,鸟儿自由的飞翔,以及鸟儿的飞翔随音乐音高的律动变化。当第二部分主题音乐第二次出现时,音乐整个乐句下移,引导通过聆听与律动的对比,感受鸟儿飞翔的高度随音乐的变化而变化。同时,培养学生的想象能力和有意聆听,当学生关注到音乐这三个点时,学生形成一个固定的音响符号,这时,他们会和“鸟妈妈”一同振翅,课堂随音乐的流动而持续收放的变化。与此同时,通过体验,学会哼唱第二主题的旋律。

四、色彩斑斓

1.(PPT 9)一听再现部分号角的主题音乐

师:清晨,号角响起,你们听这号角的音乐是再现哪个主题的音乐?(音乐重复播放号角的主题音乐)

2.二听再现部分号角的主题音乐

师:号角的主题音乐是用什么乐器演奏的?

3.三听再现部分号角的主题音乐

师:请你用双手比出这个乐器的形状。

生用手划出圆形。

师:对,这就是圆号。(出示圆号图片)

4.完整聆听再现部分

师:你还听到有什么乐器演奏?边听音乐边说这个乐段有什么乐器?再为这段音乐起个小标题。

5.二听再现部分

师:现在让我们也来试着演奏这部分的音乐。(分声部演奏)

6.三听再现部分

全班按管弦乐队分布图提示,模拟演奏角色,临时组建《晨景》第三部分的管弦乐队。

7.(PPT 11)听尾声部分

师:音乐静止了,但并不是真正的结束,音乐在静止后,再次出现了哪个主题的音乐,是完整的吗?对,仅是第一主题的一半,从刚才完整地再现到部分地再现,音乐渐渐地渐渐地……(声音也慢慢变轻)

生:变轻了,镜头下的景色拉远了,消失了。

【设计意图】引导学生聆听第三部分再现第一部分的主题音乐,听辨第三部分管弦乐队的主奏乐器,通过模拟乐器演奏,临时组建管弦乐队,让学生可以更直观地了解管弦乐队的分布。

五、晨景展示

(PPT 12)师:孩子们,让我们一起去描绘这美丽的晨景吧!(完整展示)

(PPT 13)第一乐段,晨曦初起。

(PPT 14)第二乐段,自由翱翔。

(PPT 15)第三乐段,色彩斑斓。

【设计意图】完整展现给学生创造一个积累演出经验的舞台。

六、拓展延伸

(在第二次重复全曲的音乐声中)师:早晨是新一天的开始,《晨景》是一支悠扬委婉的乐曲,它像一位出色的画家,用一抹绿,一抹蓝,一抹黄,把大自然描绘得如此美丽。让我们随着音乐轻轻走出教室,去亲近这美好的一切吧!

【设计意图】引导学生感受音乐绘画的魅力,激发他们热爱大自然、热爱生活的感情。

课例17 《快乐的手艺人》教学设计

台州市仙居县第一小学 卢秀琴

课 型

歌唱课

教 材

自行编排

教学内容

仙居民歌——叫卖调《卖草鞋》

授课年级

五年级

教材分析

这一课使用的是自行编排的乡土教材,歌曲根据民歌手崔秀华老师的演唱记谱,是当时仙居有关方面为了把仙居民歌申请为浙江省级非物质文化遗产而拍摄的一系列民歌演唱视频中的一首。这是一幅手艺人们在皤滩古街叫卖演唱的画面,其中包括收破烂的、箍桶的、卖草鞋的、卖麦芽糖的手艺人等等。仙居四面环山,民风纯朴,人们热爱劳动,而在劳动的过程中,就诞生了仙居的民歌,形成了特有的歌曲韵律。这首仙居民歌《卖草鞋》歌词简单,反映了当时仙居人的生活状态。人们为了劳作的方便喜欢穿着便宜而实用的草鞋,也就有了卖草鞋的手艺人。歌曲琅琅上口,曲调爽朗高亢,便于学唱,而学生也喜欢。

教学目标

1.通过学唱歌曲,学生能认识仙居民歌,认识叫卖调,并喜欢上仙居民歌。

2.通过本课学习认识手艺人,了解他们的生活。

3.能用高兴的情绪演唱并表演歌曲,创编歌曲。

教学重难点

1.学唱,表演歌曲。

2.了解认识传统手艺。

教学过程

一、组织教学

学生排队进教室,师生问好。

二、手艺人大合奏

1.谈话导入

师:记得小时候走在铺满鹅卵石的老街上,各式各样的手艺人以及他们的干活声、吆喝声给幼小的我留下了很深的印象。考考你们,他们是干什么的?

2.认识弹棉花的手艺人,并模仿弹棉花时发出的声音

师:(点击视频)这位老师傅是干什么的?

生:(观看回答)弹被絮的。

师:那弹棉花时会发出什么样的声音?

生:di——dang——

师点击课件。

5	i̇	5	i̇	:‖
di	dang	di	dang	

师:同学们唱一唱。

生随琴唱。

师:请同学们加上弹棉花的动作唱一唱。

3.认识做桶匠,并模仿做桶声

师:看这位师傅又是干什么的?

生:做木桶的。

师:在以前的仙居每户人家里,如果有女儿出嫁,就要做很多的桶给她当嫁妆,都有哪些桶呢?听好了,雨桶、木桶、洗脚桶、洗面桶、菜桶、饭桶、井桶、水桶、桨桶。

师:做桶时会发出什么声音?

生:do——do——

师点击课件。

3 3 3 3 3 :‖

do do do do do

师：同学们唱一唱。

生随琴唱。

师：加上做木桶的动作唱一唱。

生边做动作边唱。

4.认识磨刀匠，并模仿磨刀声

师：这位师傅我相信同学们都很熟悉。（播放视频）

生：磨菜刀的。

师：那磨菜刀会发出什么声音？

生：刷——刷——

师点击课件。

1 1 :‖

刷 刷

师：同学们唱一唱。

生随琴唱。

师：加上动作唱一唱。

生加动作模仿。

5.大合奏

师：接下来让我们来一个手艺人大合奏，这组同学弹棉絮，这组同学做木桶，这组同学磨菜刀，你们要看老师的指挥，老师让你开始你就开始，让你停你就停。

师指挥，生练习。

生随《卖草鞋》伴奏音乐看指挥大合奏。

三、学唱《卖草鞋》

1.师扮卖草鞋人，范唱导入

师：同学们的干活声又吸引了一位手艺人，你听，你看，她又是干什么的？

师范唱《卖草鞋》。

生听后答：卖草鞋的。

2.学做草鞋

师：让我们通过几张图片了解一下，草鞋是用什么做的，是怎么做的？

（看图片）

生：用稻草做的，先搓成绳子。

师：你能搓一搓吗？

生：再用绳子编织而成。

师：你能编一编吗？

师：让我们跟着音乐做草鞋。

听伴奏，编草鞋律动。

3.介绍民歌、叫卖调

师：同学们的手真巧，一双草鞋这么快就编好了。老师刚刚演唱的《卖草鞋》，就是做草鞋的手艺人在卖草鞋的过程中渐渐形成的仙居民歌。（点击画面）民歌是人们在劳动过程中渐渐形成的，口口相传的歌唱艺术，而手艺人在吆喝商品的过程中逐渐形成固定曲调，称之为叫卖调，《卖草鞋》是一曲什么调？

生：叫卖调。

4.初听歌曲

师：让我们来欣赏仙居的"民歌王"崔秀华老师演唱的《卖草鞋》。（播放视频）两个问题：一是歌曲的情绪怎么样；二是草鞋有什么好处？

生听后答：高兴；草鞋既便宜又实用。

5.学唱曲谱

师：今天我们就来学唱这一首《卖草鞋》，先看曲谱，这个音乐记号认识吗？（师指第一句的倚音，生回答）这个记号呢？（师指下滑音，生回答）

师范唱，生学唱。

师：这个6有三拍，所以我们把气吸到肚子里，用肚子去演唱，还要把眉毛抬得高高的，笑笑的。

生练唱。

师：我们把第一乐句演唱一遍。（生唱）你能找出曲调跟第一句一模一样的乐句吗？

生找出并指出。

师：那你还能找出曲调一模一样的乐句吗？

生找一句，演唱一句。

师：同学们看中间这两句，相同吗？哪里不一样？唱一唱。

师：那哪里一样呢？唱一唱。

师：把这两句连起来唱一遍。

生把整个曲谱完整地唱一遍。

6.填唱歌词，学唱第一部分

师：那接下来就让我们卖草鞋，这一遍让老师先卖，你们轻轻地一起来。

师生随伴奏演唱。

师：我们卖草鞋要让四面八方的人都听得见，好过来买我们的草鞋。瞧，那边就有人，我们该怎么唱才能让他听到吆喝声？

生：响，远。

师：唱得响并不是所有人都听得见，我们要把声音拉出来，送得远，要有穿透力，让我们对着那边的人吆喝。

生唱第一句。

师：这边还有人，让我们把吆喝声送过去。

生唱第二句。

师：那边高山上也有人，让我们把声音送得更远一些。

生唱第三句。

师：四面八方的人都过来了，所以这一次她把哪个字省掉了？

生：唻。

生学唱第四句。

师：同学们，让我们对着四面八方吆喝起来。

生齐唱第一部分。

7.学唱第五、六句

师：人们都过来了，我现在该展示我的草鞋了。

师范唱。

师：草鞋便宜吗？

生：便宜。

生学唱"便宜巧"。

师：草鞋好吗？好你就快买一双。那我唱的心情怎样？

生：自信。

师：那让我们自信地卖草鞋。

师生一起唱。

8.完整演唱歌曲

师：老师的草鞋已经卖光了，请同学们向着四面八方吆喝起来卖草鞋。

生演唱。

9.用仙居方言演唱

师：卖草鞋，仙居话是这样说的。(师示范仙居方言)同学们学一下，为了让老百姓听得更明白些，让我们用仙居话卖草鞋。

四、创编歌曲

1.师：生意真是好，草鞋一下子卖光了，接下来帮弹被絮的卖被絮，好吗？

师：被絮有什么好？

生：被窝暖暖真舒服。

师点击范唱："弹个被絮便宜巧，被窝暖暖真舒服。"

师：同学们，让我们向着四面八方的人们卖被絮，看谁的生意最好。

2.师：被絮卖掉了，接下来卖什么？

生：卖桶。

师：桶有什么好呢？

生：品种多样真环保。

师点击范唱："做个桶来便宜巧，品种多样真环保。"

师：让我们卖桶。

生演唱。

3.师：桶一下子卖光了，接下来干什么？

生：磨菜刀。

师：菜刀磨得快有什么好？

生：……

师：（点击范唱）让男同学来夸夸磨的菜刀。

师：让我们一起磨菜刀。

生演唱。

4.一组同学演唱，其余两组同学模仿干活声

师：同学们，在老街，手艺人吆喝的声音和干活的声音是同时出现，此起彼伏的。接下来，让我们先来个手艺人大合奏，大合奏之后呢，这一组的同学卖被絮，其他两组同学能看着老师指挥发出弹棉花的声音吗？

师：中间这组做桶，其余两组同学能看着老师指挥发出做桶的声音吗？

师：这组同学磨菜刀，其余两组同学能看着老师指挥发出磨菜刀的声音吗？

师指挥，生表演。

师：看，卖草鞋的也出现了，她可是一边吆喝着一边做草鞋的哟。

师生随音乐表演。

五、小结

师：在我们的生活中，还有很多很有意思的吆喝声，你听。

师播放街上的叫卖声。

师：你还听到过哪些叫卖声？

生学叫卖。

师：同学们，在街上，在身边，只要你去发现，你就会找到最原始的民歌，最原始的叫卖调。在现代化的潮流中，有很多手艺已经渐渐消失了，让我们去寻找、去发现、去挖掘，下次有机会，让我们一起继续说一说、学一学、唱一唱。同学们再见。

教学反思

这一堂课从构思到形成一堂完整的音乐课，经过了精心的准备，为了让学生了解这些传统的手艺人，笔者走进了小巷、小村去寻找手艺人并拍摄视频，并向歌曲的演唱者请教。在教学的过程中，第一次试教时，在认识做木桶时，笔者只让学生看了视频，就学声音，发现效果有欠缺，后来向学生介绍为什么要做木桶，有什么用处，就调动了学生的积极性。包括下面的歌曲教学中，笔者都结合现实进行教学——为什么要卖草鞋，怎么卖草鞋，怎样让大家听到卖草鞋的声音。其实课堂就是要实在生动，一切活动都要让学生有兴趣去学唱，并通过简单实用的方法去学会、唱好，这是笔者这一堂课的收获。

课例18 《思乡曲》教学设计

宁波市象山县教育局教科研中心　单森权
宁波市象山县石浦镇新港小学　林　燕

课　型

欣赏课

教　材

人音版教科书《音乐》五年级上册

教学内容

《思乡曲》

授课年级

五年级

教材分析

1.设计背景

音乐是一门听觉艺术，欣赏是一项以聆听为主的音乐活动，音乐欣赏教学应该是充分调动学生的听觉注意，把学生引向对音乐作品全方位的理解，并使学生从音乐中得到情感共鸣的过程。

然而，在日常教学中，常见到不少曲解了音乐欣赏教学本意的课例：或过于重视音乐外内容而忽视音乐本体的教学，造成音乐课华而不实；或过于关注音乐要素而忽视音乐的人文因素，造成音乐课枯燥乏味。如何在欣赏教学中处理好音乐本体与音乐文化的关系，是笔者对当前欣赏教学现状的思考。

笔者认为，造成上述困境的原因，是未将音乐教学的出口管道（学习内容）与进口管道（学习能力）进行有效对接，因此就产生不少低效甚至无效的教学过程。那么，教师如何将这两根管道进行对接呢？这就需要了解每根管道的材质、口径、角度等数据，然后再选择合适的工具和粘合剂，即教师在备课时，首先应该做好两件事，一是确定音乐作品的“可教点”（学习内容），二是确定学生的“可学点”（学习能力），然后才可以因材（教材和学生）施教（选择合适的教法）。

本课的设计，便是在对作品和学情进行全面分析的基础上，找出“可教点”和“可学点”，再确定教学目标、设计教学过程的。

2.作品分析

《思乡曲》是马思聪的代表作，是在抗日战争年代，作者目睹民众因战争而四处流浪的凄凉景象，耳闻流浪者抒发绵绵思乡情怀的民间歌曲，有感而发，创作的三乐章管弦乐《绥远组曲》中的第二乐章，后多以小提琴独奏的形式表演。该作品的音乐主题来源于一首仅有8小节的绥远民歌《城墙上跑马》，经马思聪编曲，写成了包含三个乐段五个主题的长达5分多钟的作品，既有西洋音乐三段式曲式的特点，又具民族音乐多段式变奏曲式的特点。马思聪在运用西洋作曲技法进行创作时，采用传统的乐段变奏手法来进行结构布局，采用同头换尾手法来进行旋律发展，采用滑音技法来使小提琴奏出中国味，从而使作品既具艺术价值，又具民族气质，既为外国演奏家所喜爱，也为中国民众所欢迎。因此，作品从诞生至今70余年，仍然脍炙人口。

《思乡曲》是音乐学院作曲专业和小提琴专业学生的必学曲目，是演奏家的保留曲目，这足见其在专业音乐领域的地位。《思乡曲》是唤起包括海外游子在内的所有华人内心情感共鸣的催化剂，曾在上世纪60年代初作为中央人民广播电台对台湾同胞和海外侨胞广播的开始曲，令多少海外游子因此曲而落泪。1990年，被幽禁了半个世纪的张学良，首度在台北公开庆祝90寿辰时，点名要求听马思聪的《思乡曲》，当音乐响起，老人潸然低首，哽咽无语。这足见《思乡曲》在精神文化领域的显著地位。

然而，马思聪曾经背上“叛国投敌”的罪名达18年之久，《思乡曲》也曾经被禁演，本是为他人而写的《思乡曲》，竟应验了马思聪本人的后半生。自1967年寄居美国后，他至死也未能再踏上祖国的土地，只能以演奏《思乡曲》来表达对故土的思念。1980年，尚未得到平反的马思聪对自己的女儿说：“国家不是房子，房子住旧了，住腻了，可以调一间，祖国只有一个。”1985年，刚获得平反的马思聪在美国的家中接受中国记者采访时说：“我要把每一个音符献给祖国。”1987年，马思聪逝世后，家人在他的书桌上发现他未完成的遗作，标题是《思乡》，原来，他是在《思乡曲》中离开这个世界的！而他的骨灰直到他逝世20年后才终于在温家宝总理的关怀下回到祖国，这是何等跌宕起伏的历程！

《思乡曲》背后如此丰富的故事，为教学提供了较多的“可教点”：

（1）创作背景

（2）音乐创作技法的表现力

（3）小提琴演奏技法的表现力

（4）作者和作品命运的曲折经历

学情分析

《思乡曲》选自人音版教科书《音乐》五年级上册。五年级学生既保持着天真活泼的童心，又开始有了一定的自我意识。表现在学习取向上，喜欢学习一些“有内容”的知识，不太满足于华而不实的学习形式。他们希望教师是知识丰富的人，希望在课堂上学到更多的东西。但他们又表现出学习稳定性不强，学习过程易受环境和情绪干扰等现象。因此，对于这个学段的学生，教师既需要有充分的知识储备，同时又要采用形象生动的教学手段和严密的教学程序，才能使学生学得乐意，学得满意。

《思乡曲》的“可教点”足以满足学生的学习需求。从一课时的容量和五年级学生的学习能力来看，需要从上述“可教点”中选出一部分“可学点”，选取的标准是——学生的理解和接受能力。

学生在学习上述内容时的学习能力通常会有如下表现：

1.创作背景：学生能理解抗战背景和流亡的知识，但难以体会到流亡的感觉（无生活经历）。学生能发现民歌《城墙上跑马》与《思乡曲》在音调、情绪上的联系。

2.音乐创作技法的表现力：学生能感受到原样重复的乐句和乐段，通过教学提示能感受到同头换尾旋律，但难以理解乐段与乐段间的变奏关系。部分学生能感受到变化音、转调带来的新意，但分不清产生原因，更难以理解转调的概念。

3.小提琴演奏技法的表现力：学生能感受到第一主题第二小节中较慢的下三度滑音，通过提示能感受到第四小节中上二度滑音与民歌歌词“头”的语音的联系。学生能感受到较慢、较弱的力度，但对演奏方式、音色特点难以理解。学生能感受到双音与单音的不同，但难以理解双音、和声的色彩表现力。学生能感受到演奏中力度、音区、节奏、速度等的较大变化，但对较小的变化难以感受到。

4.作者与作品命运的曲折经历：学生能对作者创作、演奏《思乡曲》进行“曲线抗战”的故事产生共鸣，能认识用《思乡曲》作为向海外游子广播的开始曲的作用，但难以深入理解。学生能理解作者说过的两句话的爱国思想，但难以理解作者复杂的内心世界，更难以理解两句话背后厚重的历史意义。

教学目标

根据学生的学习能力，结合一课时的容量，笔者将教学目标设定为：

1.音乐性目标

（1）欣赏第一主题中的下滑音和暗淡、宁静、沉思般的音色，感受《思乡曲》的忧伤情绪。

（2）欣赏第二、三、四主题的同头旋律、大跳旋律、双音与调性色彩变换，感受思乡者情绪的变化。

（3）欣赏第五主题，感受音区升高与主题再现的表现力。

2.人文性目标

（1）通过民歌和历史介绍，理解《思乡曲》的创作背景。

（2）通过作者人生经历的介绍，理解其爱国心。

（3）通过了解作品在各个时期产生的影响力，理解作品的价值。

教学重点

领会音乐要素的表现作用。

教学难点

理解作品的艺术价值。

教学过程

一、聆听马思聪《第一回旋曲》片断，引出马思聪和《思乡曲》

聆听内容	关注点	拓展	思考
《第一回旋曲》音频片段	情绪：欢快 风格：中国风 乐器：小提琴 音色：优美	小提琴起源于意大利，已有300多年历史。有四根弦，音色优美，表现力丰富，被称为“乐器之后”。 这是我国第一首被外国小提琴大师演奏的小提琴独奏曲，由马思聪作于1937年。 他的另一首作品《思乡曲》是中国第一首堪称世界精品的小提琴杰作。	马思聪是一个什么样的人？ 《思乡曲》是一首什么样的作品？

【设计意图】从聆听马思聪的代表作《第一回旋曲》入手，了解音乐风格、小提琴音色和表现力，为《思乡曲》的欣赏作铺垫。抛出贯穿全课的两个问题：“马思聪是一个什么样的人？《思乡曲》是一首什么样的作品？”引导学生带着问题进行学习。

二、聆听民歌《城墙上跑马》和《思乡曲》第一主题，初识马思聪和《思乡曲》

聆听内容	关注点	拓展	思考
《城墙上跑马》	旋律：曲折下行 歌词：凄凉伤感 情绪：忧伤	清朝末年，山西等地环境恶劣，生活艰难，人们为了求生而背井离乡，外出谋生（走西口），并用《城墙上跑马》的歌声抒发情感：城墙上跑马回不过个头，远了（你那个）近看（哎哟我那）没有一条路……	马思聪是一个什么样的人？（有同情心的音乐家）
《思乡曲》主题	旋律：源自民歌 情绪：忧伤	1937年，日本发动全面侵华战争，战火蔓延，百姓流离失所。在广州的马思聪听到流亡百姓唱的民谣《城墙上跑马》，有感而发，写成《思乡曲》，用琴声诉说民众的苦难，并经常到各地演奏。	《思乡曲》是一首什么样的作品？（取自民歌，抒发人们因战争而受流亡之苦的小提琴曲）

【设计意图】从源头入手，了解音乐的产生背景，了解民歌和音乐创作的关系，帮助学生初步认识马思聪和《思乡曲》。

三、分段聆听《思乡曲》各主题，细识马思聪和《思乡曲》

聆听内容	关注点	拓展	思考
《思乡曲》主题	滑音：第二小节下三度慢速滑音使情绪显得沉郁、忧伤；第四小节上二度滑音与民歌歌词“头”的语音之间有联系。 力度：较弱，运弓幅度较小，音头很柔和，似将千言万语包裹起来，可见游子思念之深。		

<table>
<tr><th>聆听内容</th><th>关注点</th><th>拓展</th><th>思考</th></tr>
<tr><td>《思乡曲》主题变奏1</td><td>重复：多次出现的同头旋律（开头都是3 5 66），仿佛游子自言自语的泣诉："故乡啊故乡，何时才能回故乡……"</td><td rowspan="4">马思聪用西方的小提琴来表现东方的音乐（中国式的民歌素材，中国式的滑音奏法，中国式的同头旋律）。
马思聪把一个简单的民歌编织成了具有丰富表现力的小提琴作品，经常演奏，引起同胞的心灵共鸣，激起了中国人民的抗日豪情。
当年苏联的交响乐队在介绍中国的作品时，就专门演奏了《思乡曲》。这是"第一首真正走上国际舞台的中国小提琴曲"。</td><td rowspan="4">马思聪是一个什么样的人？（技艺精湛的作曲家、演奏家，用音乐进行抗战的爱国人士）

《思乡曲》是一首什么样的作品？（将中国音乐元素与西方技法相结合的作品，具有深刻内涵和丰富表现力的作品，第一部走向世界的中国小提琴作品）</td></tr>
<tr><td>《思乡曲》主题变奏2</td><td>旋律上行：一开头从高音$\dot{2}$上行到$\dot{5}$和$\dot{6}$，似乎在翘首眺望着故乡。
旋律起伏：从高音$\dot{6}$到低音$\underset{\cdot}{6}$之间达两个八度的起伏旋律，仿佛内心的波澜起伏。游子盼望和思念故乡的心情更加迫切了。</td></tr>
<tr><td>《思乡曲》主题变奏3</td><td>双音：小提琴采用双音奏法，丰富了音响色彩，也丰富了游子对故乡景象的回忆。
调式：音调从原来的商调式转向了宫调式，显得明朗了一些。好似心中的愁云散去，徜徉在甜蜜的回忆中。
重复：多次出现下行进行的"同头"旋律（开头都是$\dot{1}$ $\dot{1}.6$），伴随着力度、音区的变化，犹如游子不断地呼唤着故乡的人和物。</td></tr>
<tr><td>《思乡曲》主题变奏4</td><td>音区：在较高音区演奏，琴音清澈，宁静，激动的情绪渐渐平静，但眼中早已噙满泪水。
再现：再次出现第一主题的思乡旋律，并用散板的方式结束，延续着游子的乡愁。</td></tr>
</table>

【设计意图】抓住各个音乐主题的特点，从不同的角度揭示音乐的表现力，引导学生体会乐曲所表现的游子复杂的情感。通过分段聆听和背景知识介绍，帮助学生进一步认识马思聪和《思乡曲》。

四、聆听全曲，了解历史，全面认识马思聪与《思乡曲》

聆听内容	关注点	拓展	思考
《思乡曲》全曲	经历：介绍马思聪曲折的人生经历。 名言："国家不是房子，房子住旧了，住腻了，可以调一间，祖国只有一个。""我要把每一个音符献给祖国。" 情绪：从整体上感受《思乡曲》的浓浓思乡情、爱国心。	1937年——创作《思乡曲》，引起同胞的心灵共鸣，激起了中国人民的抗日豪情。 1950年——应周恩来总理邀请，担任中央音乐学院院长，为新中国的音乐事业做出了许多贡献。 1962年——《思乡曲》作为中央人民广播电台对台湾同胞和海外侨胞广播的开始曲。有台胞来信："每听到《思乡曲》便会流泪，因为在多少个月夜里，忆起了我的故乡。" 1967年——受到迫害，被迫出走异国他乡，《思乡曲》被禁演。 1987年——在美国病逝，享年75岁。 2007年——经温家宝总理批示，骨灰安葬在家乡广州，马思聪终于回家了，《思乡曲》的旋律终于可以自由飘扬了。	马思聪是一个什么样的人？（命运曲折但仍旧热爱祖国的音乐家） 《思乡曲》是一首什么样的作品？（唤起中华儿女情感共鸣的艺术精品）

【设计意图】从历史的变革中感受马思聪与《思乡曲》曲折动人的故事，激发学生的情感共鸣，引发学生的深入思考，教育学生珍惜和平，热爱家乡，热爱祖国。

教学反思

本设计在教学目标的确定上，关注了作品内部的音乐性内容和作品外部的人文性内容，贯穿了“感受音乐、理解人文”的线索。

本设计在分析“可教点”与“可学点”的基础上，突出了“教什么”的内容，并在作品分析和学情分析中作了详细说明，也在教学过程中作了说明，而未具体写出教师怎么教，学生怎么学的细节过程。笔者以为，教什么是共性问题，怎么教是个性问题，应该先让教师明白该教什么，至于怎么教，不同的教师可以在教学中灵活处理。

本设计始终将“马思聪是一个什么样的人?”“《思乡曲》是一首什么样的作品?”这两个问题作为统摄全课的主题，引导学生层层深入地学习和思考，使学生有明确的学习目标和持续的学习动力。

课例19 《阿细跳月》教学设计

宁波市孙文英小学 邵飞波

课 型

欣赏课

教 材

人音版教科书《音乐》六年级下册

教学内容

1.聆听民乐合奏《阿细跳月》

2.小知识:民族乐器分类

授课年级

六年级

教材分析

《阿细跳月》又叫"跳月歌",流行在云南弥勒西山彝族阿细人之中。在节日或农闲的月夜,阿细人喜欢在松林或空旷草坪上举行"跳月"活动。参加者多为男女青年,小伙子们手拿高音笛、低音笛、月琴、三弦等乐器,边奏边舞;姑娘们则随着音乐,边拍手边舞,至兴高采烈时唱《跳月歌》。《阿细跳月》很有特点,乐曲主要由do、mi、sol三个音组成,采用5/4拍子,旋律跳荡,富于动感,特色鲜明。作曲家秦鹏章就采用了彝族"跳月"这一具有浓郁民族特色的歌舞曲,写成了这首民乐合奏。

乐曲以热烈欢腾的情绪,表现了彝族人民在月下踏歌欢庆节日的场面。全曲由引子、主题、尾声组成,其中主题分为多变化的三个部分。乐曲开始是由弹拨乐器和锣鼓的轻轻敲奏构成的短小引子,表现了男女青年在聚集。跳月就要开始了,竹笛领奏出热情奔放、欢腾跳跃的主题,这段主题在第一部分中由高音笛、弹拨乐、弦乐及乐队全奏多次反复出现,表现了多变的舞蹈姿态。第二部分作者将主题乐段作了移调处理,并加强了最后两拍的力度,使音乐更粗犷有力,好似健壮的小伙子跳起了粗放的舞步。第三部分又转到原调，由高音笛演奏旋律后，整个乐队全奏，乐曲进入高潮，在乐队全奏中展现宏大的舞蹈场面，仿佛狂欢中的人们忘记了疲劳。最后的短小尾声，采用了主题乐段的最后两拍扩充发展而成，在渐强中结束全曲。

教学目标

1. 能感受乐曲热烈欢快的情绪，在聆听中了解彝族的相关音乐文化及风俗人情。

2. 感受并理解《阿细跳月》五拍子的韵律，学习彝族"跳月"的基本舞步。

3. 能说出主题由4个乐句组成，能听出主题重复了几次，并能用动作表现弹拨乐器演奏和速度、力度变化的段落。

4. 能根据乐器的形状、构造特点、演奏的方式及音色特点，分辨民族乐器中拉弦乐器组和弹拨乐器组的分类。

教学重点

1. 了解《阿细跳月》的音乐风格特征，会唱主题旋律。

2. 能听辨乐曲主题的重复和变化，并能用动作表现弹拨乐器演奏和速度、力度变化的段落。

教学难点

1. 听辨乐器的音色。

2. 能够准确听辨主旋律的重复次数、演奏形式以及速度、力度的变化。

教学过程

一、听《阿细跳月》的音乐进教室

【设计意图】让学生熟悉乐曲。

二、复习歌曲导入

1. 师：我们祖国是一个多民族的国家，每个民族的音乐都有自己的风格特点。今天老师带你们走近一个古老而又神秘的少数民族——彝族。（出示课件，介绍彝族）

2. 复习歌曲《彝家娃娃真幸福》

师：其实我们对彝族并不陌生，我们曾经学过的《快乐的啰嗦》《彝家娃娃真幸福》都是彝族的曲子，《彝家娃娃真幸福》大家还会唱吗？

师唱前面的歌词，引导学生接唱后面的"阿里里"。

小结：这首歌曲歌词比较简单，不断地在重复“阿里里”等衬词，表达自己的心情。

【设计意图】通过复习歌曲《彝家娃娃真幸福》，让学生接唱相同的衬词“阿里里”，了解彝族歌曲的特点，同时为发现乐曲《阿细跳月》主题旋律每一乐句的最后两拍都是相同的音调（$\underline{\underset{\cdot}{5}\ 2}\ 1$）做铺垫。

3.简单介绍乐曲背景

师：今天我们一起来欣赏一首彝族有名的乐曲《阿细跳月》，里面也有不断重复的音乐。阿细大家可能不是很熟悉，其实跟撒尼、诺苏等一样，都是彝族的支系。跳月活动是阿细人的一种风俗。（揭示题目《阿细跳月》）

三、欣赏乐曲

1.初次聆听音乐，体会乐曲情绪及五拍子韵律（播放全曲）

（1）找出乐曲中不断重复的几个音，并用动作表示。

A.师：你能听出这首乐曲中一直在不断重复的几个音吗？如果你听出来了，请这样“点手心”告诉我。

B.师：大家都已经找到了重复的旋律，用手示意出来了，谁能用“deng”来哼唱一下？我们一起来哼唱。现在我们再来听一遍，不但要像刚才一样，在重复的地方用手示意，而且还可以跟着音乐一起用“deng”来哼唱。老师截取前面一部分音乐，我们来配合一下。

【设计意图】让学生通过哼唱继续熟悉音乐及其特点。

（2）师生合作跳月，继续感受五拍子韵律。（聆听引子到第四遍主题旋律）

师：你们唱得真好！老师也想加入你们的活动。你们继续刚才的动作和演唱。

第一遍主题旋律师跟生做动作；第二、三遍师做阿细跳月的基本舞步；在主题旋律第四遍重复时，师拉着一个孩子合作跳月。

（3）简介彝族的音乐文化和风俗人情，学习阿细跳月的基本舞步。

师：刚才老师跳的就是阿细跳月的基本舞步。《阿细跳月》又叫《跳月歌》，阿细人喜欢在节日的夜晚，穿着好看的衣服，围着篝火，拿着高音笛、葫芦笙、月琴、大三弦等乐器一边演奏一边跳舞，欢庆节日。大家想不想一起跳舞？它的舞步是双脚轮换弹跳形成的。

师哼唱旋律，生原地起立跟做，然后逐渐加速，再跟着音乐跳。

【设计意图】通过PPT让学生了解彝族服装、乐器及节日活动的特点；同时让每个孩子参与到活动中来，学习彝族“跳月”的基本舞步，感受《阿细跳月》五拍子的韵律，激发学生学习的兴趣。

（4）引导学生一起分析提炼五拍子及其强弱规律。

师：同学们，刚才我们走了几步？拍了几下？这首乐曲是几拍子？

生：五拍子。

师：对，五拍子是混合拍，是由二拍子加三拍子或者三拍子加二拍子组成的，这首乐曲属于哪种形式？

（生回答后）师：对，这也是阿细跳月的节拍风格。

【设计意图】通过跳月动作让学生自己感受并提炼五拍子的节奏特点。

2.出示主题，唱一唱，分析主题特点

（1）听录音补充旋律，学唱主题旋律。

师：接下来我们看看《阿细跳月》的主题旋律，还记得刚才老师叫大家找重复音吗？这些重复音你们能帮我填上去吗？听录音，大家在心里默唱一遍。

一名学生跟琴补充唱主题旋律；然后全体学生跟琴补充唱。

(2)分析主题旋律的特点。

A.师：这个乐曲主题是由几个乐句构成的？每一乐句最后两拍都是“5̣ 2 1”，5̣ 2 是五度音程。阿细跳月活动中，小伙子喜欢拿着大三弦，一边演奏一边舞蹈。三弦常以“硬中弦”定音，中弦与里弦为五度关系，所以小伙子们边演奏边跳舞特别方便。让我们一起模仿三弦演奏唱一唱这个主题旋律。

【设计意图】通过对三弦琴的介绍，让学生了解彝族的音乐文化。分析乐句，有利于学生熟悉主题旋律。

B.师：这个主题有什么特点？旋律是由哪些音构成的？

(生回答后)师小结：1、2、3、5、6就是中国民族音乐中的五声调式。五声调式的曲子让人一听就知道，这是中国曲子。让我们一起跟着录音唱一唱。

【设计意图】让学生初步了解五声调式的特点。

(3)用消除法记忆主题旋律。

师：简单的几个音构成了这么动听的旋律，而且每一乐句的结尾都是一样的，你能记住这个主题旋律吗？

逐句消除清唱，速度也越来越快，注意音乐情绪。

(过渡)师：其实这个旋律不单单“5̣ 2 1”在重复，整个主题旋律一直都在变化重复着。

【设计意图】用消除法记忆主题旋律，可以避免学习的枯燥。

3.复听音乐，熟悉乐曲，感受乐曲主题的重复和变化

(1)师：这个主题旋律在乐曲中到底变化重复了几次？音乐又有哪些变化呢？大家跟着音乐晃动，并用手指来数一数，同时注意聆听还有哪些变化。(14次)

交流后，按照学生的回答点击课件：力度、音色、音区、速度。

(2)聆听音乐片段，分析音色变化。

A.认识民族乐器分类及民族合奏乐队演奏图。

师：你听到了哪些乐器在演奏？

根据学生回答点击课件，并介绍民乐合奏的四大类乐器，再引导学生了解民乐合奏的座位表。

B.利用课件，聆听弹拨乐器和拉弦乐器的音色，引导学生分析总结弹拨乐器的音色特点。

师：在乐曲中我们听到好几次弹拨乐器在主奏，我们一起听听弹拨乐器的音色特点，再跟拉弦乐器二胡的音色进行对比。(播放琵琶和二胡的演奏小视频)

小结：拉弦乐器音色柔和、细腻，适合演奏歌唱性旋律；弹拨乐器音色明亮、清脆，很有颗粒性。

【设计意图】通过图片和视频介绍民族乐器的分类及弹拨乐器的音色特点，使学生有更直观的感受。

C.再听音乐，听到弹拨乐器出现时，随乐曲模仿弹奏动作。

师：我们再来听听音乐，当你听到比较明显的弹拨乐器演奏的时候，请用我们灵巧的手指弹弹我们的小方凳，与音乐当中的弹拨乐器进行合作。注意在合作的时候，我们要控制好手指，让它的节拍和音量跟音乐相吻合。当听到其他乐器在演奏时，你也可以模仿演奏哦。

【设计意图】通过弹小凳子，让学生感受弹拨乐器音色的颗粒性。

交流后，师：乐曲中有吹管乐器在演奏，有弹拨乐器和拉弦乐器在演奏，那有没有打击乐器主奏的乐段呢？很多乐器在一起演奏叫合奏，乐曲中不同乐器进行演奏，这些都是音色的变化。

（3）聆听音乐片段，感受音区、速度、力度的变化对整首乐曲的作用。

师：整个乐曲除了音色的变化，你还听到哪些变化？哪个乐器演奏音区比较高？

A.聆听高音笛段和合奏段，感受不同音区的音色变化。（课件显示音的高低）

B.师：力度又是如何变化的？（引子到第一、二次旋律渐强，阿细人从自己的山寨四面八方，由远而近来参加跳月活动。结尾部分力度越来越强，篝火边聚集的人越来越多）

课件显示强弱。

C.师：在力度变化的同时，还有什么也在变化？（速度越来越快，人们跳得越来越兴奋，情绪越来越高涨）

课件显示快慢。

（4）师：整首乐曲仿佛让我们看到了无数的阿细人都来参加跳月活动，气氛越来越热烈，舞蹈更加热闹欢腾，场面更加宏伟壮观了。

课件显示倒三角红色的渐变色。

【设计意图】通过音乐片段进行对比，引导学生体会不同的音区、力度、速度，对音乐情绪及音乐内容的表现也是不同的。

四、拓展教学

1.欣赏民乐合奏《阿细跳月》的视频（边看边讲解）

2.简介秦鹏章

师：这首乐曲是由秦鹏章老先生编曲的。他是我国著名的音乐指挥家，还写过很多的民乐作品，像《十面埋伏》《春江花月夜》《花好月圆》等这些我们比较熟悉的乐曲都是他编曲的。他为我们民族音乐做出了很大的贡献。

五、小结

师：民族音乐是中华民族艺术的精华，特点显著，风格各异，曲调绚丽，是我国古老音乐文化中一颗璀璨夺目的明珠。所以我们要多学习民族音乐，了解民族音乐，继承和弘扬民族音乐，让我们的民族音乐文化大放异彩。

听音乐，踩着《阿细跳月》的舞步出音乐教室。

教学反思

《阿细跳月》乐曲比较简单短小，一直重复一个主题旋律达14遍，所以在教学过程中，笔者利用各种手段使教学内容更充实。彝族的音乐文化及风俗人情内容相对比较多，笔者就采取分散教学，使内容更生动，学生更容易接受。在导入课题阶段，通过复习歌曲《彝家娃娃真幸福》让学生了解彝族歌曲的特点；在讲授《阿细跳月》舞步时，简介活动由来，并利用课件让学生了解阿细人的服饰、常用乐器等。虽然是针对六年级学生，但笔者还是设计了简单的律动，让学生在体验中感受五拍子的韵律，学会《阿细跳月》舞步，并找到弹拨乐器演奏的乐段，既完成了教学目标，又使课堂气氛更加活跃。民乐合奏的课件让学生更直观地了解了民族乐队各声部的位置排列。通过观看弹拨乐器和拉弦乐器的小视频，让学生对这两种乐器的音色特点有了更深入的了解，同时也更准确地找出了乐曲中弹拨乐器演奏的乐段。

课例20 《关山月》教学设计

余姚市姚江小学 张宏波

课 型

欣赏课

教 材

人音版教科书《音乐》六年级下册

教学内容

第1课《古风新韵》中的古琴曲《关山月》

授课年级

六年级

教材分析

古曲《关山月》是汉代乐府歌曲之一，属于“鼓角横吹曲”，是当时守边将士经常在马上奏唱的。唐代大诗人李白曾为之填写新词，内容是感怀古代边防战士的艰难困苦，借以非议唐代统治阶级的穷兵黩武，有反对战争的意思。20世纪50年代初，夏一峰等将李白的诗重新配入歌唱，并得以流传。这首歌曲纯朴自然，带有一些北方民歌的韵味。它惯用同音重复，并配以大起大落的连环乐句进行，既显示出琴歌的特色，又比较贴切地体现了原诗豪放的气质和感怀的情调。《关山月》是梅庵琴派著名代表曲目之一，由六个乐句组成，是带有再现的单段体。每个乐句都有上下呼应的两个乐节，前三个乐句均落于徵音——泛音，后三个乐句均落于宫音——实音。前面的五个乐句可反复，最后以开始乐句的变化再现结束。曲虽短小，但音韵刚健而质朴，气魄宏大，抒壮士之情怀，真挚感人，富有浓厚的北地音乐风味。

教学目标

1.通过认识、聆听古琴，简单了解古琴的结构，能记住古琴的音色。

2.聆听古琴曲《关山月》，感受乐曲表现的情感和意境，初步了解琴歌和减字谱。

3.在聆听乐曲的过程中学会同伴间的交流与分享，鼓励学生敢于把自己对乐曲的理解用不同的方式进行表达。

教学重点

1.聆听古琴曲《关山月》，感受乐曲所表现的意境。

2.初步了解古琴的结构，并记住古琴的音色。

教学难点

想象乐曲的意境并记住古琴的音色。

教学过程

一、引古琴

1.导入

师：老师先请同学们来认一个字。（PPT出示篆文“乐”字）

2.师小结：这个“乐”字我们在音乐书上经常见到，是一个会意字。它由三部分组成，下面是个“木”表示木架子，上面是个“丝”，是蚕丝、丝线，中间还有一个“白”是说唱的意思，组合起来就是“和着演奏歌唱”。

3.师过渡：这个“乐”字在文字演变中属于篆文，距今有1200多年，那你们知道我国最古老的文字是什么吗？（甲骨文）咱们来看看甲骨文的“乐”是怎么写的。请你说说最初的“乐”字它表示的是一种什么事物呢？（一种木制琴身、以丝为弦的乐器）

4.师:今天张老师就带来了一件那个时期的古老乐器。(出示古琴)

二、识古琴

1.探历史

师:你们知道它叫什么名字吗?(古琴是我国最为古老的弹拨乐器,据古书记载,古琴早在三皇五帝的时代就存在,距今至少有3000年的历史。古人以"琴棋书画"为四雅,而琴就排在第一位。到了民国时期为了区别于其他乐器,才习惯性地叫作古琴。我们现在能看到的最古老的古琴是战国古琴和西汉古琴)

2.听音色

师:老师抚上一曲,请同学们来听听古琴的音色,听完请你用一句话或者一个词来描述一下。(沉静古朴,音量虽小但音色深沉、余音悠远)

3.识外形

师:古琴能发出如此含蓄、深沉而又悠远的琴声,让我们来认识一下它。(用实物与图片相结合进行介绍——琴头、琴额、琴颈、琴肩、琴腰、焦尾、雁足、琴轸)

4.数琴弦

师:咱们来数数古琴有几根琴弦?(七根,所以人们又把古琴叫作"七弦琴";离人身体最远的那根是一弦)这七根弦有什么相同和不同的地方吗?(长度相同,粗细不同)那我们来听听最粗和最细的弦发出来的音又有什么不同呢?(请一个学生来拨琴弦,得出结论:一弦低沉,七弦清脆)

5.学指法

师:我看下面的同学都跃跃欲试了,那请你们跟老师一起来学几种古琴的演奏指法——食指向外弹,叫作"挑";中指向内弹,叫作"勾";食指连挑两弦或三弦,叫作"历"。古琴的演奏指法是非常丰富的,除了这些,还有"抹、剔、打、摘"等。(学生跟着老师徒手练习基础指法)

三、聆听《关山月》

1.初听《关山月》

师:让我们一起来聆听一首梅庵琴派的经典古琴曲《关山月》,相信通过聆听,你对古琴的音色会有新的认识。(播放《关山月》)

2.再次交流古琴的音色

师:这首乐曲让我们领略到古琴那种空灵、纯净的感觉。那是因为抚琴者不但右手的指法运用得更多,左手也改变了它的音色。刚才老师抚琴时用的是散音,在这首《关山月》中不但有被称为"地籁之音"的散音,它坚实有力,还有被称为"天籁之音"的泛音,它透明如珠,以及被称为"人籁之音"的按音,古朴而深沉。(教师边讲解边示范散音、泛音和按音,让学生聆听辨别)

3. 再听《关山月》

(1)师：让我们来再次聆听这首《关山月》，边听边看书中的简谱，听一听，想一想，曲中用到的音有什么特点？（二听《关山月》）

关山月

1=F $\frac{2}{4}$

古曲

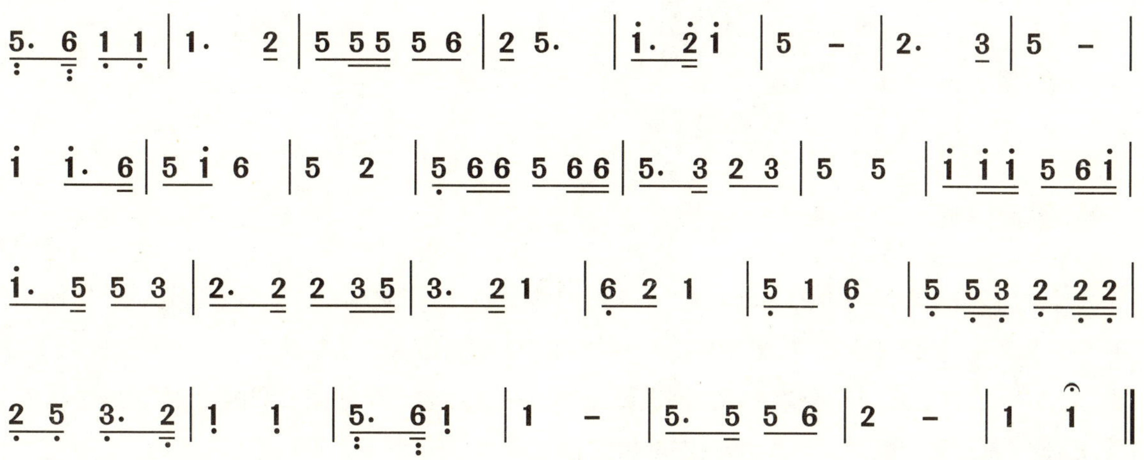

(2)交流后小结：相比我们平时唱的七声音阶少了fa和si，只用了do、re、mi、sol、la，这是我们的民族音乐中较为常见的五声调式——宫、商、角、徵、羽。

师：咱们再来看看古琴的弦，刚才我们数了是七根，其实最初的古琴是只有五根弦的，它内合五行——金、木、水、火、土，外合五音——宫、商、角、徵、羽。后来文王和武王各加了一根弦，就形成了我们现在所看到的七弦形制。

4. 师：让我们闭上眼睛，静静地聆听这首《关山月》，结合古琴的音色、旋律的走向和乐曲名《关山月》，想象一下你的脑海中会出现一幅怎样的画面？（三听《关山月》）

学生交流后小结：连绵起伏的山峰，高高挂在天上的月亮……并出示图片。

5. 了解“减字谱”

(1)师：这么古老的乐曲是怎么保存下来并经久不衰的呢？最早的时候，古人采用文字谱，用文字把演奏过程一步步记下来，这也是世界上最早的乐谱。到了唐代古人在文字谱的基础上改进形成了减字谱，一直沿用到了今天。（出示减字谱图片）

(2)师：请同学们看一段演奏视频，你可以模仿着演奏家轻抚古琴。（四听《关山月》）

6. 了解琴歌

(1)师：从刚才的演奏中大家发现了什么？（演奏家一边弹琴，一边唱）这样抚琴而歌，我们称之为“琴歌”。古琴曲《关山月》最初是一首独奏曲，在20世纪50年代，被配以李白的同名五言古诗，并得以流传。

(2)师：让我们跟着他一边抚琴一边轻声吟唱，结合着乐曲的情绪和李白的古诗，你的眼前又会出现怎样的画面呢？(五听《关山月》)

学生交流后小结：前方的战事，后方的思念……并出示图片。

四、课堂拓展

(1)《关山月》是古琴曲中的典范，像这样被人们熟知的经典还有很多：一曲《高山流水》让伯牙和子期结下了旷世奇缘，从此知音难觅；多少首《胡笳》如歌如泣地叙述了两千年前女主人公蔡文姬的不幸身世；一曲《阳关三叠》早已成为千余年来的人间离别绝唱……经过数千年的积累和沉淀，古琴既是风流儒雅之标志，也是沟通心灵之桥梁。弦外之音，声声扣人心。

(2)师：在2002年有一部叫《英雄》的电影红透大江南北，里面有一个很经典的片段，咱们来欣赏下，你能听出他们的弦外之音吗？

(欣赏《英雄》片段)

盲琴师白须白发，着一身白衣，盘腿而坐，抚琴相伴。他的衣衫随杀气而动，而他从容淡定，心如止水。突然一声绝响，七弦齐断，长空被无名一剑击倒，对决结束。电影散场，然而我们无法忘记那位仙风道骨的盲琴师，更无法忘记他手中轻抚的七弦琴。这位盲琴师是演员，更是大师，他是新浙派古琴的第二代传人——徐匡华。电影不仅仅是娱乐，它还有很好的传播功能，就如这部电影，让更多的人认识了我国古老的弹拨乐器——古琴。

(3)在大家的共同努力下，2006年5月，古琴艺术被国务院批准列入第一批“国家级非物质文化遗产名录”。古琴艺术不仅让现代的炎黄子孙重新认识了它，国家还向全世界人民传扬这音乐瑰宝。2008年北京奥运会开幕式上，古琴家陈雷激先生用一把拥有1000多年历史名为“太古遗音”的古琴，奏出清雅的旋律，倾泻出源远流长的中华音乐底蕴。

教学反思

《关山月》是笔者参加宁波市义务段送教下乡活动中的送教课。这是一首经典的古琴曲，曲目短小，一遍下来一分钟还差那么几秒。多次外出学习的经验告诉我，越是少有人上的冷门课，越得有自己的教学思路，因为可供借鉴、参考的很少。于是，我从以下几步开始来构建这堂课。

一学古琴

听说某中学有一位音乐老师会古琴，笔者在周末通过朋友约上了她。她给了我一本古琴教材，告诉我，她是借助教材和视频自学的，有些东西她也并不是很懂。我又打听到某培训学校的一位老师会古琴，赶紧再约,可是老师的档期太满了。于是笔者只好自己通读了几遍教材后就在网上找视频学习古琴的历史、传说、指法、乐曲……一个也不放过,前后下载的视频就有二十几个,还不包括所收藏的。整整三周的时间里,在办公室、在家里,甚至在梦中笔者都在练古琴。

二设流程

古琴的音色、乐曲的意境是这节课的重点,减字谱、琴歌只需要让学生简单了解一下,笔者确定了这个教学目标后就开始了课的设计。1.多角度的聆听。通过教师自己抚琴、学生拨弦、聆听《关山月》及两首拓展乐曲,前前后后近20分钟的聆听要让学生对古琴音色有较深的印象。2.多层次的想象。乐曲的意境是本课的难点,要听出《关山月》的弦外之音对六年级的孩子来说有一定的难度,再加上是借班上课,笔者对学情几乎没有任何了解。为此笔者做了难度分解,首先让学生在聆听中关注乐曲的音符特点,再去关注乐曲的旋律走向,最后到乐曲的情绪特点。3.多维度的拓展。在乐曲的聆听过程中让学生了解减字谱、琴歌、五声音阶、演奏指法、古琴的历史以及古琴演奏大师。

三试学生

笔者在磨课中有一个习惯,就是会把自己预设好的课拿到不同的年级去试教。因为不同年级段的孩子在课堂中反馈出来的情况是各式各样的,它可以提高笔者对这堂课的临时调控能力,使课堂的宽度更广。这次也不例外,笔者先在五年级上,上好改;再在四年级上,上好再改;最后拿到六年级上,再改;到宁波市镇海区九龙湖中心学校上课时的教案已经是第五稿了。在试中思,在思中改,每一次的试教总能发现问题的存在,总有那么几个方面是被自已忽略的。实践证明这样的试教方法是比较有效的。

送教活动已经结束,笔者利用周末好好整理了教案,也顺带整理了前期收集的资料,发现光打印的文字资料就有40多页,还不包括手写的五稿教案。回过头来看,虽然这段时间生活过得比较单一,除了构课就是磨课,但是得到的远比付出的多。笔者喜欢这种成长的经历,更喜欢回望走过的路。

课例21 《火把节》教学设计

宁波国家高新区外国语学校　王静

课　型

欣赏课

教　材

人音版教科书《音乐》六年级下册

教学内容

欣赏《火把节》

授课年级

六年级

教材分析

《火把节》亦名《火把节之夜》，是中国著名作曲家王西麟最脍炙人口的一首作品，创作于1963年，2003年进行了修订；作品为风俗交响套曲《云南音诗》的第四乐章(前三乐章分别为《茶林春雨》《山寨路上》《夜歌》)。如今《火把节》经常被国内外著名音乐团体单独演奏，毫无疑问，这首作品是迄今为止为数不多的带着强烈中国元素，并走进了世界音乐殿堂的本土交响乐作品。

教学目标

1.通过多次聆听体验，能够感受《火把节》片段中热烈欢快的情绪，喜欢上具有少数民族特点的中国本土交响音乐。

2.认识并听出《火把节》音乐片段中的双簧管、短笛等主要演奏乐器，熟悉乐器的音色及特点；并能听辨出伴奏乐器的不同音型，尝试用打击乐器为音乐伴奏。

3.通过声势伴奏、律动、哼唱等多种手段表现音乐的旋律特点及音乐各段落的情绪对比。

教学重点

1.感受乐曲所表现的彝族人民在火把节中载歌载舞的热闹场面。

2.感知三个乐段的旋律的不同特点以及所塑造的不同形象,尝试用不同的伴奏音型为主题伴奏。

教学难点

体会打击乐在音乐中的作用,并尝试模拟表演。

教学过程

一、对比导入:中外音乐的对比聆听(《匈牙利舞曲》和《丰收锣鼓》)

师:今天老师带来了两个音乐片段,谁能说说,演奏这两首音乐作品的乐队有什么不同?

生:一首是中国民族乐队演奏,一首是西洋管弦乐队。

师:一说到西洋管弦乐我们就想到古典音乐,或者中国近现代音乐家的作品;说到中国民族音乐我们就想到民族乐队。那么,西洋管弦乐队是不是也可以表现中国民族音乐的风格特点呢?这样的作品你有了解吗?

【设计意图】通过西洋管弦乐和中国民乐演奏片段的对比聆听,激发学生欣赏本节课具有中国民族特色的西洋管弦乐作品的兴趣,也为整堂欣赏课的音乐作品整体风格奠定基础。

二、作品初次完整聆听,整体感知

1.了解火把节的习俗

师:今天老师就要给同学们介绍一首中国音乐家王西麟老师的作品《火把节》(片段),你知道火把节是哪个民族的节日吗?

(生回答后)师:彝族主要聚集在四川大凉山的彝族自治州,他们最主要的节日火把节盛名天下,从每年的农历六月二十四日起,连续三天三夜,彝族人民在宽广的草地上纵情歌舞、赛马、斗牛、射箭、摔跤。到了晚上,青年男子就点燃火把,穿行于田野山村之间,以驱除妖魔,保佑平安。密密的火把犹如一条长龙在山道、田间缓缓游动,场面十分壮观。与此同时,处处点燃篝火,男女老少围着篝火欢乐歌舞,直至深夜。

2.聆听第三部分旋律,参与火把节

师:彝族人民非常能歌善舞,热情好客,如果你有幸参加了火把节一定要跳起来,来,试着一起跳起来。

3.西洋管弦乐队乐器分组回顾

师:今天我们欣赏的这首作品运用西洋管弦乐队完美地表现了中国少数民族彝族载歌载舞过火把节的热闹场面,回忆一下,西洋管弦乐队有哪些乐器?可以分为哪几组?(铜管、木管、弦乐、打击乐)

【设计意图】彝族音乐学生接触得不是很多,对彝族火把节的了解增加了学生的兴趣,在视频欣赏中帮助学生对音乐整体有深入的体会。回顾西洋管弦乐队的乐器分组既是复习，也为后面的分段细品打下基础。

4.聆听全曲

师：下面我们走进音乐厅，聆听音乐家们的演奏，一起感受西洋管弦乐队带来的火把节的热闹场面，这首作品也是在中外音乐会上被国内外著名音乐团体单独演奏最多的中国作品之一。

【设计意图】以聊天的方式自然引入对作品的第一次聆听，初步感受音乐的风格，培养学生有思考地聆听的习惯。

三、音乐主题细听感悟

1.聆听第一主题

师：音乐家的演奏中有一组乐器的演奏使音乐更有节日气氛，并把节日的气氛推向高潮，是哪组乐器？你印象最深刻的是？（打击乐器组、大镲）

（1）师：和老师一起来试一试模仿乐队中的大镲演奏。

X 0 | 0 X | 0 0 | 0 X ‖

A.师用数八拍的方法示范，学生观察拍点进行模仿。

B.模仿演奏大镲时神气威风的样子。

（2）师：有了大镲，还有它的好朋友串铃，仔细观察，和我一起试一试。

节奏型：X 0 | 0 X |

拍腿 握拳 握拳 拍腿

（3）尝试为音乐第一主题伴奏，感受音乐豪放的风格。

师：我们临时组成的打击乐组也可以参与火把节了，让我们为第一主题伴奏。

学生分成两组，一组大镲，一组串铃，老师担任指挥。

师：请思考，你感觉这段音乐情绪怎样？表现了怎样的场景？（学生自由交流）有一样乐器在主奏，能听出来吗？

（4）再次聆听，第三次合作。（学生分成两组，一组大镲，一组串铃）

【设计意图】作品的打击乐伴奏是音乐的重要特点之一，通过随着音乐做声势伴奏，让学生以自身的体验参与体会这一主题热烈奔放的情绪。

2.聆听第二主题

（1）初次聆听，设问。

师：婀娜多姿的美丽女子要出场开始舞蹈了，听一听这段音乐是什么乐器主奏的？此时音乐给我们呈现的是怎样的场景？

介绍双簧管。

（2）再听主题，律动感受。（旋律、节奏、情绪）

师：老师用动作表现这段旋律，请同学们和我一起做，感受一下老师的动作表现了音乐的什么特点？

（3）出示曲谱并再次尝试动作，并在做动作的同时小声哼唱旋律。

(4)伴奏尝试。

师:请同学们思考用什么乐器伴奏最合适?

学生看谱尝试,请一个同学选择乐器在长音的地方用乐器伴奏。(师准备响板、三角铁、双响筒)

【设计意图】律动参与的手段可以帮助学生了解旋律的进行并快速熟记旋律。接下来的聆听并捕捉伴奏音型,对于六年级的学生也是应该具备的能力,在这里启发学生进行挑战,在众人面前大胆展示,再由一个学生带动全班参与。学生做"小老师"也许更能让其他同学感受到榜样的力量,提高全班学生参与的热情。

(5)对比聆听,细品回味。

师:这段音乐的成功不仅是因为带着强烈的中国元素,有鲜明的少数民族音乐特点,还得益于音乐家的独到的创作。这段音乐中的主题都会反复出现,但如果仔细去聆听,旋律反复出现时伴奏的乐器和音型都有变化,举个例子:第二乐段表现女子舞蹈的抒情主题,听听两次出现有什么不一样?思考一下音乐家为什么这样设计?

【设计意图】提示学生去关注音乐主题复述的变化,渗透音乐作曲技法的知识,提高学生细听感悟音乐的能力。

3.聆听第三主题

(1)初听片段。

师:你感觉下面这段音乐是在表现怎样的场景呢?

(2)师唱曲谱,学生仔细观察旋律主要由哪些音组成。(3、6)

师:彝族音乐有个特点,旋律主要由1、2、3、5、6五个音组成,4、7很少用或者仅是一带而过。

(3)用"崩"模唱旋律,在红色标志的地方击掌。

(4)师:热闹的场面我们需要去感受,火把节一定要有舞蹈,来,让我们一起踏着节拍参与进来。

师带生用动作和声势伴奏参与音乐。

【设计意图】五声调式是中国民族音乐的特点,有必要在这里让学生以自主发现的方式进行深入理解。

四、完整聆听作品《火把节》

师:这首《火把节》一共有7分多钟,我们今天听一个片段,主要由刚才聆听的几个乐段反复出现组成。下面我们再次聆听这个作品片段,用伴奏、动作、哼唱等方式参与进来,感受音乐中那美妙的火把节狂欢之夜吧。

生看着作业纸,静下来细细聆听、体会音乐呈现的节日场景,并完成作业。

【设计意图】从整体再对作品各主题进行回顾,把握音乐的结构,并对学生课前的问题进行梳理,帮助学生进一步理解音乐,同时培养学生解决问题的能力。

五、再次完整对比聆听

师:这首作品由西洋管弦乐队表现,当然,优秀的作品总是会受到演奏家的青睐,以民乐为主的乐队也经常在音乐会中表演,来,我们欣赏一段不同的演绎。

六、小结

师：同学们，今天我们一起欣赏了由西洋管弦乐队演奏的具有中国彝族音乐特点的作品《火把节》片段。其实，我国优秀的民族交响乐作品还有很多，比如《梁祝》《黄河》《木兰诗篇》《北京喜讯到边寨》等等，在今后的音乐学习生涯中同学们都会去聆听、品味。有句话说得好，"只有民族的，才是世界的"，希望大家多去欣赏、关注我国经典的民族音乐。

【设计意图】一首代表性的音乐作品往往可以关联起其他的音乐作品，在本课的最后渗透中国特有的民族交响乐作品，鼓励学生关注民族音乐，带着自豪感去了解我国的优秀音乐作品。

课例22 《海德薇格主题》教学设计

杭州江南实验学校　吴丽媛

课　型

欣赏课

教　材

人音版教科书《音乐》六年级下册

教学内容

《海德薇格主题》

授课年级

六年级

教材分析

《海德薇格主题》是美国影片《哈利·波特与魔法石》中的电影配乐，在《哈利·波特》系列电影中重复出现。学生对这一系列的电影都比较熟悉，这对音乐欣赏有很大的帮助，可以让学生尽情地联想音乐所描绘的画面，课上引导学生自由发言。但是仅仅停留在聆听还不足以激发学生对音乐的感受力，还需播放一段电影画面，结合配乐欣赏效果会更好。这首电影音乐由电影配乐大师、美国作曲家约翰·威廉姆斯作曲。约翰·威廉姆斯是好莱坞电影音乐转折时期最为典型的作曲家之一，作为一位高产的音乐大师，创作了无数的电影音乐作品，尤其是他所创作的电影主题音乐最为引人注目。顾名思义，电影主题音乐就是围绕电影主题思想与叙事核心展开的音乐形式，是电影音乐最常用的表现形式之一。电影主题音乐承担着传达影片精神、渲染情节氛围、概括故事情绪、刻画人物性格等多种作用，可以说，一首优秀的电影主题音乐能够对电影起到画龙点睛的作用，是影片成败的关键性因素。

《海德薇格主题》由两部分组成。第一部分为带再现的二段体结构，一开始利用钢片琴干净清脆的声音演奏主题一，营造了一种略带神秘感的气氛，弦乐的伴奏像是翅膀扇动的声音，使人容易联想到在浓郁的夜色中猫头鹰在霍格沃茨的上空飞翔。紧接着加入了各种弦乐(小提琴、竖琴、大提琴等)和管乐(长笛、单簧管、短笛等)的演奏,使得音乐整体显得更加丰满,音色更加丰富,气氛也开始转变,有一丝丝的紧张。圆号的使用使音乐有一种踏实安全的感觉。但紧接着大管、小号、钢片琴、小提琴接连奏出快速而不安的旋律。中间整个管弦乐队演奏出主题二。后半段小提琴突然变奏出一种令人不安的旋律,好像有什么大事要发生了;管乐的又一次出现像是在商量着什么。最后随着音乐的缓缓进行,弦乐成了主要的音乐表现形式,声音慢慢变得柔缓,预示着正义最终战胜了邪恶,哈利·波特和他的伙伴们取得了胜利。音乐整体画面感极强,情感表现形式也历经了"放松—紧张—放松"的过渡。

教学目标

1.聆听电影音乐《海德薇格主题》,感受乐曲魔幻、神秘的气氛。

2.懂得音乐要素在乐曲表现以及电影表型中所起的作用,学唱主题旋律。

3.熟练掌握各种音色及力度记号。

教学重点

感受乐曲魔幻、神秘的气氛,并能听辨几种乐器的音色。

教学难点

学唱主题,感受和体验主题旋律在音乐要素上的变化。

教学过程

一、组织教学

师生问好。

师:同学们好!

生:老师好!

师:欢迎来到今天的音乐课堂!(教师的语气要缓慢而带有神秘感)

【设计意图】教师要努力创设一种神秘而梦幻的课堂氛围,让学生感受到这节课的课堂氛围是与以往不同的。

二、新课教学:聆听电影音乐《海德薇格主题》

1.第一主题

(1)师:同学们,听到刚才的音乐了吗?说一说音乐带给你怎样的感受。好的,我们再听一次。

(2)师：是的，好像听到有同学在说神秘、梦幻的感觉，还有的同学已经听出是一部电影中的音乐。

(3)师：是的，你猜对了，它就是电影《哈利·波特》的主题音乐，同学们对这部电影及原著作一定非常熟悉吧。是的！原著是英国作家罗琳创作的，共7本。想必同学们一定知道，目前又增加了一个剧本版。罗琳的小说被翻译成70多种语言，截至2015年所有版本的总销售量超过4.5亿本，并与美国华纳兄弟电影公司合作拍成8部电影，票房收入几十亿。这些都足以证明大家对它有多么喜欢！

师：那么，老师有一个问题想问问同学们，为什么音乐会带给我们这样神秘、梦幻的感觉呢？这段音乐是由什么乐器演奏的？再来听听！(可以重复几次)

(4)出示钢片琴。

师：对了！刚才这段音乐的主奏乐器就是钢片琴。

(5)演唱主题旋律并加入固定音型。

师：好的！接下来我们也来模仿一下钢片琴美妙的声音吧，一起来唱一唱老师写的这条旋律。

(6)师：跟着老师的钢琴再来试试看，当然如果你身边有金属音色的小乐器(如三角铁)也可以加入！

(7)完整聆听乐曲第一主题的几次重复，发现每一次重复音乐要素的变化。

师：听主题重复了几次，每一次重复音乐要素有哪些变化？边听边记录下来吧！

生边听边记录。

师：有音色的变化，也有力度的变化。主题旋律第一次出现是钢片琴的音色，第二次是弦乐和管乐，第三次又是管乐。力度呢，也是由弱慢慢到强，再渐渐到中强。

【设计意图】通过聆听主题，演唱主题，加入像三角铁这样的小乐器创设情境、渲染主题，引导学生初步体验、感受乐曲神秘而梦幻的气氛。

2.对比聆听第二部分的第一个主题

(1)对比聆听，发现第二段音乐要素的变化。

师：好的！那我们再对比聆听第二段音乐，这段音乐重复出现时，它的音乐要素又有哪些变化呢？

师：是的，仍然有音色、力度的变化，最明显就是节奏的变化。

(2)听一听，玩一玩。

师：请同学们边听边用手指或者铅笔敲击，音乐结束后记录节奏型。

生边听边用手指或者铅笔敲击，并记录节奏型。

【设计意图】通过聆听、敲击节奏型等进一步体验乐曲的音乐要素是如何发展变化的。

三、完整地聆听乐曲

完整地聆听乐曲，记录乐曲丰富的变化；整体感受音乐所表现的梦幻、神秘的形象和气氛。

师：太棒了！接下来请同学们完整聆听这首作品，边听边记录乐曲的力度、乐器的音色等要素是如何变化的。

生边聆听边记录。

【设计意图】再次通过聆听并记录乐曲的音乐要素丰富的变化，进一步感受音乐所表现的魔幻、神秘的形象和气氛。

四、再次聆听全曲

再次聆听全曲，听后请学生谈谈乐曲营造了怎样的气氛，并引导学生总结、归纳乐曲是通过哪些音乐要素来营造气氛的。

师：通过记录，老师相信你一定感受到了这首乐曲丰富的表现力和感染力，那么老师有两个问题想问问大家。

1. 作曲家是如何将音乐与故事情节联系在一起的？营造了怎样的音乐气氛？

师：是的！音乐给人的感觉有时是神秘梦幻的，有时又充满戏剧性。美国作曲家约翰·威廉姆斯真的太厉害了，他创作的音乐让我们感觉时而放松时而紧张。有时，仿佛看到在浓郁的夜色中，猫头鹰在霍格沃茨的上空飞翔，过了一会儿仿佛又看到哈利·波特骑着扫帚开始了一场正义与邪恶的战斗。

2. 通过哪些创作手法塑造音乐特征？

师：那么，他又是通过哪些创作手法来塑造音乐特征的？

是啊！作曲家手里好像真的有魔法一般，他将旋律、节奏的对比，乐器音色的叠加，力度、速度等创作手法运用得恰到好处，带给我们一个又一个惊喜！

【设计意图】通过多次聆听乐曲，引导学生思考乐曲的气氛是通过哪些音乐要素营造的，使他们从感性体验逐步进入理性思考。

五、课外欣赏

师：好的，同学们，这节课的最后请大家欣赏一段非常棒的音乐视频。

生欣赏用玻璃杯演奏的乐曲。

师：怎么样，是不是特别精彩！感兴趣的同学可以在课后去试试看！老师相信你创作的音乐也会非常棒！

【设计意图】通过欣赏音乐视频，不仅拓展了学生的学习视野，同时也启发和培养了学生的创造性思维和想象力。

六、总结下课

师：同学们，这首《海德薇格主题》的音乐一定深深印入你的脑海了吧！我想每个人对电影及电影音乐都有自己不同的感受，但老师相信每位同学心中一定都住着一位哈利·波特式的少年，或勇敢，或善良，抑或智慧，愿你们追随自己的梦想一路勇往直前！

今天的音乐课就上到这里，同学们，再见！

【设计意图】作为一线教师，我们应该分享给学生更多像《海德薇格主题》这样优秀的音乐作品。音乐教学不仅是音乐的教与学，更重要的是帮助学生树立正确的审美观念和高尚的理想信念，孩子们听懂了音乐，也就意味着感受到了无限的美好。

课例23 《拍手拍手》教学设计

宁波市江北洪塘实验学校 蒋逸萍

课 型

歌唱课

教 材

人音版教科书《音乐》六年级下册

教学内容

《拍手拍手》

授课年级

六年级

教材分析

歌曲《拍手拍手》是一首颂扬和倡导精神文明风尚的儿童歌曲。歌曲吸取了少年儿童生活中的几段情景，反映了少年儿童乐观向上的精神风貌。歌曲为分节歌，由主歌和副歌构成。主歌部分包含两个平行乐句，两句旋律均自上而下作和弦分解进行，在句末的八度上行跳进，使得曲调充满活力。副歌部分的两个平行乐句，均是前半句在高音区由两个四分音符形成节奏型音调，表现孩子们响亮的掌声和兴高采烈的神态，后半句富有歌唱性的旋律唱出对文明新风的赞美。歌曲的句中及句子之间频频穿插了伴以掌声的间奏，既突出了主题，也增添了欢乐的情趣。

教学目标

1. 通过各种教学手段激发学生学习兴趣，引导学生产生用不同的声音、不同的处理表现音乐形象的愿望。

2.能在模仿、对比听赏、体验感受、合作探究等活动中丰富地表现《拍手拍手》。

3.夯实基础,创编作品,引导学生用自然和谐的声音,有力度控制地用歌声呈现改编后的作品。感受生生间的二部和声,师生间的指挥与默契,在歌声中体验文明与友爱,并从中享受歌唱带来的美好。

教学重点

跟指挥完整地呈现改编后的歌曲。(引子+A+B+A')

教学难点

1.有感情地表现作品。(音准、音色、气息、强弱处理等)

2.师生间的指挥与默契。

教学过程

一、夯实基础,片段铺垫

(一)声训引导

1.do、fa、la的练习

(1)教师边做出柯尔文手势边演唱,并请学生关注演唱时的状态。

(2)学生随教师手势进行模唱。

(3)对学生进行唱歌状态的指导,告知小窍门。

要求学生吸气后保持肚子胖胖的、眉毛高高的、嘴巴圆圆的状态,再次进行模唱。

(4)师生接唱,形成固定音高概念。

A.随指挥,师唱do,全体学生接唱fa、la;

B.随指挥,师唱do,低声部学生接唱fa,高声部学生接唱la(形成旋律音程);

C.随指挥,师唱do,同时低声部学生唱fa,高声部学生唱la(形成和声音程),并随柯尔文手势5结束。

2.出示PPT

(1)随教师指挥,根据给出的do音高,让学生迅速找到各自声部并演唱,进行巩固练习。

(2)在有状态有音准的基础上,要求学生连贯地演唱。

(3)在连贯的基础上,用渐强、渐强、渐弱收尾的处理方式演唱,唱出飘渺的感觉。

(二)片段学习

师:记住这个和声效果,今天的歌曲中会用到它。下面让我们来看看老师带来的一段旋律。

1.出示曲谱(来自歌曲第二乐段)

(1)演奏钢琴诠释这段旋律,并请学生关注长短乐句和对乐句中强弱的处理。

(2)旋律片段的简单分析。(旋律由五个不同长短的乐句组成。其中第1、3乐句完全相同,第2、4乐句

有相似之处，第5乐句又是个完全独立的乐句）

2.学唱旋律

（1）第1、3乐句的学习

A.师唱，生随琴学唱。

B.示范强弱对比，进行乐句处理，学生离琴跟唱。

C.唱准唱好的基础上，将前四小节分成两个声部演唱。

感受生生合作，你唱我和的音效。

D.师生乐句接龙。

生演唱第1、3乐句，师接第2、4乐句，第5乐句师生共同演唱。

（2）第2、4乐句的学习

A.讲述并解决乐句中的三个小难点与要求。

a.两句开始的休止符用吸气代替（师示范，生学）；

b.保持歌唱状态下的连音唱法（示范）；

c.乐句2和4结尾的不同（示范）。

B.回忆三个要求和相应的解决方法，再次聆听钢琴演奏第2、4乐句。

C.学生离琴演唱第2、4乐句。

D.唱准唱好的基础上，师生进行乐句接龙。教师演唱第1、3乐句，学生演唱第2、4乐句，第5乐句师生共同演唱并分析。

（3）完整演唱

A.出示合唱谱，引导学生带着状态和对于旋律片段的处理，跟着伴奏演唱。

B.针对学生的演唱进行指导。

C.请学生加词演唱。

D.教师展示高位念白，并指导学生通过高位置念歌词找到正确的唱歌状态。

E.再次请学生加词演唱。

二、师生合作，学唱歌曲

（一）师生合作，歌曲揭题

师：刚才我们演唱的旋律来自今天要学习的歌曲《拍手拍手》中的第二乐段，让我们跟着音乐共同来合作完成这首歌曲。

1.师生共同合作

教师演唱第一乐段，学生接第二乐段。（随伴奏演唱原曲三段并加拍手）

2.（PPT）出示歌曲，简单介绍该作品

师：这是一首充满热情的歌曲，用拍手这种形式表达了一种文明、一种友爱、一种赞美，一种我们每个小公民应有的道德素养。对于歌曲的第一部分，我要进行小小的改编，我用"la"替换所有的歌词，也请你们试试，保持"高、抬、圆"的状态。

(二)改编作品,深化体验

1.唱歌曲的第一部分

(1)教师范唱,用"la"替换所有歌词。

(2)学生跟钢琴演唱。

(3)指导四个乐句的强弱和演唱。

(4)学生用充满弹性的、饱满的声音,保持"高、抬、圆"的状态,跟伴奏随教师指挥演唱第一部分。

2.了解并用歌声表现ABA'三部分

(1)跟伴奏随指挥再次演唱歌曲第一部分两次之后直接进入第二部分,师接唱第一部分再现。

(2)出示PPT,用ABA'来分别表示歌曲第一、二部分及第一部分的再现。

3.A'部分的学习

(1)简单分析。

师:如果这首歌曲的第一部分用A表示,第二部分用B表示,那么刚才老师演唱的部分呢?跟A很相似,又有些不一样,多了这么一个乐句作为结尾,其实只是第四句的重复,我们可以用A'来表示A的再现。再次出现适合有细微变化,怎样的变化呢?音量变得越来越弱,注意我的手势,再听一次渐弱带给人的意犹未尽的感觉。

(2)指挥并示范A部分第4乐句的重复和音量的渐弱,以及结尾的细微处理。

(3)学生随指挥演唱。

(4)无伴奏跟随指挥完整演唱A'部分。

4.跟伴奏随指挥完整演唱ABA'三部分

5.引子部分的学习

师:如果这首歌就这么结束了,也算完整。但是,如若让我们加上一个引子,再加上一个连接句(PPT),会不会更好些呢?

(1)分析引子部分。

引子来自A部分。第二个声部是第一个声部每个乐句的最后两个音的重复。但是速度有点变化,慢一点,要有悠长的感觉。

(2)学生在教师的讲解与示范中慢慢进入。

(3)演唱连接句。

(4)跟着伴奏随指挥再次演唱引子部分。

三、动情演绎,完整呈现

师:这就是老师改编后的全新的《拍手拍手》。引子唯美,A部分活泼跳跃,B部分连贯、有强有弱,A'部分余音缭绕意犹未尽,记住了吗?

完整地用歌声呈现一遍(跟录音)。

(1)PPT呈现歌曲(引子+A+B+A')。

(2)回顾各部分的处理及歌唱的状态。

(3)有感情地跟伴奏随指挥完整歌唱。

四、指导并小结

师：其实书上原版的《拍手拍手》并不是这样的，但是除了艺术歌曲，很多歌曲我们都可以尝试着进行再度创编、创作。有时这会带给我们全新的感受和体验，就像今天这节课的《拍手拍手》。最后，请回忆一遍老师教给大家的每一个环节的处理，用老师上课时告诉大家的“胖胖、高高、圆圆”的状态，再完美地把作品演唱一遍，像合唱团一样把它呈现出来。

师生合作，跟伴奏随指挥再一次有感情地演绎全曲。

（本课例获2017年部优）

课例24 《一把雨伞圆溜溜》(第一课时)教学设计

宁波市海曙区教育局教研室 张越琼

课 型

歌唱综合课

教 材

人音版教科书《音乐》六年级下册

教学内容

歌曲《一把雨伞圆溜溜》

授课年级

六年级

教材分析

这是一首表现童年生活情景,表达珍惜友情、展望未来的儿童歌曲。歌曲采用类似叙事的方式展开,歌词自然风趣,曲调欢快,结尾处主题升华,意使整首歌曲诙谐而不失坚定。但它较之其他儿童歌曲,具有乐句不规整、节奏复杂、旋律跳跃不规律、篇幅较长等特点,给学生在四十分钟内"唱会、唱好"歌曲带来了较多困难,需要通过教师的有效引导增进学习效率。六年级学生进入变声期,无法实现高音区全体齐唱,因此需要安排简单易学的下方声部适应不同学生的音域,同时也能丰富歌曲旋律表现。

学情分析

因时值我校教材版本更替,学生在六年级上学期才开始使用五线谱版本,尚在初识线谱规律阶段(首调唱名法),无能力完全采用视唱法学唱本课,因此学习方法依然需以听唱法为主,在听唱的同时安排视唱的内容巩固已学的读谱知识。

在学唱过程中，帮助学生高效记忆旋律与节奏，激发六年级学生对歌曲内容的共鸣。在演唱过程中表现出应有的情绪与声音状态，是本课教学需要深入关注的两大维度。

教学目标

1. 用视唱、听唱相结合，声势辅助，对比模仿的方法学唱歌曲《一把雨伞圆溜溜》，掌握节奏、旋律及多声部音准，并能用放松、明亮的歌声来表现歌曲生动活泼的音乐形象。

2. 通过实践巩固五线谱“一线一间”的记谱规律，发现歌曲乐句的拍数与旋律特点，利用结束句进行简单的多声部练习。

3. 欣赏《雨中曲》相关影片片段，模仿影片尝试加入律动游戏来展示表演唱效果。

教学重点

歌曲表演情绪的把握及歌唱方法的巩固。

教学难点

不规整乐句及切分节奏的准确演唱。

教学过程

一、发声练习与声部热身

1. 导语

师：又到了歌唱时间，今天我们来唱一唱“雨”。（出示“雨”字）

2. 生坐姿模唱音程

师：雨点落在膝盖上，请你唱一唱 sol；雨点落在腰间，请你唱一唱 do。

3. 歌唱指导

师：（出示“伞”）歌唱时请努力将眉毛向上抬，像伞一样“撑”起来；（出示“圆”）同时，请将下腭向下，口型尽可能的圆，再加上放松嗓子，配合气息支持，这样可以让歌声像雨滴一样圆润而透亮。

4. 师：我们加上节拍，让雨点的两音歌更有规律。

教师示范，学生模仿：$\underline{5\ \dot{1}}$ ‖: 5 – | 5 $\underline{5\ \dot{1}}$:‖

学生循环重复时教师加入上方声部：$\underline{5\ \dot{1}}$ ‖: $\dot{3}$ – | $\dot{3}$ $\underline{5\ \dot{1}}$ | $\dot{2}$ – | $\dot{2}$ $\underline{5\ \dot{1}}$:‖

5. 请学生模唱教师加入的上方声部

6. 请学生根据自身嗓音条件选择声部，分声部练习请尚未稳定的声部进行循环重复练习，练习过程中另一声部自然加入。

7. 读谱分析

师：总结刚才我们歌唱的两条旋律，从低到高用到了 sol、do′、re′、mi′，如果将它们化成音符落在黑板上的五线谱上，其中 do′在第三线上，你知道其他音分别在什么位置吗？

8. 情境导语

师：雨渐渐地密起来了，上方的旋律又有了变化，请你仔细看，在心中构唱出你看到的旋律。

教师在黑板的线谱上用手指点出旋律：$\underline{5\ \dot{1}}\ |\ \underline{\underline{\dot{3}.\ \dot{2}}}\ \underline{\underline{\dot{3}.\ \dot{2}}}\ |\ \underline{\underline{\dot{3}.\ \dot{3}}}\ \underline{\underline{\dot{2}.\ \dot{3}}}\ |$

9. 请高声部视唱

出示“溜溜”，请学生们唱出附点的轻快与调皮；加入低声部的长音旋律。

10. 创编导语

师：你能试试照样子写出高声部的后半句吗？

高声部学唱完整的乐句，低声部加入长音旋律同步练习。

11. 教师接唱歌曲结束句

二、初听全曲与整体感知

1. 导语

师：刚才我们学唱的雨中旋律轻快又不失自信，简单的和声使它更加多彩。它来自我们今天要学唱的歌曲——《一把雨伞圆溜溜》。(在黑板上补充完整课题)请大家完整聆听歌曲，感受一下歌曲讲述的故事和表达的情感。找一找除了结尾部分，在歌曲的哪些地方还出现了类似的旋律；当你听到熟悉的乐句时，可以用节拍手势来表示。

2. 初听全曲，谈听后感受

师：这首歌曲讲述了三个好朋友在雨天拼伞回家，一路上欢笑不断的故事，听起来丰富多彩，轻松愉快。

3. 教师指导读谱，发现全曲结构特点

不同结尾的反复；前奏、间奏、过渡句与结束句的相似与不同。

4. 补充学习结束句的第7—9小节

三、合作学唱与乐句分析(前四句)

1. 导语

师：歌曲以连续的附点四分音符节奏作为分水岭，也是一句愉快的过渡，这一首雨中曲就从“一把雨伞圆溜溜”开始了很特别的讲述。我们一起来分小组合作学唱歌曲的前四句。

2. 律动辅助下的范唱与模唱

将学生分成四组，请每个小组关注并模唱与记忆不同的乐句。

律动设计指向奇数拍特点，例如按“拍手—右手轻拍胸—左手轻拍胸—右手拍腿—左手拍腿—右脚踩地—左脚踩地”的顺序拍奏。

3. 乐句分析

引导学生发现哪一个乐句最长，其他乐句分别是几拍；哪两组的乐句相似。根据教师的曲谱范唱发现乐句起始音的特点（用到了mi、fa、sol三个音的组合），并在黑板上出示。

4. 师生接唱全曲

四、合作学唱与乐句分析（后三句）

1. 导语

师：刚才老师接唱的部分是这首歌曲中最生动的段落，我们一边学唱一边来找找它如此生动的原因有哪些。

2. 复听分乐句

将每一乐句给高声部同学，第二乐句给低声部同学，第三乐句一起演唱。

3. 律动辅助下的示范与分组模唱练习

律动设计指向旋律走向及切分节奏空拍。

4. 乐句分析

师：找找这三个乐句之间有没有联系？（引导学生发现：三个乐句都是从mi、sol、do'开始，但是节奏型有变化；这样的切分节奏在这一乐段中随处可见）

5. 教师小结

正是弱起与切分节奏再加上有趣的歌词内容使这个段落生动形象，演唱时需要表达出幽默诙谐的状态。

6. 完整记忆歌曲

从跟范唱默唱，到轻声随唱，请学生发现依然不熟悉的乐句加以进一步练习。随后跟伴奏演唱。

五、拓展表演与结语升华

1. 欣赏《雨中曲》片段，讨论表演特点。（真实场景下的、自然随兴而投入的表演，介绍百老汇音乐剧的表演特点）

2. 请学生尝试模仿《雨中曲》的形式，用歌曲学唱过程中的声势律动进行团体歌表演。

3. 结束语

师：童年的友谊、童年的趣事，在伞下聚集，在雨中歌唱；音乐的规律、音乐的奥秘，在曲中蕴藏，在谱上呈现。希望同学们课后收集更多的以雨为主题的音乐作品，聆听探索，积累更多音乐经验，发现更多音乐奥秘，祝愿大家能写出属于自己的更优秀的“雨中曲”。

教学反思

1. 教学内容多线并进，动情晓理相得益彰

本课作为小学阶段最后一学期的总结性歌唱学习内容，笔者在设计时充分考虑到学生已有的学习经验与音乐能力，大胆将作品分析与歌曲学唱同步进行，并在学习过程中将单一的歌曲学唱拓宽为“基于歌

曲学唱的多维度音乐知识技能学习”，例如在发声练习环节请学生巩固初学的线谱“一线一间”的记谱规律，引导学生尝试模仿、创作模进乐句；又如在学唱过程中处处体现感性模仿与理性分析相结合的设计意图。以“晓之以理”来“动之以情”，引导学生体会旋律在表现歌曲内容中的意图，以此来指导演唱的处理。

2.学唱过程凸显合作，声势辅助学演合一

针对这一相对四十分钟的课时而言篇幅较长、歌唱难点多且集中的多声部教学内容，笔者在设计时充分考虑到获得歌唱技能所需要的时间积累，将不同节奏型的双声部练习放在课的最开始，确保足够的练习时长，通过自主声部选择开启合作学习的第一步。主歌部分的学唱采用小组合作的方式，保证整体效果的同时有针对性地安排各组的主动学习内容。

在本课的教学中，笔者设计了两种不同的声势动作，对应不同的乐段且突出了节奏、旋律的特点，在促进旋律记忆的同时还能起到丰富舞台表演，增添表演乐趣的作用。

3.经典拓展丰富体验，审美引导点石成金

虽然从作曲技法角度来分析，这首儿童歌曲还有一些不理想之处，但是因为它表现了儿童的真实生活，入选教材也未尝不可。作为以培养良好音乐审美情趣为主旨的学科，随时让学生体验到尽可能美好的、经典的音乐艺术作品是培养学生音乐审美能力的重要渠道。因此本课选择了百老汇音乐剧经典唱段《雨中曲》来作课尾赏析，既与歌曲的人文主题相符，又让学生了解了音乐剧这一艺术表现形式，更拓展了学生的音乐审美视野。

Chapter 2

第二编　初中部分

课例25 《行进之歌》教学设计

华师大宁波艺术实验学校 谢抒语

课 型

欣赏课

教 材

人音版教科书《音乐》七年级下册第一单元《行进之歌》

教学内容

《中国人民解放军进行曲》《拉德茨基进行曲》《婚礼进行曲》《葬礼进行曲》

授课年级

七年级

教材分析

本课时是人音版教科书《音乐》七年级下册第一单元《行进之歌》的第一课时内容。进行曲体裁的音乐作品在生活中最为常见和实用，其在中外音乐文化中也占有十分重要的地位。能对该体裁感兴趣、积极参与各类音乐实践活动、体验其中的情感及文化内涵、提高欣赏音乐的能力是本单元的主要教学要求。

本节课选用的课内素材《中国人民解放军进行曲》《拉德茨基进行曲》《婚礼进行曲》这3首名曲都具备了进行曲体裁的典型特点，也是我们生活中的高频曲目，主题是学生所熟悉的，能迅速唤起现实场景中的聆听记忆。进而帮助学生理解进行曲体裁的典型特征。选用的另一首素材《葬礼进行曲》是肖邦3部奏鸣曲中最著名的《降b小调奏鸣曲》第三乐章。作曲家在主题a巧妙借用进行曲稳定而显著的节拍感及钢琴弹奏左手加强技巧，营造出了为英雄送葬队伍行进时鲜明的画面感。而那极富感情和诗意音调——旋律型主题b则有机穿插在复三部结构之中，倾诉着作者对英雄的悼念和对祖国的深情。此曲是进行曲体裁从实用性向艺术性升格的优秀代表作，可帮助提升学生对该体裁的认识高度。

本课教学对象为初一下的学生，此前学生在初一上已接触过3首管弦乐曲，对管弦乐知识已具备一定的基础。同时，初一上已学习过舞曲体裁，所以本节课可以结合学生已有的认知水平，进行重要体裁间的对比学习，让学生深层次感受其中的音乐特性和文化内涵。

教学目标

1.在对比聆听中，使学生掌握进行曲体裁的一般特点，并能与其他体裁分辨。

2.欣赏4首课内进行曲，记住乐曲中主要的音乐主题及其表现要素。

3.在律动中感受、体验4种常见速度，体会速度要素对音乐表现的重要作用。

4.在欣赏的基础上，学习并掌握军队进行曲、歌舞剧进行曲、音乐会进行曲这三类进行曲的历史与特色，了解相关作曲家的生平及贡献。

教学重点

1.在对比聆听中，使学生掌握进行曲体裁的一般特点，并能与其他体裁分辨。

2.欣赏4首课内进行曲，能够记住乐曲中主要的音乐主题及其表现要素。

教学难点

在音乐律动中感受、体验4种常见速度，体会速度要素对音乐表现的重要作用。

教学过程

教学环节	教学步骤与内容
一、导入：初听4首乐曲的主题，在步伐中体验节奏与速度的特点。	1.课前组织教学：播放《拉德茨基进行曲》视频，老师带领学生跟随音乐律动的步伐进教室落座。 师：老师特地选了这首《拉德茨基进行曲》欢迎同学们的到来！这首曲子来头可不小，它是“圆舞曲之父”老约翰·施特劳斯为庆祝拉德茨基将军凯旋而作的，刚才同学们踏着音乐整齐地走来，很有凯旋的气势。你们知道吗？举世闻名的维也纳金色大厅在每年1月1日都会举办新年音乐会，这首《拉德茨基进行曲》可是每年不改的压轴曲。 2.设计体验活动：请全体围成个大圆圈，听着4段音乐，走出不同速度。 体验活动过程中穿插思考提问环节： (1)师：最欢快的那首，请你哼一下？(《拉德茨基进行曲》) (2)师：你来哼唱一下，走起来最有劲的那首？(《中国人民解放军进行曲》) (3)师：老师哼唱一段旋律，请同学们说出曲名。(《婚礼进行曲》) (4)师：最慢的那首，谁还记得？(《葬礼进行曲》) 师：这4段音乐都属于进行曲体裁，进行曲这类音乐有一种什么功能？ 生：统一了我们的步伐。 师：这4首进行曲速度大不相同，所表现出的情绪很不一样。在众多音乐要素里面，哪个最重要，决定着进行曲的主基调呢？ 生：节奏和速度最重要。

续表

教学环节	教学步骤与内容
二、军队进行曲：起源、典型风格。 素材：《中国人民解放军进行曲》	1.师：进行曲到底有什么作用呢？关于进行曲的起源我要考考你。 进行曲的英文名march，在英文词条中的意思为“行军、行进、进行曲”。这就很好地解释了它的起源——来自军队行军时所用，所以中西方都有大量军队题材的进行曲作品。(看PPT列举) 师：行军为何需要进行曲？ 生：鼓舞士气……可以使步伐整齐、有力…… 师：让我们检验一下，真的有这样的功能吗？ 设计体验活动如下： (1)请第一排学生起立，走一个整齐的踏步队列。(没有音乐) (2)师：同学们说进行曲有“鼓舞士气，使步伐整齐”的功能，老师选了一首《中国人民解放军进行曲》来让你们把队列走整齐。 (3)播放进行曲视频，请第一排学生在进行曲的伴奏下再走一次踏步队列。 (4)对比两次行进踏步体验，师：进行曲的什么特点，能让大家的步调如此一致？ 生：进行曲有节拍规整、节奏鲜明的特点。 2.《中国人民解放军进行曲》是一首管乐合奏作品，作曲家郑律成写下了这激情雄壮的旋律，表现出人民军队一往无前、英勇豪迈的形象。 师：但是如果选错了演奏的乐器，效果是不是就会大打折扣呢？选用铜管乐演奏好不好？说说原因。 生探讨后回答。(铜管乐具有穿透力的金属般质感的音色，把人民军队一往无前、英勇豪迈的形象表现得恰到好处) 3.师：我们通过哼唱来表现《中国人民解放军进行曲》的主题，选用什么音比较合适？ 师生经过探讨和试验，最后选择了“beng”这个音。 全体跟着铜管乐音频哼唱主题，表现出军人的气概。通过多次哼唱练习，达到熟记主题、感受行板速度的目的。 师总结：虽然我们哼唱的效果不能和乐队演奏的效果相媲美，但是你们知道吗？这首曲子最早就是用来演唱的。而乐队演奏能更好适应各种场合，所以有很多声乐曲被改编成了乐队作品。这也是进行曲的实用功能超出其他很多音乐体裁的具体证明。 4.师：请同学们总结，军队进行曲有什么特点？ 师生探讨总结：节拍规整，节奏鲜明、坚定有力，旋律雄劲刚健，具有统一步伐的实用价值。
三、典礼进行曲：艺术性升华，辨析节拍与节奏。 素材：瓦格纳《婚礼进行曲》	进行曲起源于16世纪西方的战乐，17世纪起则多用于队伍行进和礼仪活动。除了军队进行曲，典礼进行曲也具有很高的实用价值。 说到典礼进行曲，人们最熟悉的可能是德国作曲家瓦格纳的《婚礼进行曲》。这首曲子原为歌剧《罗恩格林》里婚礼场面的音乐，后来被改编成各种器乐版本，以管风琴演奏最为经典。 1.师：军队行进需要统一步伐，走出军威，那婚礼上需要统一谁的步伐呢？ 设计体验环节： (1)再现婚礼教堂走红毯的场景。选6名临时演员(新郎、新娘、伴娘、花童等)伴随着《婚礼进行曲》从教室底部走向讲台。 (2)其余学生轻轻哼唱旋律，同时用手和着音乐打拍子。(感受中板速度) (3)师：是进行曲的什么因素让6位从来没有排练过的同学，第一次走就做到了步伐一致，稳健前行？ 生讨论。(节奏？节拍？旋律？) 2.PPT上出示主题A曲谱，讲解节拍与节奏的差异。 明确概念：进行曲之所以具有统一步伐的功能，是因为该体裁把不同场合行进时的步伐特点，谱写成固定的音乐节拍。这首传世经典作品，精准地把婚礼上中速的坚定脚步，化为音乐里固定不变的节拍。 所以，统一行进步伐中起了决定性作用的是音乐节拍。

续表

教学环节	教学步骤与内容
	3.聆听全曲,了解曲式结构A—B—A,PPT出示主题曲谱。 以《婚礼进行曲》为代表的典礼进行曲,除了具有统一步伐的功能外,通常还具备一定的抒情性与艺术性。 A段节奏鲜明,旋律明亮大气,管风琴音色浑厚,体现婚礼的庄重。 B段弱化了节拍感,突出了旋律性,营造浪漫幸福的氛围。此段体现出作曲家除了实用功能,还赋予了进行曲以新的艺术生命。 (双手模仿性律动跟随体验)师:聆听时请把你的手跟着我的手一起动起来,去寻找婚礼上神圣庄重以外的另一种美妙氛围。 4.补充介绍——世界上最流行的两大《婚礼进行曲》 瓦格纳的《婚礼进行曲》庄重大气,用于新人入场的仪式上。 门德尔松的《婚礼进行曲》表现欢庆场面,一般在新人退场的时候使用。 两位音乐家在《婚礼进行曲》上的成功都可谓无心插柳。瓦格纳的《婚礼进行曲》原本是歌剧《罗恩格林》里的一首合唱;门德尔松则是为大文豪莎士比亚的戏剧《仲夏夜之梦》创作了一组配乐,《婚礼进行曲》是其中的第十首。 但从这里我们能发现,18世纪以后进行曲已经被广泛应用到了歌剧、舞剧中,走上了专业表演殿堂,从实用性音乐逐渐转变为艺术性音乐。
四、音乐会进行曲:体裁升格,拓展视野。 素材:肖邦《葬礼进行曲》	学习了两大类进行曲,现在学生对进行曲体裁有了一定的了解。 1.播放《葬礼进行曲》B段,听辨、思考。 师:下面这首乐曲是否属于进行曲体裁?你从中听到了什么情绪? 生:不太像进行曲……哀怨,沉思,恋恋不舍…… 师:这段听着像夜曲的音乐,选自"钢琴诗人"肖邦三首钢琴奏鸣曲中最著名的《降b小调奏鸣曲》。奏鸣曲是一种大型、成熟的音乐体裁,一般有四个乐章。 (PPT出示全曲结构,第三乐章名为"Funeral March") 这首曲式结构严谨的音乐会进行曲,不再用以生活中作为统一步伐的实用性伴奏。音乐会进行曲为提供专业艺术欣赏而作,它具有较高的艺术价值、审美情趣、情感内涵,通常也需要演奏家较高超的演奏技巧。 师:我们听到的B段,如《婚礼进行曲》的B段一样谱写成了旋律性、抒情性为主的第二主题,并不具有节奏鲜明的特点。在B段我们感受到哀怨、沉思的情绪,这会是什么场合的进行曲呢? 2.聆听具备进行曲特点的A段。设计体验环节如下: (1)播放A段音频 (2)教师弹奏部分乐句(凸显左手和弦,模仿沉重的步伐) 师:你听这首进行曲的步伐是什么特点? 生讨论。 师:我们仿佛看到了这样的情景,波兰民众拖着沉重的脚步为死难者送葬,他们的步伐缓慢、沉重,仿佛在向大地诉说着悲剧。 (3)全体学生在音乐的伴奏下展开想象,走出当时的场景 师:这首作品被誉为世界三大《葬礼进行曲》之一,描绘的不是"小我",而是"大我"的葬礼,是肖邦为纪念在华沙起义中战死的英雄们所作。 (4)全曲视频欣赏 师:让我们一起走进音乐厅,聆听这首著名的音乐会进行曲。 3.补充介绍:世界三大《葬礼进行曲》 (1)首先是大名鼎鼎的"乐圣"贝多芬的《英雄交响曲》第二乐章《英雄之死》,描绘的是英雄男性的葬礼。 (2)挪威作曲家格里格的《培尔·金特》第一组曲第二乐章《奥塞之死》,描绘了培尔·金特的母亲临终前的凄婉情景,适用于女性的葬礼。 (3)师:而我们今天欣赏的肖邦《降b小调奏鸣曲》第三乐章《葬礼进行曲》,据说男女"皆宜"。

续表

教学环节	教学步骤与内容
五、梳理归纳:4首作品、3大类进行曲、4种速度	1.全体读一遍进行曲的含义,请学生圈画重点词语。 2.以游戏竞赛形式,完成分类表格。 3.听辨练习,分辨进行曲与舞曲。
六、结语	师:音乐源于人们的生活,就如进行曲最初是用于军队的战斗生活,为了统一行军的步伐,鼓舞战士的斗志。但是音乐又高于生活,就如肖邦的《葬礼进行曲》运用进行曲的特点,形象地描绘出人们悼念民族英雄时沉痛的步伐。但整首作品内容的深刻性和艺术的独创性,不是一般实用型进行曲能比拟的,寄托着这位赤诚的爱国者,对华沙起义中为民族解放献出生命的烈士的哀悼和颂扬。 本课我们学习的进行曲都是器乐形式,下节课我们将学唱一首声乐体裁的进行曲《1234歌》,这首军旅歌曲曾经红遍了大江南北,在本课的最后让我们先听为快。

课例26 《雷鸣电闪波尔卡》教学设计

宁波市镇海区古塘中学 包俊晓

课 型

欣赏课

教 材

人音版教科书《音乐》七年级上册

教学内容

《雷鸣电闪波尔卡》

授课年级

七年级

教材分析

《雷鸣电闪波尔卡》是奥地利作曲家小约翰·施特劳斯创作的一首轻快活泼的舞曲，是最著名的波尔卡舞曲之一，作于1868年初狂欢节期间，同年2月16日首演。在乐曲中，作者采用其一贯的表现手法，在不间断地重复二拍子波尔卡节奏的基础上，以定音鼓的震音奏法使人感到远处的雷声响起，利用钹及其奏法上的音色特点，模仿雷雨和闪电，形象生动地描绘出大自然中风雨交加、电闪雷鸣的场面。

全曲为A—B—A三部曲式，自始至终呈现出热烈的气氛。乐曲A段为G大调，有两个主题：第一主题旋律跳进下行，是暴风雨来临之前的预示，气氛生动活泼；第二主题旋律级进下行，从中可以清楚地听到“雷鸣电闪”的音响，仿佛真的出现了雷电交加、大雨倾盆的景象，这里是全曲的华彩部分。乐曲B段转到C大调，主题在歌唱般的旋律中，不时地穿插着雷鸣电闪般的场面，色彩交织，生动无比。全曲的总时间并不长，但足以给听众留下难以磨灭的印象。

教学目标

1.情感目标:通过试听法欣赏《雷鸣电闪波尔卡》,感受欢快热烈的情绪,初步了解波尔卡的特点,产生对舞曲相关文化的兴趣。

2.过程与方法:从舞曲中受启发,体验打击乐器为乐曲带来的形象的表现力,展开想象,主动积极地参与音乐活动,感受音响创造的场景效果。

3.知识与技能:通过听、唱、肢体体验等学习方式,学生能从乐曲的速度、节奏、旋律等音乐元素中感受乐曲表现的音乐场景和音乐形象。能记住两段主题旋律。

教学重点

1.分段欣赏,了解西洋打击乐器,感受其带来的表现力。

2.体验波尔卡舞曲的特点。

教学难点

1.用音乐元素赏析乐曲,感知各乐段的表现力。

2.听辨西洋管弦乐队中各个乐器的不同音色。

教学过程

一、组织教学

课前播放《闲聊波尔卡》,学生听着动感舞曲进教室。

二、舞曲引入,点出波尔卡

1.竞猜

教师展示各种舞蹈动作,学生说出舞蹈类型。

师:你们知道哪些舞蹈类型?

生:华尔兹、斗牛舞……

2.师:各种舞蹈都有相应的音乐,这些舞蹈音乐就叫舞曲。有种舞蹈叫作"波尔卡",它是波希米亚语。课前我们听到的就是一首波尔卡,今天我们就一起来了解起源于波希米亚的民间舞曲——波尔卡。先来看一段舞蹈视频,根据提示,请大家思考一下波尔卡的特点。

3.师生总结:波尔卡产生于1830年左右的捷克,19世纪40年代盛行于欧洲各地,是一种二拍子的快速舞曲。"波尔卡"一词是从波希米亚语中的"半"字演化而来的,舞者的舞步很小,半步半步地跳,因而得名。

4.学拍波尔卡节奏,体验二拍子的特点。

三、捕捉“雷电”音效,呈现课题

1.听音乐选标题

师:波尔卡音乐大多源于生活,作曲家们创作波尔卡的时候都喜欢加入一些相应的生活音效(如《狩猎波尔卡》《铁匠波尔卡》),使得乐曲更加诙谐生动,贴近生活!

2.出示《雷鸣电闪波尔卡》

师:你会用什么音效来表现雷鸣和电闪的声音?

生发挥想象,现场表现。

3.师:作曲家会用什么乐器来表现呢?

听主题。(大鼓的击奏、大镲的碰击)

师:大鼓和大镲把雷鸣电闪表现得十分形象逼真。

4.出示西洋管弦乐队图

师:《雷鸣电闪波尔卡》是一首西洋管弦乐曲,演奏的乐器包括打击乐、木管乐、铜管乐和弦乐。乐曲表现的是人们为了庆祝一个节日,在一座金碧辉煌的大厅里兴高采烈地跳舞,和外面的狂风大作、雷鸣电闪、暴雨倾盆形成了强烈对比。作曲家把音乐和雷电交织在一起,给我们创造了一种奇妙的音响。

5.出示主题结构图

师:乐曲共有4个主题,第1、第2部分各有两个主题:A-a、A-b、B-a、B-b。

四、欣赏乐曲,细细品味

1.A-a

(1)聆听第一部分的a主题。

师:音乐的情绪怎样?

生:舞会场面十分盛大,人们的舞姿十分热烈。

(2)出示特色节奏。

师:为了表现这一热烈的气氛,旋律中有个节奏型一直重复出现,你能找出来吗?(X 0X X 0X | X·)

A.师生律动,感受节奏特点。(生要有跳动性和推动感,把热烈的舞姿表现得非常贴切——跳呀跳呀跳)

B.师:这个节奏像我们以前看到的什么节奏?

生:带休止的附点节奏。

C.和着音乐拍击节奏,体验推动感。

(3)初听,师:同学们有没有发现,旋律深处隐藏着一个声音,你能听出来吗?它是用什么乐器演奏的,模拟了什么声音?(用定音鼓模拟了风声)

再听,用动作表现风声。

2.A-b

师:任凭外面狂风四起,乌云密布,舞池里的人们非但没有扫兴,反而越加兴奋、欢快了。

出示曲谱。

(1)初听,师:A-b的旋律很有特点,你听出来了吗?

生:音的走向是下行音阶。

(2)再听,师:这个主题有个很有意思的听觉效果。

生:弱拍得到强调。

师范唱,会的学生一起唱。

3.B-a

师:接下来的主题中大鼓和大镲出现了,“雷鸣电闪”表现得很逼真。

(1)师:音乐情绪有什么变化呢?

生:轻盈舒展。

(2)师:大鼓和大镲具体在哪里出现呢?听到大鼓和大镲出现时我们分别用掌和拳表示。

师生合作表现。

分组合作表现。

4.B-b

师:倾盆大雨中,舞曲进入了第二部分的b主题。

(1)师:旋律中的一个什么小符号,把轻巧活泼的情绪表现得淋漓尽致?

(2)介绍倚音。

(3)生学唱倚音,用肢体动作体验摇动感。

5.全曲聆听,整体感受

(1)边听边补充乐曲结构

介绍乐曲结构——复三部曲式。

(2)欣赏全曲视频

师:2009年维也纳新年音乐会上就演奏了这首《雷鸣电闪波尔卡》,由著名指挥家丹尼尔·巴伦博伊姆指挥。

(3)介绍作者

师:这首乐曲的作者就是奥地利作曲家小约翰·施特劳斯。他出生在音乐世家,他的爸爸和弟弟都是大音乐家。他十分热衷于创作舞曲,其中圆舞曲成就最大,有“圆舞曲之王”的美誉,最著名的代表作有《蓝色多瑙河》等。

(4)欣赏小约翰·施特劳斯的作品

五、小结

师:舞曲的音乐动听,舞步曼妙,音乐舞蹈作为人类重要的精神食粮,能使人在精神上产生愉悦和美感。希望同学们今后都做生活中的有心人,要善于发现生活中美妙的音乐,积累它们,让自己的生活变得更加多姿多彩!

课例27　走近江南小调——《无锡景》教学设计

海盐县通元中学　吴雅萍

课　型

欣赏课

教　材

人音版教科书《音乐》七年级下册

教学内容

《无锡景》

授课年级

七年级

教材分析

《无锡景》是人音版教科书《音乐》七年级下册第五单元《小调集萃》中的一个作品，是本单元的第一课时。本课意图通过学唱歌曲、分析歌曲，使学生了解什么是小调，并了解南北小调的不同特点、历史背景和人文价值。

此曲是一首江南小调，共四个乐句，为“起承转合”的一段体结构，是一首典型的分节歌。其曲调优美、婉转，韵味独特。要使学生真正了解民歌、喜欢民歌，关键是教师要充分展示民歌的魅力，巧妙设计方法，给学生体验、感受、探索的机会，让学生去揭开其中的奥秘，使他们产生学习的兴趣。本课笔者采用了“为什么《无锡景》使人感到曲折柔美？”的问题来引导学生寻找原因。仅靠教师讲解，远不如在教师的引导下，学生通过欣赏、律动、歌唱、思考、自己去探索等方式印象更加深刻。激发学生的兴趣去探究歌曲的音乐文化和历史背景，尽量做到没有生硬的说教，而是像剥春笋一样，一层一层直至学生的心田。真正做到层层深入，用心浇灌。

学情分析

本课以音乐要素为线，在参与性欣赏教学的系列活动中，突出音乐实践，引导学生通过聆听、学唱、表演等多种方法参与音乐体验与音乐学习，激发音乐听赏的兴趣，逐步培养良好的音乐感受能力。针对七年级学生的年龄特点和认知特点，结合旋律、速度、力度、风格、曲式、体裁等多种音乐要素，开展音乐实践活动，培养学生勤于思考、勤于实践的音乐学习习惯，发展学生的音乐欣赏能力，有效提高学生的音乐实践能力和音乐基本素养。

教学目标

1. 有兴趣接触民歌，能专心聆听、深入体验与交流，了解江南人文地理及江南音乐的特点。

2. 乐意用方言柔和地演唱《无锡景》第一段歌词，体验小调的韵味与魅力。

3. 通过师生共同欣赏、感受、模仿、演唱、体验、合作等方法感知《无锡景》小调音乐特点及其人文价值。

教学重点

教师引导学生分别从歌曲的旋律、歌词、体裁上分析歌曲，了解《无锡景》小调音乐特点及其人文价值。

教学难点

用方言演唱歌曲《无锡景》片段，体会感受语言音调与民歌音调的关系。

教学过程

一、导入：初步感受《无锡景》小调音乐特点

【活动目标】律动体验，感受作品风格特点。

1. 教师带领男生手拿折扇、女生撑油纸伞跟着音乐走进教室。

问题一：我们是怎样走进教室的？音乐带给我们怎样的感受？

问题二：它是南方的音乐还是北方的音乐？

2. 学生回答，师生讨论

3. 教师小结

师：步子小且均匀，男子儒雅大方，女子端庄秀美。音乐带给我们优美、细腻、委婉的感受。它正是来自我们所生活的这一块土壤——南方。

【设计意图】学生伴随音乐有节奏、有韵律地走进教室，感受旋律特点，营造课堂意境；同时培养了学生安静地走进课堂的良好习惯。

二、展开：作品的深入体验与分析

1.介绍南方音乐特点，引出江南民歌《无锡景》

(1)观看短片——《江南音乐》片段

师：南方音乐具有怎样的特点呢？正所谓“一方水土养一方人”，一方的水土同时也孕育了一方的音乐。接下来，让我们一起来观看一部短片。

(2)出示课题——《无锡景》

师：今天老师给大家带来的歌曲就来自美丽的江南名城——无锡，曲名为《无锡景》。无锡对于身处江浙沪一带的我们来说并不陌生，我们很快就会联想到优美恬静的小桥流水、错落别致的古朴民宅、玲珑剔透的亭台楼阁……但却很少会关注到那一片沃土所孕育的音乐。《无锡景》是介绍无锡首推的歌曲，因为它在清末民初就已经盛行于江南，是一首流传最久、影响最广的歌曲。

2.分析与学唱旋律

(1)学生跟着音乐走一走，以换方向来作为一个乐句的结束

师：请你们分析旋律由几个乐句组成？

生讨论，答：四个乐句。

教师总结：四个乐句——起承转合，一段体结构。(分别范唱和分析起句、承句、转句及合句)

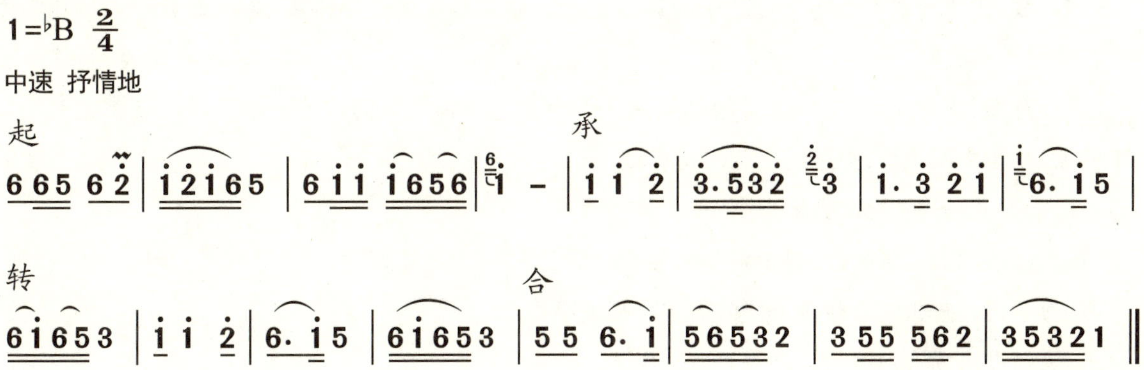

“起句”为两个短句，节奏跳跃、音调欢快；“承句”是对比性的，延续了“起句”的情绪；“转句”曲调极具特色，富有动感；“合句”曲调流畅，一气呵成，突出了对全曲的整合作用。

【设计意图】通过律动分析曲式结构，不仅培养了学生的韵律感，同时也让学生体验了乐段乐句的规整性以及旋律婉转柔美的特点。

(2)请学生找出旋律中的装饰音等音乐记号(波音记号、倚音记号及连音线)

学生讨论回答。

教师范唱，学生对比讨论音乐记号有与无的不同特点。

教师总结：加上装饰音记号，旋律更加细腻委婉，润腔丰富。连音线使歌曲更加连贯，就像江南的小河连绵不断。

【设计意图】学生通过探究、挖掘音乐形象，找出歌曲旋律中的创作特点，帮助学唱歌曲旋律。

(3)学生用“啊”轻声哼唱旋律，教师引导学生观察旋律走向

学生讨论回答。

教师总结：旋律上下曲折，以级进小跳为主，总体是向下行走的。

(4)学生再次用“啊”轻声哼唱旋律，教师引导学生找出旋律中具有代表性的小节(特性乐汇)

学生讨论回答。

教师总结：节奏密集，级进向下，曲折细腻。

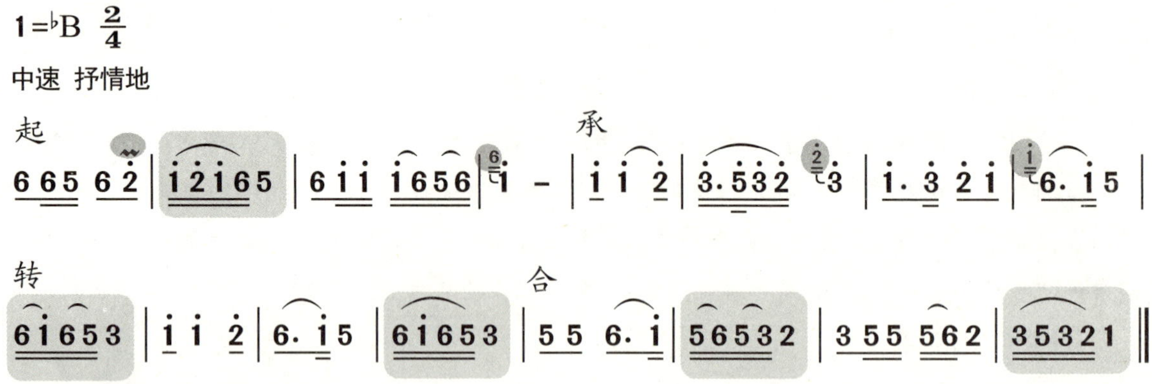

(5)学唱特性乐汇，观察其特点

学生讨论回答。

教师总结：这些特性乐汇的首音符 $\dot{1}$、6、5、3、2 所构成的音串就构成了《无锡景》的旋律。这样，$\dot{1}$、6、5、3、2 所构成的五声下行音阶的特点也让人联想到江南的小桥流水，因此旋律的构成与当地的环境有着很大的关联。

【设计意图】以学生为主体，通过教师提问—学生思考—师生共同讨论—学生学唱来掌握旋律。研究旋律特点，抓住小调灵魂，为总结小调的特点埋下伏笔。

3.聆听歌曲，分析歌词

(1)教师演唱方言版的《无锡景》，介绍吴侬软语

师：同学们能听出来老师是用什么语言演唱的吗？

生：老师是用方言演唱的。

师：老师是用无锡当地的方言来演唱的，也称吴侬软语，指的是吴人们讲话非常地细腻柔软。用这种方言讲话，不管说什么，女子讲来皆有灵气秀美之风，男子讲来颇具有儒雅倜傥之气。

【设计意图】教师完美地演唱原汁原味的方言版歌曲，激发学生有兴趣地探索歌曲歌词的特点与歌曲的人文价值。

(2)分析歌词特点

学生讨论：歌词以写景抒情为主，带有“末”“那”等衬字。

教师范唱，学生对比衬字的有无，感受无锡人讲话又“甜”又“嗲”的发音。

教师总结：加上衬字、衬词，歌曲更加亲切、耐人寻味，同时也让我们感受到了当地方言与民歌音调的构成有很大的关系。

无锡景

1=♭B $\frac{2}{4}$

江苏民歌

中速　抒情地

【设计意图】民歌是人民在生活中口头创作、口头传唱的，必定是用方言抒发感情的。通过分析歌词的特点，让学生了解到方言的音调直接影响到歌曲旋律的构成。

(3)完整聆听，介绍分节歌

师：歌词向我们呈现了一幅幅浓郁的江南风景画卷，描绘了无锡人幸福惬意的生活，表达了无锡人对自己家乡的赞美与热爱。像这种同一曲调反复多段歌词所组成的歌曲称为——分节歌。

(4)学生用方言学念、学唱第一段歌词

教师引导女生柔美、男生儒雅地学念第一段歌词。

跟着钢琴熟唱第一段歌词。

体会方言音调与民歌音调的关系。

【设计意图】民歌源于方言，学习用方言唱一唱，亲身感受一下是非常有必要的，能让学生直接感受到方言音调与民歌音调的关系。让学生喜爱并掌握歌曲，通过对比欣赏发现难点，解决难点。

4.总结歌曲《无锡景》的艺术特色

学生讨论。

教师总结：

(1)旋律上——五声下行音阶，多装饰音，润腔丰富；

(2)唱词上——吴语方言；

(3)体裁上——小调风格。

三、拓展，延伸，升华

1.欣赏苏州评弹《无锡景》，学生模仿并演唱

师：无锡人还喜欢用江南丝竹中的弹拨乐器作为他们歌唱的伴奏乐器。一般男子抱着三弦，女子抱着琵琶，以苏州评弹的形式来演绎《无锡景》。瞧，他们是这样来演唱的。(播放视频)请同学们在观看的时候也来模仿一下他们的动作。

(1)学生欣赏视频；

(2)教师用琵琶声伴奏，学生带上肢体动作，原汁原味地演唱歌曲《无锡景》第一段歌词。

【设计意图】欣赏苏州评弹《无锡景》的视频，感受其独特的韵味，让学生充分感受民歌的艺术魅力与人文价值，从而提高学生对民歌艺术的兴趣。

2.欣赏交响乐《无锡景》，感受不同演奏形式所带来的不同音乐形象

师：民族性这么强、这么细腻委婉的小调如果用交响乐来演绎又是怎样的艺术形象呢？像鲍元恺、谭盾、孟可等这样的当代音乐家，他们都喜欢将民族民间音乐进行交响化的创编，把我们的民族民间音乐带向世界。老师今天带来的交响乐《无锡景》是鲍元恺先生所创作的《炎黄风情——24首中国民歌主题管弦乐曲》中的其中一曲，让我们一起来欣赏。

(1)学生欣赏交响乐演奏的《无锡景》视频；

(2)教师小结：太震撼、太令人感动了，这么细腻委婉的江南小调在交响乐的演绎下变得如此恢宏大气而富有特色！通过欣赏我们感受到民族民间音乐滋养了交响乐的创作，同时交响乐创作也发扬光大了我们的民族民间音乐，实现了中国传统音乐的世界价值，弘扬了中国传统音乐文化。

【设计意图】经典民歌都是经过时间考验的，流传至今的都是精品。独特而富有个性的美，使其成为作曲家创作的源泉。本环节引导学生关注这一点，使他们以后在接触中外名曲时能更好地解读作品，同时也能向热爱民歌、热爱中华民族文化方面迈出有益的一步。

四、小结下课

1.提出要求：关注身边民歌

师：希望同学们课后多关注我国的民歌，去了解、体验、收集不同地方的民歌，相互学习与交流。你会发现有很多值得我们去了解和研究的内容。

2.最后体验《无锡景》的韵味，跟着音乐走出教室

【设计意图】引导学生主动收集音乐资料，学会与他人分享。通过歌曲的学习培养学生对不同地方民歌的兴趣，传承民族文化，弘扬民族精神。

教学反思

笔者在教学中坚持音乐与文化并行，把音乐知识技能作为明线，音乐文化作为暗线，努力将知识技能镶嵌在音乐文化的土壤中，引导学生通过音乐这个视角去认识世界，提高学生的音乐审美能力与音乐文化素养。本节课以音乐要素为线，在参与性欣赏教学的系列活动中，突出音乐实践。笔者引导学生通过聆听、学唱、表演等多种方法参与音乐体验与音乐学习，激发他们音乐听赏的兴趣，逐步培养良好的音乐感受能力。

通过本课的学习实践，学生不仅能完美演唱歌曲《无锡景》、了解其历史文化背景，同时还了解了民歌与小调的关联，从而激发起对其他地区、其他民族留存的经典作品的兴趣。本课例在教育学生热爱民歌、热爱中华民族文化方面迈出了有益的一步。

课例28　走近拉美——《凯皮拉的小火车》教学设计

嘉兴市海盐县武原中学　陈洁

课　型

欣赏课

教　材

人音版教科书《音乐》七年级下册

教学内容

《凯皮拉的小火车》

授课年级

七年级

教材分析

《凯皮拉的小火车》选自人音版教科书《音乐》七年级下册第四单元，是近代巴西最伟大的音乐大师——维拉·罗波斯创作的管弦乐作品。该乐曲音乐素材源于巴西一首民间音乐——《采果人之歌》，它是巴西具有代表性的音乐作品之一。乐曲吸收了巴西民族音乐的要素，运用切分音及巴西的民族乐器（响葫芦、卡巴萨、巴西铃鼓等）以逼真的音响模仿、描绘出火车启动—中途停靠—到达终点的动态场景，表达了农场工人乘车上班时的所思所想。乐曲非洲化的节奏、欧洲化的旋律、色彩化的配器是它的音乐特色。

学情分析

七年级的学生好奇心强，思维想象力强，他们已有一定的音乐感知能力，能判断出不同乐器的音色，知道不同的音乐可以表达不同的情绪，但是，他们对于拉美的音乐风格及特征还缺乏了解。根据学生的年龄特点和学习方式的特点，从兴趣入手，采用声势律动、图形谱等方式帮助学生聆听、体验音乐，促进学生多声部听觉能力的发展。同时引导学生掌握欣赏和表现音乐的方式方法，结合当时的社会文化背景去探寻音乐家是如何巧妙地创作乐曲的,增强学生对音乐的探索欲望。

教学目标

1.乐于参与聆听、体验等探究活动,能感受管弦乐中丰富的音色变化及作品所表现的意境和塑造的音乐形象。

2.能在听、唱、动中感受乐曲主题的节奏、旋律特点,进一步体验旋律的情感色彩与创作之间的联系。

3.通过对作品创作特色的认识,加深对巴西乃至拉美音乐风格的把握,引导学生对多元音乐文化的尊重。

教学重点

能够听辨、哼唱乐曲主题,感受乐曲配器特点,进而探究乐曲创作特色,加深对拉美音乐风格的认识和理解。

教学难点

在音乐要素的提炼中,能够从节奏、旋律、配器中感受音乐特色。

教学过程

一、节奏导入,感受风格

【活动目标】声势体验,探究作品节奏风格。

1.在声势中听辨节奏

学生根据教师拍击的鼓点节奏,初步尝试在身体上模仿拍击典型节奏。

2.在节奏中感受风格

将学生分成A、B两组,A组拍打典型节奏,B组进行节奏叠加,加入恒拍和噪音打击乐“wo”,教师在此基础上哼唱主旋律。师生合作,感受非洲化的多声部音乐风格。

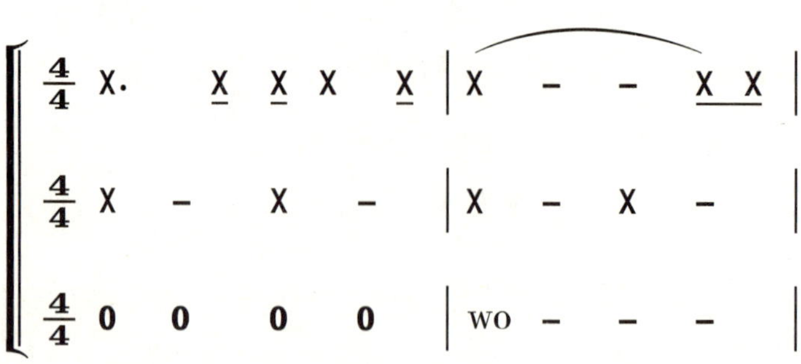

3.在音乐中体验节奏

播放《凯皮拉的小火车》音乐片段,学生在音乐中自主寻找、感受、体验、拍打典型节奏。

【设计意图】师生合作，通过声势动作及肢体语言的表达，感受层层叠加的非洲化多声部音乐风格，一步步深入对音乐要素的感知，为之后的学习做铺垫。

二、体验音乐，把握形象

【活动目标】音效对接，探究乐器音色特点。

1. 初听主题，感受音乐形象

(1)聆听主题，设问：你感受到一种怎样的音乐形象？(火车)

(2)聆听火车音效，设问：那究竟是一列怎样的火车？(古老的蒸汽火车)

探究出蒸汽火车特殊的音效。(蒸汽声、汽笛声、车轮声)

【设计意图】引导学生大胆地发挥想象，结合学生乘坐火车的生活经验，对比探究蒸汽火车的特殊音效。学生的聆听、想象都是有思维参与的，以问题引领思维。

2. 编创火车，感受色彩乐器

从色彩性的乐器入手，引导学生找到蒸汽声(沙筒)、汽笛声(火车笛)、车轮声(卡巴萨)对应的小乐器。模拟火车启动，引出音乐主题。

【设计意图】关注学生体验，通过探索色彩乐器找到对应的火车音效，探索地学、合作地学、交流地学，为后面感受乐曲的配器做好铺垫。

3. 复听主题，感受配器特点

【活动目标】听动体验，探究作品配器特点。

(1)聆听主题，听辨演奏形式

设问：你听出是什么乐队演奏的？(管弦乐队)管弦乐队由哪些乐器组组成？(弦乐组、管乐组、打击乐器组)

(2)分层聆听，探究配器特点

A. 借助图形谱，寻找铜管乐器演奏的声部。

设问：铜管的音色在这里充当什么角色？(金属的质感，表现出车轮滚动中顿挫的真实感)

B. 用双手滚动的动作表现铜管乐演奏的部分。

C. 出示三条动态的图形谱，纵向感受配器特色——弦乐组演奏主旋律，打击乐器组伴随始终，管乐组在每个乐句结尾处点缀。

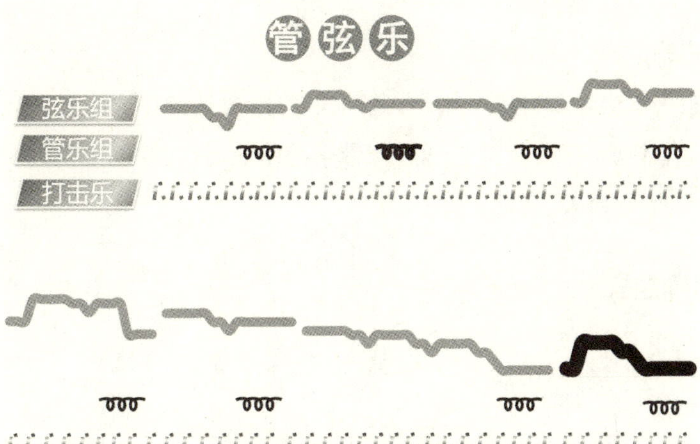

(3)共同演绎

全班一起参与到管弦乐队的演奏中来，A组用小沙筒演奏打击乐器部分，B组用动作表现铜管乐器演奏的部分，弦乐交给乐队。

【设计意图】“聆听”是音乐感受与鉴赏的基础和首要途径。通过听辨乐器音色，利用动态图形谱，加入简单动作体验，有助于引导学生深入对不同乐器音色的感知以及对音乐意境的体验，培养学生纵向聆听的思维能力。

三、演唱主题，情感升华

【活动目标】在演唱、演绎中，探究旋律色彩特点。

1.初步哼唱主题

用“lu”哼唱—旋律哼唱—加入碰铃伴奏演唱。

2.探究旋律色彩

设问：旋律带给你一种怎样的感受？(一丝淡淡的忧伤)

3.体验主题旋律中起伏最大的乐句，感受巴西莫丁尼亚民歌的感伤情绪和曲调的抒情特点。

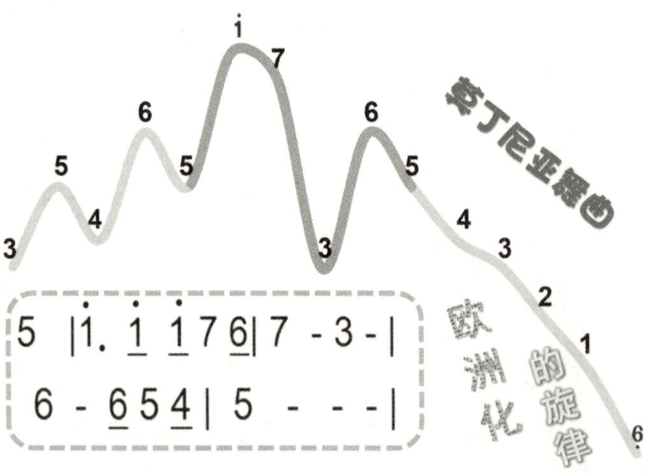

4.揭示课题《凯皮拉的小火车》

凯皮拉人是非洲黑人、高加索人、印第安人的混血，体验凯皮拉人乘坐小火车去往遥远的工厂上班的心情，达到情感的升华。

5.师生合作，演绎主题

乐器组、演唱组模拟火车启动—行驶—到站，共同演绎《凯皮拉的小火车》。

【设计意图】通过演唱、体验，感受旋律高低起伏带来的暗淡忧伤感，探究巴西文化中的音乐，和音乐中的巴西文化，从而更深入地领会作品内涵。

四、完整聆听，明确曲式

【活动目标】完整聆听，探究曲式结构。

1.完整聆听

设问：乐曲中主题出现了几次？(两次)

2. 听辨曲式结构

出示图形谱，火车的行驶轨迹就是乐曲的曲式结构。

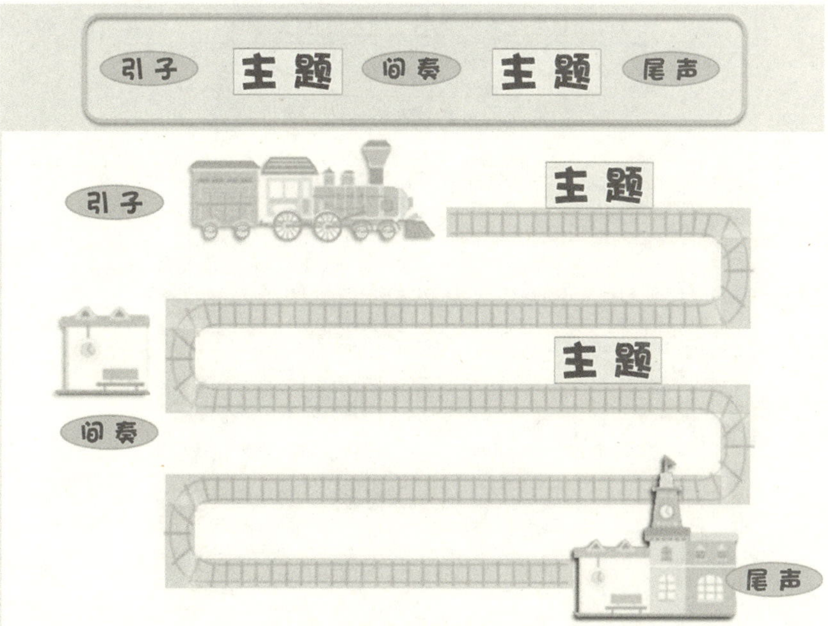

3. 作曲家简介

维拉·罗波斯是20世纪拉丁美洲声名最为显赫的作曲家之一，他被称为“近代巴西最伟大的音乐大师”，他的音乐被视为巴西音乐的象征。

【设计意图】在聆听、演唱、理解音乐主题的基础上整体感知作品，有目的地完整聆听，体会作曲家巧妙的创作构思。

五、拓展探究，走近拉美

【活动目标】拓展探究，体验拉丁美洲歌舞。

(1)师生共同提炼《凯皮拉的小火车》的创作特色——非洲化的节奏、欧洲化的旋律、色彩化的配器。

(2)播放拉美的伦巴、桑巴、探戈等舞曲视频，感受统一而多元的拉美音乐文化。

(3)聆听《化装舞会》片段，进一步感受拉美音乐的风格。

设问：这是拉美哪个国家的什么舞曲风格？(阿根廷的探戈舞曲)

【设计意图】以学习巴西经典音乐作品为主线，感受巴西“混血”的音乐特色，进而体验拉丁美洲多元而统一的音乐文化。

六、总结下课，延续情感

师：拉美的音乐炫彩纷呈，它传承着非洲人的歌舞文化，勾勒出欧洲人的梦想之路，保留着印第安人的音乐特色。这多元而统一的拉美音乐文化等着我们去聆听、去探索、去追寻！

【教学流程图】

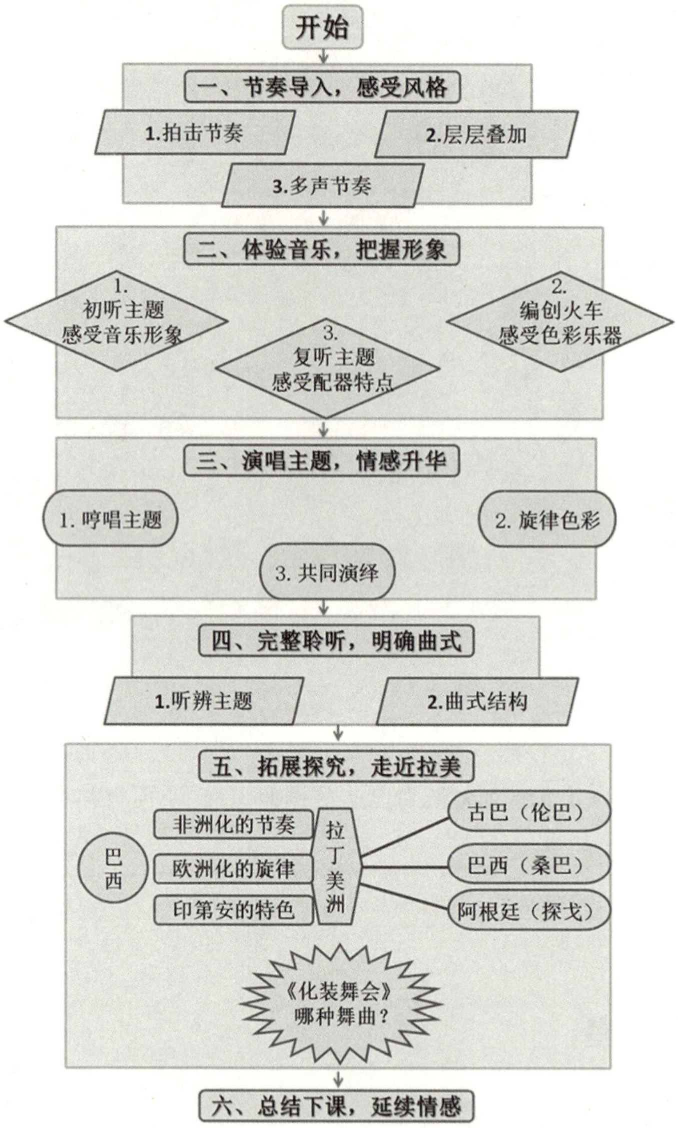

教学反思

1.以作品欣赏为载体，提升音乐感知能力。本课例以《凯皮拉的小火车》为音乐载体，引导学生围绕音乐基本要素，自主合作、探究乐曲特色，不断发展学生对音乐的感知力、理解力、表现力和创造力，进而引导学生感受拉美的音乐文化，促进学生音乐素养的发展。

2.遵循聆听感知规律，培养音乐思维能力。本课例围绕“听到什么—想到什么—悟到什么”这样的音乐聆听感知规律，架构课堂教学模式。例如在学生正确把握古老的蒸汽火车形象的基础上，进行生活经验和艺术形象的对接，从而探究音乐的配器特色、旋律特征，逐步培养学生的音乐思维能力。

3.注重体验、分享，唤起音乐需求。教学中，师生共同参与体验、发现、创造、表现和享受音乐美的过程。教师引导学生整体把握作品的表现形式和情感内涵，感悟音乐之美，唤起学生的音乐兴趣和需求。

4.探究文化中的音乐，感受音乐中的文化。本课例以音乐为主线，以人文为内涵，使教材内容与拉美音乐文化有机地融合在一起，开拓了学生的音乐艺术文化视野，提高了他们的音乐审美能力。

课例29 最浓无锡情——《无锡景》教学设计

宁波市海曙外国语学校 张维萍

课 型

综合课

教 材

人音版教科书《音乐》七年级下册

教学内容

第五单元第一课时《无锡景》

授课年级

七年级

教材分析

《无锡景》是江苏南部一首用吴侬软语演唱的小调体裁的民歌,曲调委婉动听、清丽流畅。除了用吴侬软语演唱这一特点,还有一些语气助词在乐句末的频繁出现,以及旋律装饰音的修饰使得旋律委婉曲折,再加上歌词描绘的苏州美景,让我们感受到了江南水乡的浓情画卷。这首歌的曲调历史悠久,流传较广。在清末时候北方《侉侉调》流传到南方后被填上各种描绘当地风土人情的歌词传唱开来,以这首用吴语演唱的《无锡景》流传最为广泛。全曲由四个乐句组成,起承转合的手法,五声调式的创作,使歌曲一气呵成、琅琅上口。

教学目标

1.学说简单的吴侬软语,消除学生心理障碍,了解吴侬软语的语调特点。

2.通过写谱、识谱、哼唱三者结合的方法感受《无锡景》的曲调特点,使学生熟记旋律同时掌握相关的记谱方法。

3.通过口传心授的方式,让学生用吴侬软语深情哼唱歌曲。

4.通过拓展欣赏了解曲调的悠久历史及对现在的影响,引导学生实践创作,增强传承民族文化的责任意识。

教学重难点

1.让学生能熟记《无锡景》的曲调并能有韵味地哼唱第一段。

2.通过对比聆听此曲调在不同领域中的艺术表现,真正感受到民族音乐文化的精髓,同时增强学生传承民族文化的责任意识。

教学过程

一、导入

1.学生随着音乐进入教室(背景音乐《无锡景》)

2.师生问好

师:刚才同学们进教室的一刹那留意到了媒体播放的这首歌曲吗?它属于我国哪个地方的民歌?你从何处判断出来?

3.引出江苏南部地方语言——吴侬软语

学生跟随老师学说宁波老话,对比与吴侬软语的语调差异("爸爸""妈妈""再会");通过学说方言让学生感受吴侬软语的语调特点(委婉动听,"软"、"嗲")。

4.点题

师:今天就让我们走近《无锡景》,感受这份浓浓的无锡情。

【设计意图】根据中学生的心理和生理特点,着手对此课题的导入进行较为科学合理的设计。初中的学生大部分挺排斥这类小调民歌,尤其是在哼唱环节。究其原因,一是吴侬软语的语调特点使初中生觉得去表现它会比较尴尬,二是这首小调民歌的旋律比较委婉,音域对于男生来说的确有点困难。老师为了突破这两大心理负担,结合民间流传的一句俗话"宁愿与苏州人吵架,也不要跟宁波人讲话",激发学生去通过对比实践宁波老话和吴侬软语,寻找各自的语调特点。轻松幽默接地气的方式拉近了师生之间的距离,同时通过实践让学生亲身感受到了江苏吴语的语调特点,为接下来走近《无锡景》,突破有韵味地哼唱《无锡景》这一难点奠定了坚实的基础。

二、熟悉、学唱《无锡景》

无锡景

1=♭B $\frac{2}{4}$

江苏民歌

中速 抒情地

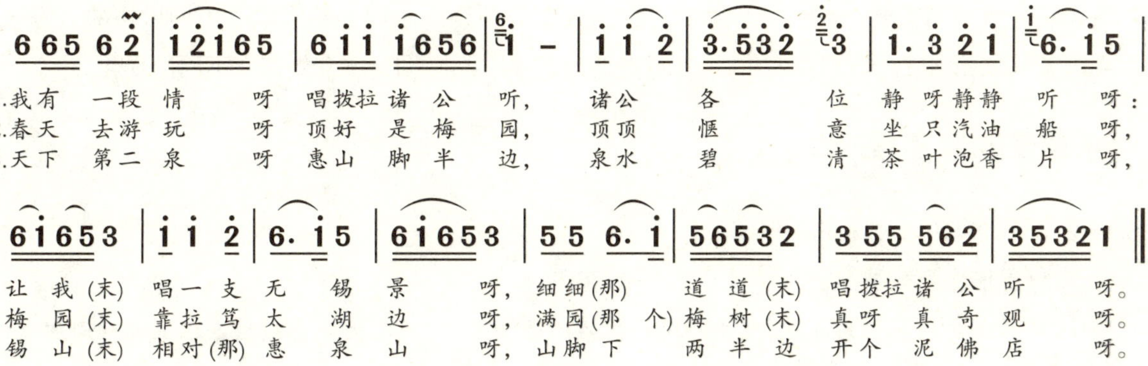

1.完整欣赏歌曲(媒体播放)

师:除了用方言演唱,你还注意到了歌曲的什么特点?(衬词、旋律琅琅上口、形如流水、婉转动听,像唱戏等)

2.师示范哼唱旋律及写谱,学生跟着哼唱及写谱

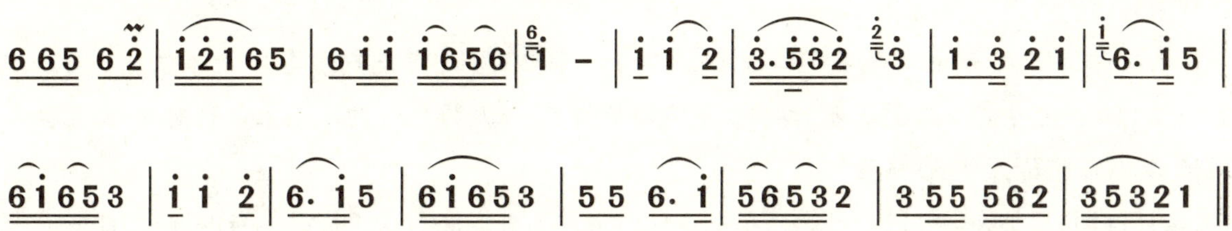

(1)步骤一:分句——完整。

(2)步骤二:师哼唱,请学生对比找出装饰音所在的地方,并能感受其风格特点(方言、地域、人文)。

(3)步骤三:出示谱例,学生完整哼唱(师强调哼唱过程中带有随意性)。

3.运用口传心授的方法让学生用方言学唱歌曲(强调方言在歌曲中的具体表现)

4.跟着伴奏完整哼唱歌曲

【设计意图】这个环节的设计避免了学生机械化的多次哼唱及老师说教式的知识渗透,而是运用了递进式的实践参与方式,让学生能较准确地哼唱出这首小调民歌的韵味,同时还提高了学生的记谱能力及对相关知识的内化能力。比如在哼唱书写中老师刻意按乐句进行实践,让学生在写与唱的结合中自然加深对乐句的感觉,同时还培养、加强了学生的书写能力。再比如第一次书写过程中并没有出现装饰音,写完后老师引导学生找出不同点,让他们通过对比思考感受小调民歌的特性。由于老师先前做了连贯性的铺垫,因此学生的思考不是凭空产生的,而是在老师这些环环相扣的设计中一触即发,为有韵味地哼唱给了一个小小的台阶,为拓展理解民歌曲调受地域和文化的影响这一层面提供了一个更大的思考空间。

三、追溯历史,近一步了解《无锡景》曲调

1.出示媒体,用文字介绍《无锡景》曲调的悠久历史

2.对比聆听北京小曲《探水清河》,感受、思考两种艺术表现形式的异同

3.根据学生思考交流的结果分享进行小结

曲调流传到不同地域,受到不同地域的文化、人文等各种因素的影响形成了不同风格的艺术表现形式。无论是大致相同旋律的细微变化,还是描述的内容、伴奏的乐器、方言等都有不同的变化。

四、感受传承,情感升华

感受《无锡景》曲调对现在的影响。

1.欣赏《唐伯虎点秋香》戏曲版本《三笑姻缘》选段

师小结:作品的曲调更为人熟知,由于这种体裁的曲调郎朗上口,因此会被后人填上各种词加以传唱。

生即兴填词哼唱。

2.欣赏影片《金陵十三钗》中的《秦淮景》片段

师小结:一群手无寸铁的女子在危难时刻用了这种看似柔弱的方式与敌人抗争,但此刻只有用上民族的东西才最能体现她们内心深处强有力的呐喊。

3.情感升华

师生共同表演唱《无锡景》。

师小结:短短几十分钟时间,我们走近了《无锡景》,唱出的不单单是它的美景,更多的是一份浓浓的深情。由于它是一首小调体裁的民歌,再加上地方韵味特点,以及接地气的琅琅上口的旋律,因此被人们广泛地传承,从而流传至今、影响至今。

【设计意图】教师在设计的一开始已经把本课时定位为综合课。由于作品本身的旋律、地方语言等一系列特性,如果按教材安排为歌唱课,单纯的一节歌唱课的目标对变声期的初中学生来说有点高了,因此老师对教材要有一定的选择和整合能力。那么如把这个作品作为一个素材,势必要在这个环节搜集大量与之关联的内容。由于这首曲调流传广泛,影响深远,抓住这个契机在这两个环节设计拓展欣赏,其一对比聆听南北方的两种艺术表现形式,其二了解其在现代影视作品中的频繁运用,让学生真切地感受到民族音乐文化的感染力。

五、分享,拓展

师:在江苏南部一带,类似于《无锡景》这种用吴侬软语演唱的作品还有很多。(出示媒体)你有没有听过《紫竹调》?有没有感受过《拔根芦柴花》?有没有对《杨柳青》似曾相识?还有大家最熟悉的江苏民歌《茉莉花》等,它们代表的是我们璀璨民族音乐文化的一部分。

媒体播放《茉莉花》,结束本堂课。

【设计意图】首尾呼应式的开放性结尾给学生搭建了更广阔的学习空间。带有吴侬软语方言的小调民歌还有很多,从《无锡景》品无锡情,那么还有很多类似这种小调体裁的江苏南部民歌是否也有同工异曲之处呢?留下的是开放性的问题,激发的是学生的热情、探索、实践,让学生用自己的方式去感受这类小调民歌带给他们的美的享受。

教学反思

1. 音乐课堂需要“接地气”，打造有“温度”的课堂需要老师在备课过程中多着眼于学生的实际情况。自以为是的、走马观花式的、跳跃式的教学设计最终只能是闭门造车，让孩子们失去原有的一份天真、热情和对知识的渴求。

2. 音乐课堂需要有“挑战”，课堂提问要精准，问题设计要科学，要针对学生能力的实际情况设计相关的挑战性任务。这些任务必定要是科学、合理的，必定要是环环相扣的，必定要是有价值的，对学生知识的积累与能力的提升能起到关键作用。

3. 音乐课堂需要“静下心”。俗话说内行看门道，外行看热闹，某些热闹场景只是一种表象，往往迷惑了很多年轻教师。音乐需要静下心来聆听，音乐需要深层次多方面的体验感受，音乐需要被内化以形成长期的知识储备，音乐需要有内涵的表达。“静下心”来学习后能力才能获得提升。

课例30 《奥林匹克号角》教学设计

余姚市丈亭镇初级中学 周巧莲

课 型

欣赏课

教 材

人音版教科书《音乐》八年级下册

教学内容

《奥林匹克号角》

授课年级

八年级

教材分析

《奥林匹克号角》是美国作曲家约翰·威廉姆斯为1984年美国洛杉矶奥运会创作的一首管弦乐曲，全曲辉煌、激昂，具有强烈的感召性和感染力。乐曲为复三部曲式结构，含有三个具有对比性的音乐主题。其结构为：A段（主题一：热情活跃主题+主题二：歌唱性主题）+B段（主题三：竞争性主题）+A'段（变化再现）。

教学目标

1. 了解作品的创作背景和作者的贡献，初步了解奥运会音乐、复三部曲式等相关音乐知识。

2. 通过欣赏乐曲，熟悉作品的主题旋律，积极参与感受、体验乐曲的音乐情绪及风格特点，想象音乐描绘的意境。体会鼓点节奏，并比较主题的不同。

3. 能积极参与聆听、欣赏和交流活动，愿意探索了解体育盛会题材的音乐作品和相关知识，并能用音乐激励学习和生活。

教学重点

欣赏《奥林匹克号角》，熟悉第一、第二主题和鼓点节奏，用音乐激励学习和生活。

教学难点

感受作曲者在主题设置上的用意，和不同鼓点节奏的安排；并能尝试合作表现。

教学过程

一、引入

1. 教师播放《我和你》歌曲视频，请学生说出"北京奥运会主题歌"。

2. 教师讲解：除了主题歌，奥运会相关音乐有奥运会会歌，即《奥林匹克颂》，1958年被国际奥委会确定为奥运会永久会歌；还有主题音乐、开幕式音乐、闭幕式音乐、颁奖音乐和奥运会歌曲，比如2008年北京奥运会就收录有28首歌曲。（分别点击课件展示）

【设计意图】从学生熟悉的作品入手，激发他们的爱国热情和对奥运会音乐的学习兴趣，并了解奥运会音乐的分类，为下面的学习做准备。

二、新授

1. 介绍作品，引出课题

师：同学们，今天我们要学习的这首乐曲是1984年第23届洛杉矶奥运会开幕式上演奏的一首管弦乐曲，作品大气磅礴、激情澎湃，收录于1984年洛杉矶奥运会和1996年亚特兰大奥运会官方主题音乐专辑，自1984年之后已传遍全世界，成为每届奥运会开幕式、闭幕式和颁奖仪式上都能听到的经典作品。它就是《奥林匹克号角》。

2. 分辨三个不同主题

师：这个作品主要由三个主题组成，初听音乐，大家根据音乐特点分辨出这几个主题，并进行连线。

教师分别点击三个主题的片段，学生边听边思考。

简短讨论后达成共识：主题一、二、三分别对应号角性主题、歌唱性主题和竞争性主题。

【设计意图】自然过渡到开幕式音乐，介绍作品，大概了解作品特点。分辨三个主题旋律，让学生具备一定的分辨能力，为主题学习和全曲聆听做准备。

3. 欣赏主题一

(1)师：看谱欣赏一遍，想一想为什么称为号角性主题？

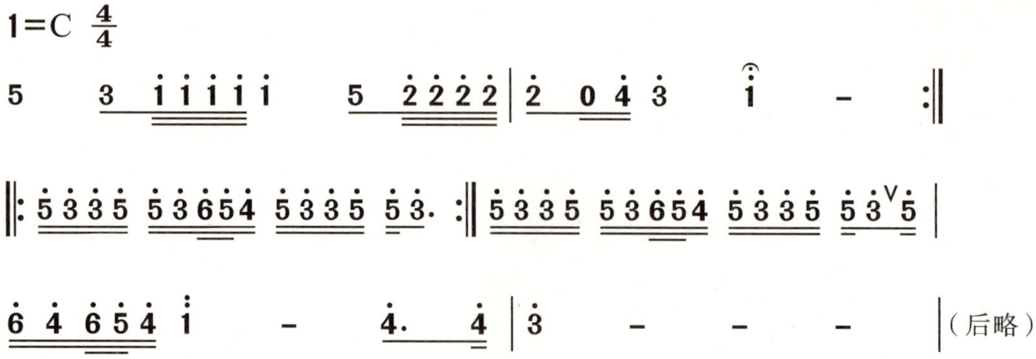

生讨论得出：因为前面两小节出现简短而辉煌的音乐，如同开幕式号角吹响。

（2）师：再听一次，号角声由什么乐器演奏？音乐带给你怎样的情绪？大家注意谱子中的反复记号。

生讨论得出：由小号吹奏，音乐带给我们雄壮激昂、隆重热烈的情绪。

（3）把号角性主题分为两个部分，先听第一部分。

请学生思考旋律进行的特点和节奏的特点。

师：我们来看它的旋律进行——旋律呈现跳跃式进行。（边点击谱例中的音符边解说）再看第一部分的节奏，最紧凑的是三十二分音符，最宽松的是二分音符，采用疏密相间的节奏写成。

再听一次，加深对开始部分音乐的印象。

（4）听号角性主题的第二部分。

节奏上出现先紧后松的安排，前面部分的旋律围绕着 $\dot{5}$ 来进行，节奏紧凑带来紧迫感，表达期待的心情；后面出现最高音 $\ddot{1}$ 之后旋律下行，彷佛宣告大幕拉开。鼓的加入增添了主题的庄严和辉煌的感觉。

（5）完整感受第一主题，再次体会以上特点。

【设计意图】从分析旋律入手，看懂乐谱，分辨音色，分析节奏和旋律进行，采用多种手段让学生感受、想象音乐意境，提高鉴赏水平。

4.欣赏主题二

（1）请学生对照着乐谱，边听音乐，边哼唱乐谱两遍。

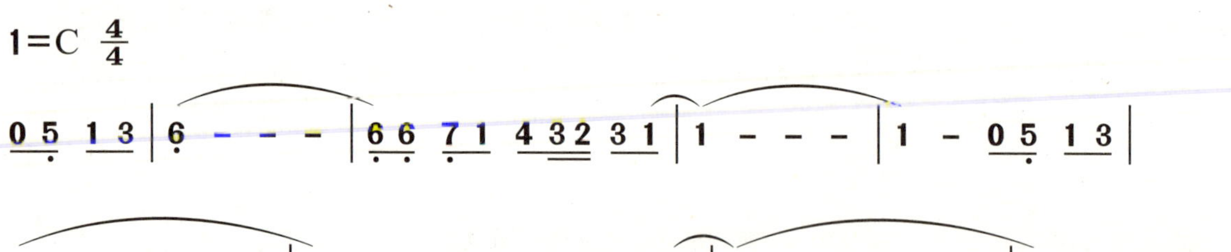

这个主题分为两个小乐句，弱起节奏，让学生初步感受旋律悠长宽广的特点。

（2）欣赏，思考：主题二表达了什么情绪？由什么乐器演奏？

师生讨论。（流动、宽广的气息；由圆号演奏）

（3）再听，思考：还能听到熟悉的其他旋律吗？有何用意？

师生讨论后得出：听到旋律中不时加入了号角性主题跳跃激动的短句。这样主题二原本深沉、悠长的旋律与偶尔加入的短旋律间就有了“对话式”的效果，就像是人类最崇高的两种精神进行着“和平与竞争”

的对话，也表现了运动员拼搏竞争的体育精神。

(4)听出鼓点节奏，试着打一打。

指定一学生尝试用小军鼓打出节奏。

(5)师生合作。

一位学生击打鼓点，一组学生哼唱第二主题，另一组学生加入号角性主题。

师生之间模拟，通过组与组的配合，感受“对话式”音乐。

【设计意图】直接从哼唱开始，熟悉旋律，感受与第一主题的不同；再聆听音乐，分析音色、节奏、情绪的不同；再感受第一主题的加入及鼓点节奏的效果。通过师生、生生配合，让学生参与音乐和体验，加深印象。

5.完整聆听全曲，关注主题出现的顺序及鼓点的变化

出示三个主题的谱例。

(1)边听边在黑板上写出主题顺序，和学生同步。

当出现主题三时，出示提示性话语——鼓点节奏，音色，音区，“卡农”。配合幻灯片出示乐谱和文字。

(2)请学生说出主题出现的顺序。(并能说出第三部分的音乐更加激昂热情)

介绍曲式结构——复三部曲式。

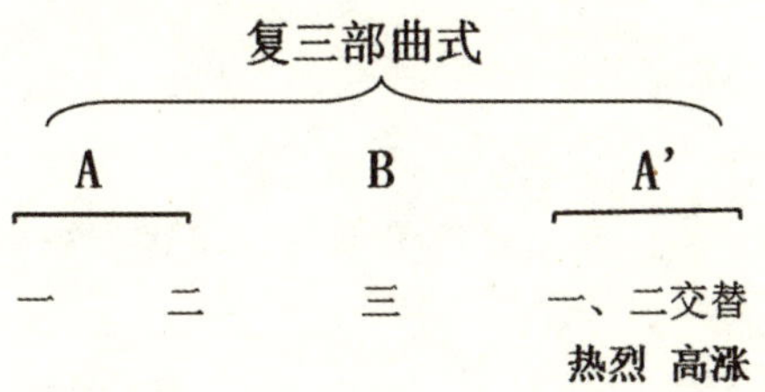

(3)略听再现部的第二主题，感受速度和力度。

师：我们来看变化再现的第三部分，音乐显得更加热烈，表现人们越发高涨的情绪。在短暂的主题一之后，原来宽广抒情的主题二，力度不断增强，表现力极其丰富。我们来听听最后部分中的主题二。(点击播放片段)最后，音乐在高潮性的主题一再现中结束全曲。这似乎表达了人们期待英雄诞生的急切心情，以及对向着人类极限不断挑战、不断取得辉煌成绩的奥运健儿的颂扬，也是对伟大奥运精神的歌颂。

(4)观察不同鼓点的节奏，根据旋律的特点各有不同。

请一位学生上台试着在大鼓上打出以下节奏。

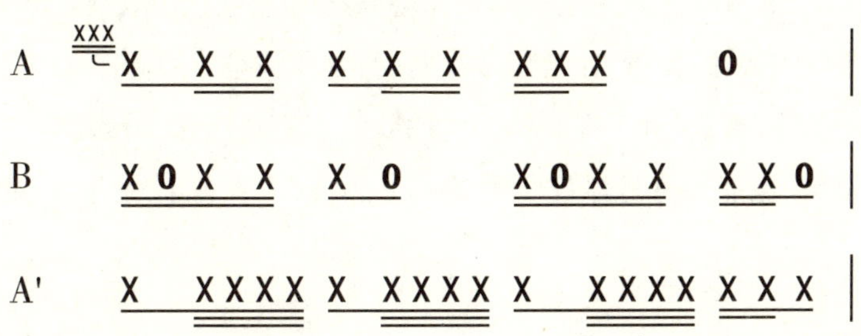

全曲呈现出力度越来越强、节奏越来越紧凑、情绪越来越热烈的特点。

【设计意图】完整聆听音乐，关注主题的顺序和鼓点的变化，让学生既对全曲有印象，也能分析同一主题出现时为何情绪不同，音乐要素起到了怎样的重要作用，以及鼓点节奏怎样随着乐段的变化而变化。了解曲式结构，欣赏现场演奏，都有助于让学生加深对这首乐曲的体验。

6.欣赏乐队现场演奏

师:现在就让我们带着对这个作品较深入的理解,一起来欣赏乐队的现场演奏。

欣赏结束后,小结作品:三个主题,三个乐段,三种鼓点节奏。

三、拓展,介绍作者

师:我们来了解下这首乐曲的作者。约翰·威廉姆斯,1932年出生于美国纽约,是著名的钢琴家、指挥家、作曲家。截至2014年2月,约翰·威廉姆斯共获得49次奥斯卡奖提名、5次获奖,18次格莱美奖提名,4次金球奖,7项英国电影学院奖。他曾为90多部电影创作音乐,被誉为“好莱坞电影配乐大师”,代表作品有《辛德勒的名单》《拯救大兵瑞恩》等,我们可以回顾下这些音乐。(播放片段)

约翰·威廉姆斯不仅为电影音乐做出了巨大贡献,他还曾为四届奥运会谱曲,分别是1984年(两首)、1988年、1996年、2000年,为奥林匹克运动的宣传和发展发挥了重要作用,被授予“奥林匹克奖”。我们今天学习的《奥林匹克号角》是为1984年奥运会创作的,(出示PPT)而1984年是新中国第一次参加奥运会,我国代表团一举夺得15金8银9铜的好成绩。

【设计意图】了解作者生平,让学生以崇敬感恩的心去聆听大师的作品。了解1984年奥运会对于中国人的重大意义。

四、小结

师:今天,就让我们记住这首作品,并能以此记住1984年奥运会。希望大家能多关注奥运音乐,以奥运精神鼓舞自己勇攀学习和人生高峰!

【设计意图】用音乐激励生活。

教学反思

本课的设计从熟悉的作品入手,以聆听为主,加以细致的分析,积极鼓励、引导学生参与体验,并熟悉作品的结构和音乐风格,了解作者的音乐贡献。三个主题的学习详略得当,以欣赏、学习前两个主题为主。重点学习号角性主题,通过多次熟悉谱例,让学生体会其旋律、节奏的特点。歌唱性主题的学习则加入对鼓点节奏的了解,并鼓励学生勇于上台尝试击打出节奏。主题三则在完整欣赏时带过。在欣赏教学中,学生往往对于谱例存有畏难情绪,笔者通过形象细致的分析,让学生多次聆听,与乐谱建立良好亲切的关系。完整欣赏作品时,能根据提供的乐谱明确乐曲结构,这对于提升初中生的欣赏水平是有很大帮助的。了解作曲家的贡献以及体育音乐带给人类的影响,也能很好地激发学生的学习热情,培养他们对生活、对学习积极向上的态度。

课例31 《第九(自新大陆)交响曲》(第二乐章)教学设计

宁波市奉化区城北中学 张蕾

课 型

欣赏课

教 材

人音版教科书《音乐》九年级上册

教学内容

欣赏《第九(自新大陆)交响曲》第二乐章

授课年级

九年级

教材分析

本课选自人音版教科书《音乐》九年级上册第四单元。《第九(自新大陆)交响曲》是一部经典的交响曲,作品共有四个乐章,而第二乐章最为人熟知,也是最感人的,被誉为“一切交响乐慢板乐章中最动人的一个”。整个乐章为慢板,是带有引子的复三部曲式。本课将通过欣赏《第九(自新大陆)交响曲》第二乐章,使学生体会作者思念祖国的深切感情,并引导学生从旋律、音色、节奏、曲式等音乐要素的角度感受、分析、理解作品,从而增强学生的审美能力,提高学生音乐艺术的审美品位和修养。

教学目标

1.让学生感受《第九(自新大陆)交响曲》第二乐章中深情、伤感的音乐风格,领会德沃夏克音乐作品中所表达的作者对家乡的思念与眷恋之情。

2.引导学生用心灵感受音乐,引起共鸣与联想,能把乐曲思念、忧伤、压抑、冥想的情感,通过各种形式

（包括形体、动作、语言、音色、乐器等）表现出来。

3. 能让学生深情地哼唱、背唱主题a旋律，并在掌握乐曲的配器知识和曲式结构的同时，体会作品“思念与呼唤的共鸣—痛苦与欢愉的纠结—思念与惆怅的回归”的情感变化。

教学重点

通过对作品的分析和聆听，把乐曲中的思念、忧伤、压抑、冥想的情感，通过各种形式（包括形体、动作、语言、音色、乐器等）表现出来。

教学难点

引导学生从旋律、音色、节奏、曲式等音乐要素的角度感受、分析、理解作品，从而增强学生的审美能力，提高学生音乐艺术的审美品位和修养。

教学过程

步骤	教师活动	学生活动	设计意图
导入	1. 课间播放英文版《念故乡》 2. 直接引出课题	体验“思念、悲惨、凄切”	营造音乐气氛，为领会作品情绪做好铺垫。
创作背景及作者	1. 介绍德沃夏克 2. 介绍作品背景：离乡原因 3. 作品来历：来美国后第一部作品，首演时第二乐章被重新演奏了一遍，被誉为“一切交响乐慢板乐章中最动人的一个”。	1. 了解德沃夏克生平及作品的创作背景 2. 明确第二乐章的地位和意义	引导学生从作品以及作者生平事迹中了解作品的内涵，激发学生聆听、探究作品的渴望。
引子	1. 和着音响模唱（呜咽地） 2. 展开主题：音乐在这种情绪中将怎么样发展呢？作者想表达什么？分辨是何类乐器，在哪个音区，奏出了几个和弦？表现了何种情绪？烘托了何种气氛？（管乐器在低音区奏出了七个和弦，表现了低沉、忧郁的情绪，烘托了故事悲惨、不幸、凄切的气氛）	1. 模唱：感受音响情绪 2. 图形谱：与教师一起划图形谱感受音乐 3. 意会音乐的基调将会是暗淡的、伤感的。	通过图形谱的引导和辅助，帮助学生模唱准确音响。同时，在模唱中感受音乐的情绪，并在情绪“主线”中自然过渡到主题欣赏。
主题a	1. 聆听谈感受：思念、凄凉、凄美（英国管音色单一、暗淡；中音区，速度中等；附点音符有哭泣的效果——海华沙的思念折射出作者对家乡的思念） 2. 吟唱主题：注意情绪的控制 3. 第二遍播放：旋律创作手法特点——分析严格重复以及首尾呼应等音乐要素。（有利于情感的宣泄：师用反复性语言描述并表达情绪）	1. 学生聆听并回答：作者通过音乐想表达什么？ 2. 与教师同唱主题a 3. 在教师引导下回答旋律特点与情绪之间的内在联系，用哼唱主题来宣泄自己痛苦、郁闷的情绪。	师生共同探讨音乐主题表达和塑造的音乐形象，从而在有意识、有目的的哼唱中使学生的情感得到熏陶和升华，提高学生对音乐的感悟。

续表

步骤	教师活动	学生活动	设计意图
主题b	1.问:b主题和a主题情绪一样吗?(基本一致,稍加激动;重复式的模进下行旋律制造出碰撞的、情绪激动的气氛) 2.分析音乐情绪的变化发展	1.体验后回答:音区变化——高音区;后半部分速度逐渐加快,情绪越来越激动;重复式的下行模进等。 2.对比聆听	体验音乐情绪发生的变化与音乐要素之间的关系,以及塑造的音乐形象与作者心灵的融合。
主题c	1.问:音乐表现了怎样的情绪?(悲痛、叹息,森林中的葬礼) 2.分析调式调性变化、力度、三连音、五连音、切分音符(由呻吟转为呐喊与呼唤,表现活着的人对生活充满渴求与希望)	体会调式调性变化、三连音、五连音、切分音符——由呻吟转为呐喊与呼唤。	以"情绪深化"作为主线,让学生从音乐中感受到作品丰富的情感交融,以情感人,以情带动学生进一步产生了解作品的愿望。
主题d+连接部	1.对比c主题聆听明朗、优美的d主题(旋律平稳,节奏舒展,前倚音回忆性地描绘了明媚的田园色彩) 2.引导学生聆听连接部(跳跃的旋律仿佛一下使作者从记忆中惊醒回到现实,更落得忧郁、寂寥)	思考:对比主题c,从节奏、旋律、调式、情绪等要素出发体会作者的心路历程。	通过对比性聆听,让学生感受个性鲜明的音乐形象,体验强烈的听觉冲击,从而在感悟中获得升华。
完整欣赏	1.提出要求:注意交响乐队的编制,各主题主要用何种乐器演奏;记录乐曲的结构(各段的演奏顺序);感受乐曲表达的情感。 2.请学生汇报自己记录的乐曲结构。 3.和学生讨论乐曲表达了作者的何种情感,鼓励学生描述自己的感受。	完成欣赏知识与技能的思考题:忧郁的(管乐),思念的(英国管),稍激动的(弦乐),深切悲痛的(长笛和双簧管),明朗的(单簧管、长笛及双簧管),忧郁思念的(英国管、弦乐)	结合前面的学习,进一步巩固知识与技能,提高学生音乐鉴赏的素养和能力,并在具体的作品中使自己的情感得到升华。
小结	1.揭示作品的曲式结构——复三部曲式 2.揭题,德沃夏克的心路历程:思念与呼唤的共鸣—痛苦与欢愉的纠结—思念与惆怅的回归	表达聆听乐曲后的感受:每个人只有一个祖国,正如每个人只有一个母亲一样。	感悟音乐,提升立意。

教学反思

音乐是听觉的艺术,但笔者认为她更是情感的艺术。音乐欣赏课堂中,教师充分地利用音乐要素的分析来帮助学生聆听音乐,却往往忽略了音乐形象的挖掘以及音乐所要表达并传递的情感体验。这恰恰是音乐欣赏的根本!无论教师把作品中的音乐要素分析得多么深入与到位,若不去引导学生理解音乐要素所刻画的音乐形象从而获得音乐审美体验,这还能称之为"音乐欣赏"吗?因此,在欣赏课堂中引导学生实现音乐欣赏的"通感审美效应",从而达到音乐欣赏的目的,这是笔者设计这堂课的主要目的。

《第九(自新大陆)交响曲》选自人音版教科书《音乐》九年级上册第四单元《经典交响》。作品共有四个乐章,而第二乐章最为人熟知,也是最感人的。整个乐章为慢板,是带有引子的复三部曲式。在本堂课中,笔者引导学生用心灵感受音乐,引起共鸣与联想,通过各种形式(包括形体、动作、语言、音色、乐器等)把乐曲思念、忧伤、压抑、冥想的情感表现出来。同时,通过让学生深情地哼唱、背唱主题a旋律以及掌握乐曲的配器知识、曲式结构,最终完成对作品"思念与呼唤的共鸣—痛苦与欢愉的纠结—思念与惆怅的回归"这一情感变化的审美体验,实现"通感审美效应",从而达到本堂课音乐欣赏教学的目的。

课例32 《曲苑寻珍》教学设计

宁波市海曙区雅戈尔中学 施晓燕

课 型

欣赏课

教 材

人音版教科书《音乐》九年级上册第五单元《曲苑寻珍》

教学内容

苏州弹词《蝶恋花·答李淑一》,京韵大鼓《丑末寅初》

授课年级

九年级

教材分析

《曲苑寻珍》这一单元的教学内容是曲艺音乐,《前门情思大碗茶》是一首具有浓郁的老北京风格的现代歌曲;《蝶恋花·答李淑一》是南方地区最为流行的苏州弹词新编唱段,是弹词开篇的优秀作品之一;《丑末寅初》这个唱段是北方地区流传最广的京韵大鼓传统唱段。本课时以苏州弹词和京韵大鼓的经典唱段为主要内容进行展开,让学生逐步了解两种经典曲艺的表现形式和艺术特色。

教学目标

1. 通过欣赏几种曲艺的片段,能对我国的曲艺音乐产生兴趣,乐于了解其历史发展、表现形式和艺术特色。

2. 欣赏《蝶恋花·答李淑一》,感受苏州弹词细腻委婉的音乐风格及歌曲所抒发的革命者的浪漫主义情怀和宽广博大胸怀。

3.欣赏《丑末寅初》片段,体会京韵大鼓依字行腔的演唱特点,感受体验京韵大鼓的曲调风格及唱词的“雅俗”之美。

4.体会苏州弹词和京韵大鼓的演唱形式、唱腔音乐等,能够区分苏州弹词和京韵大鼓两种曲艺形式。

教学重点

了解曲艺的特点,感受苏州弹词和京韵大鼓的艺术特色。

教学难点

感受《蝶恋花·答李淑一》与《丑末寅初》的音乐,分别学唱几句,感受两种曲艺音乐的韵味。

教学过程

一、导入

教师用天津快板向学生问候,引出曲艺。

【设计意图】激发兴趣,调动学生的积极性,拉近师生的关系,并引出曲艺。

二、欣赏教学

1.出示课题及曲艺音乐的概念

(1)师:曲艺究竟是一种怎样的艺术呢?今天就让我们走进曲苑一起去了解一下这瑰丽多姿的曲艺音乐。(在《曲苑杂坛》的主题曲中出示各种曲艺表演图片)

教师唱“评书、相声、说唱艺术”。

(2)出示曲艺概念。

曲艺音乐又叫说唱音乐,主要是通过“说”和“唱”相结合的艺术手法来表现人物形象和叙述故事情节。

2.曲艺的种类

(1)请学生说说类似天津快板的曲种还有哪些。(相声、评书、评话、快板等)

师:它们有一个共同的特点,就是以“说”为主要的艺术表现手段,这种类型被归为“板诵类”。

(2)介绍曲艺种类。

师简单介绍:除了板诵类之外,大多曲艺具有说唱结合的特点。(出示其他种类)

【设计意图】让学生大致了解曲艺的不同种类——鼓曲类、弹词类、琴书类、渔鼓(道情)类、牌子曲类、杂曲类、走唱类及板诵类等。

3.欣赏苏州弹词

(1)听一段苏州话,让学生猜猜是哪个地方的方言。

【设计意图】感受苏州方言的特有魅力,让学生知道除了音乐外,语言也是区分不同曲种的重要标志。

(2)教师自弹三弦,用苏州语音唱《蝶恋花·答李淑一》片段。

设问:这是哪个曲种?有何特点?

学生自由回答,可以从伴奏乐器、语音特点、演唱风格等方面来分析,初步说出苏州弹词的特点。

师归纳:柔软的吴语、优美的音乐、曲折婉转的唱腔形成了这一南方曲艺的代表曲种——苏州弹词。表演时演员自弹三弦或琵琶,演唱与伴奏如影随形,通过说、噱、弹、唱来叙述故事。这种形式的曲种归为“弹词类”,距今已有四百多年的历史。

(3)介绍《蝶恋花·答李淑一》的创作背景。

引导学生体会词中所抒发的革命者的浪漫主义情怀和宽广博大胸怀。

(4)学生学唱一句《蝶恋花·答李淑一》的音乐,体验唱腔的韵味。

【设计意图】通过演唱让学生感受唱腔与方言的融合,深入体验苏州弹词的韵味,进一步了解苏州弹词秀丽委婉的特点。

4.欣赏京韵大鼓

(1)聆听《丑末寅初》片段

A.请学生分辨有哪些伴奏乐器。(鼓、板、三弦、四胡为主)

师:演员自己打鼓击板,掌握节奏和速度,这一类曲种我们归为“鼓曲类”。

B.请学生分辨是哪个地方的语音。(北京语音,屏幕出示京韵大鼓)

【设计意图】初步体验京韵大鼓音乐,了解京韵大鼓的伴奏乐器及语音特点,并知道京韵大鼓为鼓曲类曲艺。

(2)介绍京韵大鼓的发展历史

师:“京韵大鼓”最初是由“木板大鼓”发展而来,清朝时流行于河北河间府一带,贫苦农民农闲时在乡村庙会打板击鼓说说唱唱,以求得微薄的生活来源。清末民初,有艺人陆续进京,之后“鼓王”刘宝全等艺人把河北口音改为北京口音,并吸收融合了“京戏唱腔”“梆子腔”等艺术成分,逐渐形成了风格新颖独特的曲艺曲种,成为我国北方具有代表性的说唱艺术,至今已有一百多年的历史。

(3)介绍京韵大鼓表演艺术家骆玉笙

师:说到京韵大鼓的发展,我们不得不提一位表演艺术家,她叫骆玉笙,艺名“小彩舞”。她9岁学唱京剧老生的唱腔,17岁改学京韵大鼓,学唱“刘派”大鼓曲目,同时把京剧老生唱法中的颤音唱法融入其中,加强了唱腔的旋律性,形成了独具一格的“骆派”,被誉为“金嗓歌王”,主要代表曲目有《丑末寅初》《剑阁闻铃》《子期听琴》《重整河山待后生》等。

(4)欣赏骆玉笙演唱的《丑末寅初》视频片段

师:丑末寅初是指凌晨三时左右,全曲分九段,生动形象地描绘了丑末寅初时我国古代人民的生活情景,赞美了中国人民勤劳善良的美德,为我们呈现出一幅古朴鲜活的画卷。

(5)分析《丑末寅初》第一段,引导学生感受唱词之美

师:《丑末寅初》各段唱腔自成起落。作为艺术珍品,它的创作手法独具魅力,均为上句起腔,下接一连串的垛句,末句落腔,形成“起—平—落”的结构。

丑末寅初(片段)

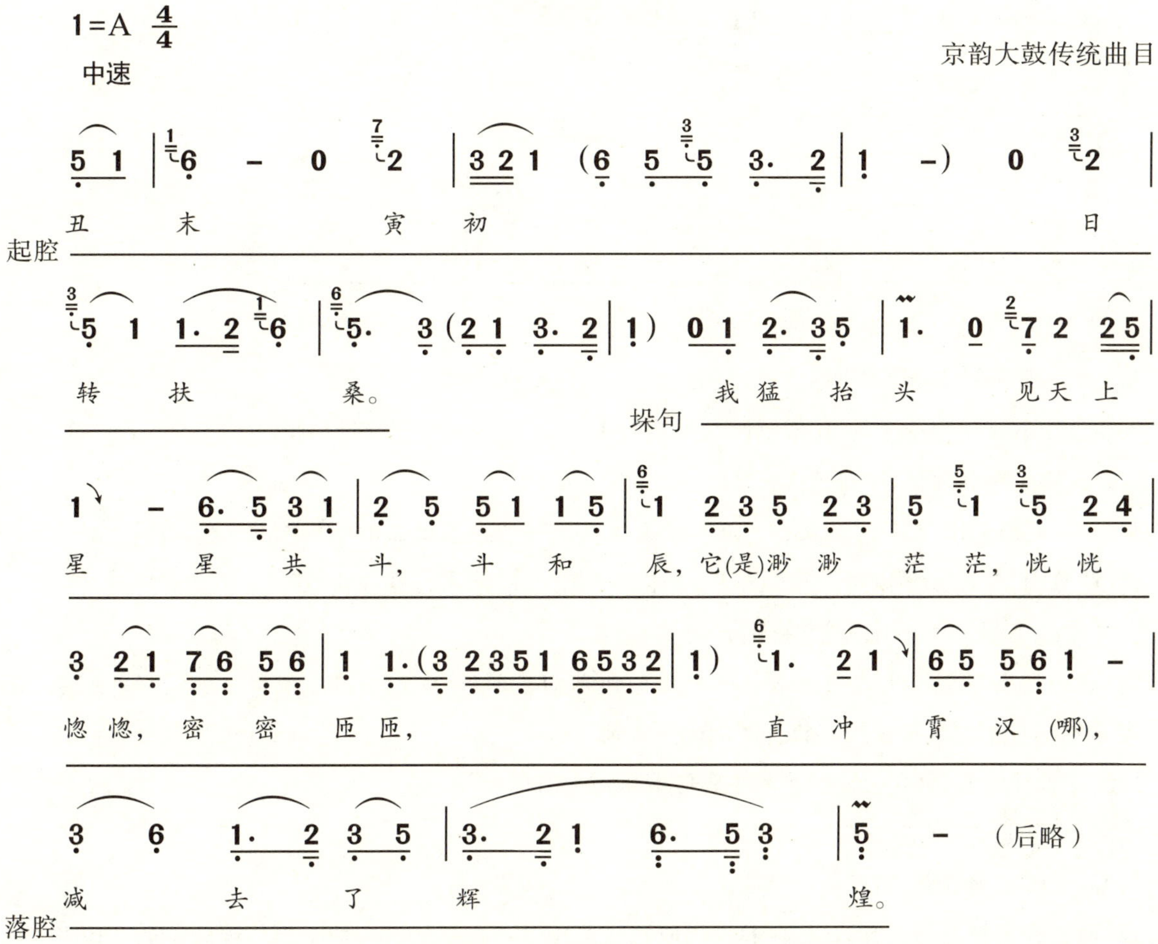

师：何为“垛句”？曲艺中为了描绘事物，通过说书人抑扬顿挫的语气非常流畅地咏诵出来的句子，用以烘托气氛、感染听众，通常会运用顶真、叠字、排比等修辞手法，平添文雅之气，正所谓“文人听之不觉粗俗，百姓听之不觉高深”。

丑末寅初(片段)

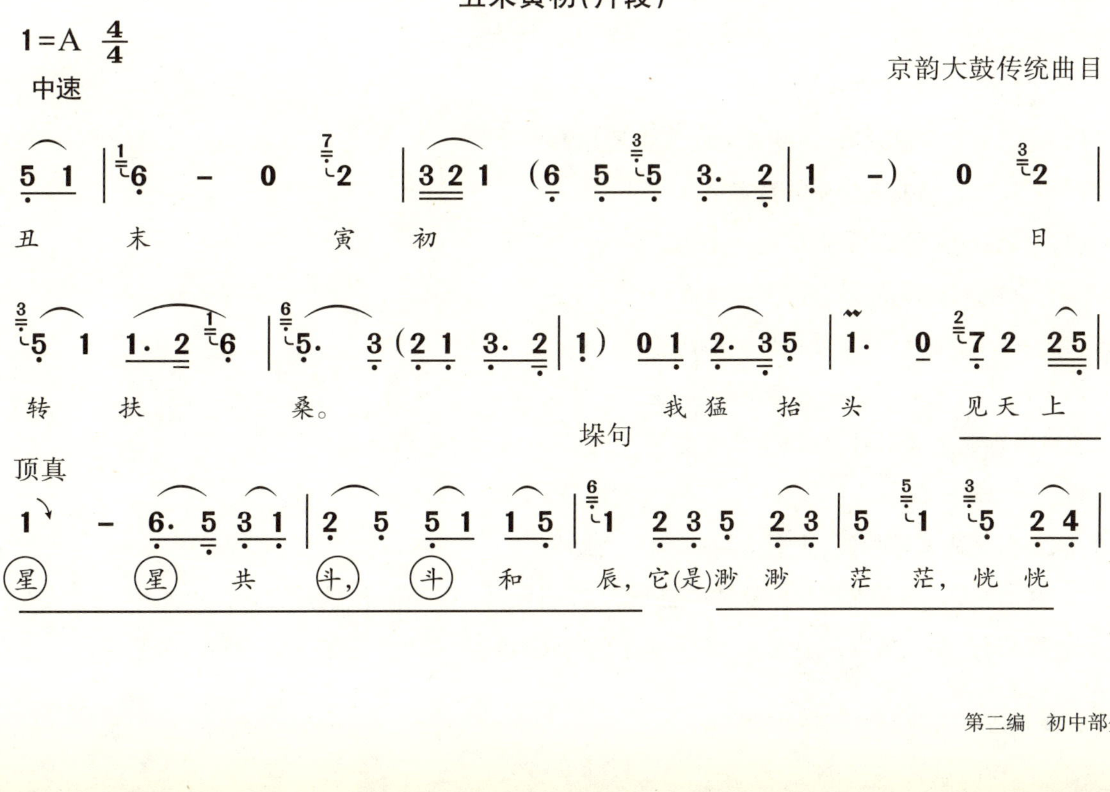

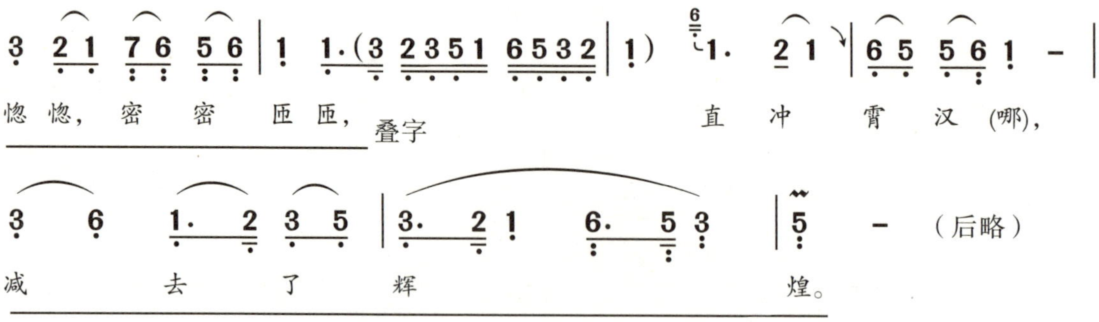

(6)学生学唱《丑末寅初》，感受唱腔之美

A.先念一下歌词，感受北京语音的声调。

B.学生跟教师学唱第一句，比较唱腔与唱词的关系。

C.让学生了解板腔体，跟着拍板去演唱。

师：京韵大鼓的唱腔属于“板腔体”，在一个基本曲调唱腔的基础上加以板眼的变化。

【设计意图】通过“念”和“唱”的实践活动，体验京韵大鼓“依字行腔”的特点。

5.师生小结苏州弹词与京韵大鼓的异同

师：我们欣赏了我国南北两地最具代表性的两种曲艺曲种，它们同属板腔体，又各具特色，在2006、2008年分别被批准列入国家级非物质文化遗产名录。

比较二者在唱腔风格、表演形式和主要伴奏乐器上有何异同。

6.曲艺音乐的发展史

(1)展示图片，教师介绍

师：曲艺音乐历史悠久，远在战国和汉代就已经出现了用散文(说)和韵文(唱)相结合的文体形式。到了宋元时期，随着当时社会的繁荣，说唱艺术得到很大的发展。明清以来有了更多的曲种。新中国成立后，说唱艺术有了一个统一而稳定的名称——曲艺，发展至今已有三百多个曲种。

(2)说说家门口的曲艺

师：我们宁波就有宁波走书、四明南词、宁波评话、三北小锣书等曲种。

【设计意图】通过介绍，让学生了解我国曲艺艺术的悠久历史，从而产生民族自豪感。

7.师生共同总结曲艺音乐的特点

(1)欣赏绍兴莲花落片段，边欣赏边思考曲艺音乐的特点。

(2)师生共同总结曲艺音乐的特点：

A.说、唱结合进行表演和叙事；

B.说唱语言因地而异，具有浓郁的地方特色；

C.表演者一般自执乐器，分担伴奏的任务；

D.演出形式简便灵活，“一人多角”；

E.曲目内容贴近老百姓，反映生活现实。

8.听一听，辨一辨

(1)欣赏东北二人转片段，让学生判断是什么曲种。

(2)欣赏曲艺联唱《丑末寅初》，分辨京韵大鼓、苏州弹词、河南坠子、铁片大鼓四个曲种。

【设计意图】让学生根据演唱形式、音乐特点、伴奏乐器、方言语音等来区分不同的曲艺品种。

三、延伸拓展

师：随着历史的演变、时代的发展，有些曲艺曲种得以留传下来，但有些曲种却渐渐没落。“只有民族的，才是世界的”，老师觉得只有属于民族的最优秀的艺术形式，才能走向世界。我们要取其精华去其糟粕，唯有不断创新，才能让曲艺艺术得以发展。近年来也有许多作曲家，巧妙地吸收了曲艺音乐的曲调去创作一些歌曲，如《茶馆小调》《前门情思大碗茶》《重整河山待后生》等，深受听众的喜爱。最后让我们一起在《前门情思大碗茶》这首歌曲中结束今天的这堂课。

教学反思

曲艺是民族艺术中的瑰宝，可谓曲种众多，各具特色。但同戏曲、民间歌曲等民族音乐一样，因受新形式音乐的冲击，这种曾经广为流传的大众艺术如今被冷落、被淡忘。尤其是处于中小学阶段的学生，很少接触曲艺艺术，对曲艺的相关知识知之甚少，更谈不上喜欢。基于学生的这种情况，笔者在本课中，力求让学生了解和学习这种古老而优秀的民族艺术，感受其具有的文化价值和审美价值。

本节课最初是为参加宁波市优质课比赛而设计的，从最初的呈现到市优质课比赛，再到如今的这份设计稿，是在不断的磨课中一改再改，逐步得到提升的。在一个课时的教学中，要让学生在短时间内喜欢上曲艺音乐确实很难。首先笔者得修炼自己，曲艺音乐对笔者来说也是陌生的艺术，那段时间笔者每天听苏州弹词和京韵大鼓，不断模仿，就为了自己的演唱能有那么点韵味。当时宁波市教研员黄伟平老师提了个建议，他说要是在课堂上能用三弦自弹自唱一段苏州弹词，能让学生近距离感受曲艺音乐的魅力，那必定会有更好的效果。于是笔者在网上买了本书，自学了一段三弦弹唱，现在想来可谓是用心良苦。

这堂课的重点难点很明确，如何突破难点？怎样吸引学生的注意力？如何提高学生的兴趣？一个课时里需要高度关注学生学习音乐的有效性。要营造宽松和谐的课堂环境，导入环节至关重要，导入吸引住了学生，下面教学内容的完成就会顺利许多。这一环节笔者设计用天津快板向同学问候，“竹板儿这么一打呀（嗨），别的咱不说（哦），说一说，雅戈尔中学（某个）班（哦），要说（某个）班，那叫真先进（哇），上课举手抢发言，那是个个都争先（哦）……”并且要求学生一起来配合完成，如此一来马上调动了学生的积极性，同时拉近了师生的距离。

整个教学过程沿着“曲艺音乐的概念—曲艺的种类—曲艺音乐的发展史—曲艺的特点”这样一条主线进行，同时用苏州弹词《蝶恋花·答李淑一》和京韵大鼓《丑末寅初》作为主要的切入口，层层递进，在教与学之间逐一突破难点。教师自弹三弦用苏州语音唱苏州弹词《蝶恋花·答李淑一》片段，让学生觉得很新奇，原本很陌生的曲艺音乐一下拉近了距离，之后跟唱起来就不觉得那么难了，学生也很乐意跟唱。之后体验京韵大鼓《丑末寅初》片段，笔者也是细致分析到每一句每一字，通过“念”和“唱”的实践活动，让学生体验京韵大鼓“依字行腔”的特点。同时为了让学生了解板腔体，教师亲自击打拍板伴奏，学生在拍板的演奏中找到拍点去跟唱就容易很多了……

教学没有最好，只有更好，我们的每一堂课都有无限的可能性。作为一名音乐教师，笔者努力的空间还有很大，精益求精、不断提升是笔者不变的信念。

Chapter 3

第三编　高中部分

课例33　承川剧之精髓　显育人之本位

——以《中国川剧》一课为例的音乐德育案例一则

宁波市奉化区江口中学　曹建明

课　型

音乐鉴赏课

教　材

自行编排

教学内容

中国川剧

授课年级

高一年级

教材分析

川剧，是中国传统戏曲剧种之一，流行于四川中东部、重庆及贵州、云南部分地区。川剧由昆曲、高腔、胡琴、弹戏、灯戏五种声腔组成。清乾隆年间，五种声腔艺术经常同台演出，日久逐渐形成共同的风格，清末时统称"川戏"，后改称"川剧"。川剧分小生、须生、旦、花脸、丑角五个行当，各行当均有自成体系的功法程式，尤以小生、丑角、旦的表演最具特色，在戏剧表现手法、表演技法方面多有卓越创造，能充分体现中国戏曲虚实相生、遗形写意的美学特色。其中川剧高腔曲牌丰富，唱腔美妙动人，最具地方特色，是川剧的主要演唱形式。川剧帮腔为高腔的最大特色，分为领腔、合腔、合唱、伴唱、重唱等方式，意味隽永，引人入胜。川剧语言生动活泼、幽默风趣，充满鲜明的地方色彩、浓郁的生活气息和广泛的群众基础。常见于舞台的剧目就有数百种，唱、做、念、打齐全，妙语幽默连篇，器乐帮腔烘托，"变脸""喷火""水袖"独树一帜。2006年5月20日，川剧经国务院批准列入第一批国家级非物质文化遗产名录。

教学目标

1. 在了解中国川剧的地域分布、五大声腔、传承发展及艺术价值的基础上坚定文化自信，树立学习、弘扬中国传统文化的信念。

2. 由川剧中的变脸、喷火、踢慧眼、水袖等绝技表演领略川剧做工的独特魅力，感受蕴含其中的人文情怀，通过对比、交流、讨论等方法，在提高鉴赏力的同时学会对文化现象作出审视和评价。

3. 在聆听和体验中了解川剧高腔的艺术特点；通过实践，感受川剧念白的语言特色及幽默风趣的艺术风格。

4. 了解川剧的现状，唤起文化保护意识，通过分享当代川剧名家沈铁梅享誉世界和作品《金子》风靡欧洲的案例，增强民族自豪感、自信心，树立民族精神。

教学重点

1. 对川剧中声腔、念白、做工的感受和体验。

2. 了解川剧的发展和创新，坚定文化自信。

教学难点

1. 对川剧高腔的咬字、行腔、韵味的把握。

2. 通过对川剧内涵的挖掘，体验川剧蕴含的人文精神，建立正确的审美观，培养对文化现象的评价能力。

3. 提升精神内涵，树立弘扬民族文化的信念。

教学过程

一、课堂导入

1. 图片导入，激发兴趣

师：请大家看这幅木版年画中的人物，造型夸张奇特，向我们展示了中国巴蜀大地上一种戏曲中的两样绝活，请告诉我这是哪一种戏曲曲种？这两样绝活分别是什么？

生：画中表现了变脸和喷火，是川剧中独有的绝活。

在和学生的交流中，教师能真实感受到大家浓厚的兴趣和对川剧艺术无限的好奇和期待，决定就从学生的兴趣点入手。

师：看来大家对川剧并不陌生，画中展示的就是川剧的变脸和喷火，好，接下来我们就来欣赏一段变脸，大家跟我一起进入今天的第一个环节——先睹为快。

2.变脸喷火,先睹为快

(1)欣赏川剧《白蛇传》中金山寺片段

师:在欣赏前,我要简单地给大家介绍一下川剧《白蛇传》中金山寺这一出戏,剧情是法海派紫金铙钹去阻挠许仙和白娘子相见,紫金铙钹试图降服白娘子。其中有一段精彩的变脸表演,我们来欣赏。

(2)教师介绍变脸

师:变脸的种类有抹脸、吹脸、扯脸、运气变脸,刚才我们欣赏的是扯脸,属于变脸中的最高境界。

(3)欣赏吐火片段

师:吐火是高难度的表演,对技术要求很高,需要演员用丹田之气将火持续喷出,过程中不能换气,否则有引火焚身的危险,请大家切勿模仿。

【设计意图】兴趣是学习内动力的关键因素,本课例从学生已有的经验入手,因势利导,选取变脸和喷火两段视频作为教学切入点,非常高效准确,充分调动了学生的学习热情和积极性。学生们在欣赏的过程中已经表现出了对川剧艺术极大的兴趣和更多的期待,为接下来的学习做了很好的铺垫。另外欣赏素材的选择也具有相当的代表性。变脸的视频选自川剧名作《白蛇传》金山寺片段中紫金铙钹的表演,这一段变脸可称得上是川剧变脸艺术的最高境界,演员通过不断变化的脸谱为观众展示了人物瞬息万变的内心世界,生动鲜活,令人叹为观止。在教学过程中我们不难发现,吸引学生关注度的途径多种多样,如独特的导入、优质的鉴赏资源等,除了能激发学习兴趣,还能很大程度上提升教学质量。

3.抛出问题,引发思考

师:看来同学们对这两样绝活非常熟悉了,能告诉我你在哪里看到过这样的表演吗?

生1:我是在亲戚的结婚喜宴上看到变脸的。

生2:我是在火锅店里看到变脸的。

生3:我是在电视上看到变脸的。

师:大家了解变脸、喷火的途径有着惊人的相似,基本上都是在休闲娱乐的场合。试问大家,当我们看到中国的国宝成为供食客们消遣娱乐的玩物时,心中作何感想?

生:(有些许沉默……)

师:老师想谈谈自己的感受。当我在这样的场合看到杂技般的表演,心里会有一种难以言表的酸楚,这是对中华瑰宝的亵渎和毁灭;变脸、喷火这样的绝技离开川剧这个汪洋大海,就会变成无源之水,无本之木。大家在娱乐场所看到的变脸和刚才《白蛇传》中的变脸最大的区别就在于一个是杂技,而另一个才是真正的艺术。我希望大家能走进剧院去感受川剧艺术的博大精深。说实话,几百年的艺术沦落到这样的境地令人唏嘘,其实我们中国的很多传统文化艺术都遇到了与川剧同样的尴尬,作为未来希望的你们该怎么办?该以什么样的态度面对中国的传统文化?是任它自生自灭,还是传承和创新?

【设计意图】当学生还沉浸在观看后的兴奋时,我的一段话引发思考:大家了解变脸喷火的途径有着惊人的相似,基本上都是在休闲娱乐的场合,试问,当我们看到中国的国宝成为供食客们消遣娱乐的玩物时,心中作何感想?难道不发人深省吗?曾几何时,变脸剥离了川剧艺术而独自出现在了茶楼、夜总会、年会现场,许多所谓的变脸大师带着它商演、走穴,赚得盆满钵盈,一些艺术家在巨大的利益诱惑下忘却了自己肩负的传承发展川剧艺术的历史使命。在文化假繁荣背后,当变脸以杂技的姿态出现在舞台上时,这门艺术也伴随着观众的喝彩和惊叹声渐渐离我们远去了,作为当代高中生该怎样评价这样的行为?如何鉴赏这样的表演?在课堂上,我对学生的审美情趣做出了及时的引导,教育方式简单质朴,不把自己的观点强加于学生，孰是孰非也并未急于盖棺定论，而是通过发人深省的反问激起学生内心世界的涟漪，潜移默化地进行了德育的渗透。德育作为一种社会现象，是塑造人政治思想品德的活动，以审美为核心的音乐艺术和道德教育之间有一种彼此的交融性，互为影响，彼此渗透。在教学中，榜样的力量是巨大的，教师推心置腹的话语以及对民族文化的真情实感是对学生最好的引导和教育，枯燥的说教和无病呻吟的煽情没有任何意义，只会激起他们的反感甚至抵触，因为我们面对的教育对象是生理发展、心理发展、思维发展和人格发展都处在高速变化期的高中生，是趋于成熟的个体，自我意识强烈，往往很难认同别人的观点。但在本节课的导入环节，真诚平等的交流，榜样力量的影响使学生对我此刻的心境感同身受，大家一起为川剧艺术的没落心痛惋惜，对缺乏责任感的艺术家不满与鄙视，并树立川剧艺术再次振兴的坚定信念。

二、走进川剧

1.川剧做工赏析

师：川剧博大精深，魅力无穷。刚才我们领略了川剧中的变脸和喷火，除此之外还有很多叹为观止的艺术表演，让我们继续走进川剧。

PPT出示《中国川剧》。

(1)欣赏水袖：川剧《白蛇传》“板楼”片段节选

A.剧情简介

师：“板楼”片段描写的是白娘子饮用了许仙递的雄黄酒后，腹痛难忍，即将现身。剧中白娘子甩水袖完美地演绎了痛苦挣扎的状态。

B.片段欣赏

C.水袖简介

师：水袖功是川剧旦角的基本功之一，对剧中人物内心情感的传递和优美身段的展示有重要的作用，它是演员在舞台上表达人物情绪时夸张、放大、延长的手势。据四川省川剧学校梳理，甩水袖的基本技法可归纳为十种：拂、搭、裹、抛、托、抓、抖、挽、转、扬。而运用这些基本技法形成的水袖组合，则多达四十种，一般说来，喜时挽花舞袖，怒时耸肩抓袖，哀时抽泣垂袖，乐时跳跃抛袖，是水袖运用的一些共性。

D.艺术魅力

师：水袖在舞台上的展示既要能准确传递剧中人物变化莫测的内心世界，还必须符合戏曲舞台表演程式，做到美轮美奂，这一切要靠演员长年累月练就的高超技艺和深厚的艺术修养。

E.境界提升

师：川剧博大精深，单单甩水袖就如此复杂多变，这是多少戏曲人劳动智慧的结晶！我们应该为拥有这样优秀的民族艺术而感到自豪骄傲。

【设计意图】学习民族音乐的精髓，提升民族认同感。民族音乐历史悠久，内容繁多，中国民歌至少有30万首之多，戏曲剧种400多个。戏曲文化重视作品的气韵、意境、风骨、神貌，重视人和自然的和谐，推崇含蓄、中和的艺术表现手法。唱念做打，手眼身法步，不聒不噪，不瘟不火，不增不减，不浮不躁，表演技艺追求和谐、自然的高深境界，体现出了中华文化内在的独特精神。戏曲中体现出来的传统文化的精神具有中国文化固有的气质，在这个案例中，同学们通过赏析和我的介绍，以复杂多变的水袖为载体，感受到中国川剧艺术的博大精深，民族自豪感油然而生。

(2)欣赏踢慧眼:川剧《白蛇传》片段

A.剧情简介

B.片段赏析

C.精髓提炼,励志人生

师:踢慧眼也是川剧绝活之一,它由有川剧“戏圣”美誉的康芷林首创。康芷林的表演艺术别具一格,独树一帜,更重要的是他为人正直,品德高尚。但你知道吗,康芷林当年在舞台上与两位武生比腿功,因为踢不起尖子而被戏弄一番。虽然已经是川剧名角,但他并没有扬长避短,而是正视自己的短板,苦练腿功,终于练就踢慧眼绝技,将韦陀原本上台就贴好的慧眼改为用左右腿踢尖子的方式踢上额头,使两只半眼合二为一,变成一只金灿灿的慧眼。从此以后,康芷林首创的踢慧眼就作为川剧绝技保留至今了。同学们,我们每一个人都有发展中的不足和短板,一味扬长避短不是积极进取的态度,我想,大师的励志故事给我们很多启发吧。

【设计意图】高中阶段是人生励志的最重要时期,进入高中以来,很多学生学习压力增大,思想包袱沉重。培养学生的励志态度,既能缓解他们的紧张神经,又能使学生在音乐学习中改善和端正自己的人生态度,获得不断拼搏进取的动力。在本案例中,我通过讲述川剧名家康芷林为弥补自己技艺上的短板,苦练腿功的故事启发学生。我介绍康芷林的关键词是川剧“戏圣”,他技艺精湛,为人正直,同学们都觉得康芷林一定天赋异禀,技艺全面;而此时我话锋一转,告诉大家康芷林这样的川剧名家却因腿功差而遭到同行戏谑,但他能正视自己的不足,不掩饰,不逃避,最终练就了踢慧眼的川剧绝活。不言而喻,这里对学生的德育渗透是成功的,康芷林的励志故事告诉学生,每个人都有长处和不足,但我们不能一味掩饰短板,要以积极的态度面对并努力加以改善,这才是面对人生应该持有的态度。

2.做工小结

师:川剧中的绝活展示绝不是凭空的炫技,而是根据剧情发展的需要,在关键时刻出现的点睛之笔。很多绝活表演是川剧独有的,让观众惊叹之余,更多的是传递川剧做工的精妙和独特。接下来我们模仿一段丑三髯的做工,体验一下戏曲艺术的独特魅力。

(1)展示丑三髯;

(2)教师动作示范;

(3)学生模仿;

(4)教师讲解动作要领,肢体、眼神、表情要基本到位;

(5)学生实践。

3.川剧高腔

(1)高腔介绍

师:川剧是流行在四川、重庆及云南、贵州部分地区的戏曲剧种,声腔复杂,有昆、高、胡、弹、灯五种声腔构成,其中高腔最具特色。

(2)唱段赏析:川剧名剧《白蛇传》“扯符吊打”唱段节选

A.剧情介绍

师:法海的帮凶王道林挑拨许仙和白娘子的关系,白素贞得知后异常气愤,命小青把王道林抓来见她,在当面质问王道林时,白素贞有一段气愤填膺的唱腔。

B.唱段赏析

设问:唱腔和行腔有什么特点?

学生讨论回答。

C.问题引导

生:唱腔高亢激越,行腔比较自由。

师:这是川剧高腔最基本的特征。

D.唱段分析

师:这段是白素贞在非常气愤的情绪下演唱的,所以咬字比较用力,行腔果断直接。

E.教师范唱

F.学生实践

G.教师指导

师:大家咬字过于放松,唱词缺乏清晰度,对情绪的表达也不是很准确,在接下来的实践中咬字要适当用力,另外要学会用假声演唱。

H.反复聆听

I.学生实践

(3)视频赏析:川剧名作《白蛇传》“扯符吊打”节选

A.设问:唱腔有伴奏吗?唱腔是否都是剧中人物所唱?

B.视频赏析

生:唱腔没有伴奏,有打击乐的声音,有鼓、锣等。

师:唱腔没有伴奏,干打清唱是高腔的一大特色,主要突出人声的魅力,打击乐主要是配合演员身段表演或者武打动作。

生:唱腔不全是剧中人物演唱,有画外音。

师:大家所说的画外音在川剧中被称作帮腔,是对剧中人物唱腔的一种补充。

C.揭示川剧中的打击乐队——五方和川剧高腔的特点

4.川剧念白:川剧名作《白面虎肖方》片段

(1)剧情简介

(2)念白赏析

(3)念白分析

师:川剧的念白幽默诙谐,这和四川方言有很大的关系,我们要特别注意方言的发音,尽量做到准确。

(4)念白示范

(5)学生实践

【设计意图】通过川剧独有的做工、别具一格的高腔、幽默风趣的念白、美轮美奂的舞台道具、引人入胜的故事情节等丰富多彩的教学内容,以直观多样的教学方式向学生传达蕴含在川剧中的真、善、美,并通过思想情感和道德内涵来影响学生的精神世界,使学生在感受川剧艺术的同时,净化心灵,提升道德,完善人格。这是一个人的精神世界由内而外被塑造的过程。而人的精神世界又是通过各种文化形式构建起来的,其中中国传统文化对人的情感和精神世界的构建和完善有着特殊的意义和价值。在案例中,我对学生进行川剧艺术普及教育的同时，努力挖掘蕴含其中的精神内涵，不断引导学生努力从个人的精神世界提升到中华民族的精神内涵中，在优秀的传统文化中去感受和培育民族精神，在个人成长的过程中通过对传统文化的不断学习，增强民族自尊心、自信心、自豪感，将爱国、自强不息、锐意进取落到实处。

三、发展创新

1.当代川剧名家介绍

师：川剧经过两百多年的发展，形成了独特的艺术魅力和严格的表演程式，经历过辉煌，也步入过低谷。在今天川剧不景气的大环境下，依然有一批致力于川剧发展和创新的艺术家。今天要为大家介绍当代川剧的领军人物——沈铁梅，她是国家级非物质文化遗产项目川剧代表性传承人，开创了川剧历史上两个“第一”——将美声唱法融入川剧，被公认为川剧历史上前无古人的声腔第一人；也是把川剧艺术带入欧洲音乐殿堂的第一人。

2.欣赏沈铁梅演唱片段

师：沈铁梅的唱腔运用了美声唱法中的花腔，将人物活泼生动的形象展露无遗。

3.代表作《金子》简介

师：《金子》一剧是重庆市川剧院于1996年根据曹禺名著《原野》改编的传统剧目。历经十载打造的川剧《金子》，成功入选首届“国家舞台艺术精品工程”十大精品剧目(第二名)，荣获了包括文华大奖、中国艺术节大奖、中国戏曲学会奖在内的各类大奖34项(其中国家级大奖共17项)，提升了重庆的文化形象，成为了中国戏曲史上的一个里程碑。

近年来，《金子》一剧作为传承传统文化的先驱，脚步已遍及北京、上海、深圳、杭州、南京等全国各大城市及世界各地，先后赴法国、瑞士、德国、韩国、新加坡等地举办国际间的重要文化交流和商业演出共200余场。曾作为中国唯一一个传统剧目参加了2002年“韩日世界杯”演出和2004年“中法文化年”文化交流演出。特别是在2006年，川剧《金子》再次赴法国、瑞士等欧洲国家进行商业巡演，为传播与弘扬中华民族文化，以及为川剧艺术以商业巡演模式进军国际市场奠定了坚实的基础。著名戏剧家刘厚生赞誉《金子》在艺术上的成就“相当于《茶馆》在话剧中的地位”。

【设计意图】针对当代高中生，我们必须意识到中国博大精深的传统文化对培养他们道德情操、人格魅力的重要意义和价值。但是现在的高中生更加热衷于西方的音乐文化，尤其对流行文化趋之若鹜，严重影响了德育的渗透和文化自信的建立。我从当代川剧名家沈铁梅和代表作《金子》入手，详细介绍了沈铁梅为川剧的振兴所做的努力和《金子》走出国门，在欧洲舞台上大放异彩的事迹。当学生了解到川剧艺术在欧洲巡回演出备受瞩目时，群情振奋，夯实了骨气和底气的同时，发自内心的民族自豪感油然而生。面对当今的多元化和全球化，只有不断探索民族音乐文化与音乐教学的现实意义和有效途径，才能让文化薪火相传。

教学反思

1.教学切入点准确，学习兴趣浓厚

兴趣是学习内动力的关键因素，在本案例中，笔者从学生已有的经验入手，因势利导，选取变脸和喷火两段视频作为教学切入点，非常高效准确，充分调动了学生的学习热情和积极性。同学们在欣赏的过程中已经表现出对川剧艺术极大的兴趣和更高的期待，为接下来的学习做了很好的铺垫。有了好的导入，课堂教学已经成功了一半，那么如何让学生把学习兴趣持续下去呢？那就要在每一个环节设置兴趣增长点，如在“走进川剧”环节，笔者挖掘了川剧中的踢慧眼作为教学素材。这项绝技对于很多同学来讲是第一次见识，他们在惊叹之余，更多的是感叹中国戏曲文化的博大精深。在欣赏完川剧绝活并小结川剧做工之后，笔者又设计了学生参与环节，让有兴趣的同学来模仿川剧丑三髯的做工，并把自己买来的髯口作为奖励送给同学。在高腔和念白环节，川剧独特的行腔和方言又成为新的兴趣增长点，在整堂课中，同学们始终怀着浓厚的兴趣感受并参与。

2.德育渗透自然，方式方法多样

美育是德育的重要内容，德育是学校教育的最终目标，我们就是要通过川剧这样的戏曲课，让学生了解中国传统文化以及民族音乐的精髓和独特的表现力，最大程度地唤醒学生的民族自尊心、自豪感，从而建立文化自信。在西方文化不断渗透的今天，我们的民族音乐、传统文化受到了从未有过的冷遇，很多学生不再对自己本民族的文化感兴趣，而是崇洋媚外，狂热追捧外来音乐文化，这是极其危险的。民族文化是根，丢掉根，就是忘了本。在川剧教学中，笔者将德育与美育贯穿始终。如在师生问好环节，通过师生间的交流剔除隔阂，潜移默化告诉学生，人与人之间要构建良好人际关系就必须进行沟通和交流，国与国也是一样的道理，友好往来和互助交流是构建和谐国际社会的必要条件。之后，在了解川剧做工的环节，笔者向大家讲述了川剧名家康芷林的励志人生，引起了大家的共鸣和热情，学生们在前辈身上一定能感受到面对人生应有的态度——不屈不挠，顽强拼搏。德育不是简单的说教，它要靠润物细无声的渗透，所以进行德育教育的方法必须多种多样，教师的一言一行在德育中的引导作用是不容小觑的。

3.授课思路缜密，环节设计合理

这节课的授课思路比较清晰，从师生问好到导入，过渡非常自然。正课的开始沿着导入的环节继续挖掘和深入，通过四种川剧绝活的展示将川剧做工完美呈现，并在之后设计了活动环节，模仿川剧丑三髯的做工，很好地延续了学习兴趣和活跃的课堂氛围。在高腔的学习环节，为保证能取得良好的学习效果，笔者采用了聆听、分析、示范、实践、指导、再实践的步骤进行，在咬字、情绪、行腔、韵味方面给予更多的关注，力争让学生更真切地体验川剧高腔的艺术特点。在一系列感知体验之后，加入视频片段欣赏，使同学们在感知声腔的基础上加深了对高腔的了解，对川剧的舞台艺术也有了更真实的感受。为了前后承接的连续性，笔者通过设置问题承上启下，通过对设问的交流讨论引出川剧高腔的特点——唱腔无伴奏，鼓板击节配身段，很自然引出了川剧的打击乐——五方。然后对同学们听出的画外音进行解释说明，引出帮腔的概念，最后总结川剧高腔的特点。应该讲，在“走进川剧”这一环节，程序设计严密，授课思路清晰，教学方法合理可行。

4.课堂语言生动，交流互动畅通

课堂语言是师生间沟通交流的桥梁和纽带，真诚、幽默、亲切、质朴的话语可以叩开学生的心房，完成心灵的沟通和互动，实现对人心灵的培养和塑造。笔者一直追求的语言风格是幽默、亲切、真诚、质朴，学生和这样具有亲和力的老师交流，沟通一定是畅通无阻的。在本案例中，笔者在导入之前设计了师生问好环节，面对陌生的学生，我没有把自己当作老师，而是像一个从未谋面的朋友一样和他们拉拉家常，通过质朴的话语和脸上的微笑感染每一位同学，大家用浅浅的微笑回馈于我，彼此的距离就这样拉近了。课程进行中，算不上妙语连珠，但幽默的风格始终保持。如在介绍喷火时，我告诉大家原本想今天在现场表演这样的绝技，可惜没通过消防部门的审批；又如看完喷火表演后，我想让在场的同学来表演一下，拿出了一瓶矿泉水，递给一位同学说，"这是煤油，你来现场表演喷火"，他当真了，想拒绝，回过神来，引得大家开怀大笑；还有请同学起身参与表演，同学害羞，有点迟疑，我马上调侃，"怎么，要大牌是不是"，引来大家给他掌声鼓励。这样的课堂幽默完全是灵机一动，现场发挥。幽默可以激发兴趣，活跃气氛，而煽情的话语可以唤起同学们的情感共鸣。如在最后即将结束本课时，我对同学们讲："选择和大家一起感受川剧，很重要的一个原因是我想以此纪念高中时代四川籍的老师们。自从高中毕业就再也没有见到过他们，很多老师都已经不在了。听到川剧，想起他们当年每天挂在嘴上的、今天令我感到无比亲切的四川方言。我想念他们，他们用自己的日渐老去换来了我们的成长，所以同学们，我们要懂得感恩。"此刻，我的眼里含着泪水。

课例34 京剧“梅派”之美

宁海县知恩中学 薛海云
宁海县教育局教研室 印滢斐

课　　型

欣赏课

教　　材

人民音乐出版社普通高中教科书《音乐鉴赏(必修)》
(本书简称“人音版高中教科书《音乐鉴赏》”)

教学内容

京剧“梅派”之美

授课年级

高一年级

教材分析

本课内容出自人音版普通高中教科书《音乐鉴赏》第四单元《国之瑰宝——京剧》第七节《京剧传统戏》。作为京剧四大名旦之首，梅兰芳独创的“梅派”艺术迄今依然是京剧界中最具影响力的，他也是将京剧传统戏发挥到极致的大师。本课内容选用了梅兰芳先生最具代表性的一个唱段《看大王在帐中和衣睡稳》以及他另一部极具影响的代表作品《贵妃醉酒》。其中《看大王在帐中和衣睡稳》选自京剧历史剧《霸王别姬》，剧中此唱段是在项羽兵败，虞姬力劝项羽歇息后，步出帐外，驱散愁情的情况下演唱的。梅兰芳在这个唱段中，寓动于静，节奏较平稳，速度较慢，色彩清丽悲凉，抒发了角色内心的忧虑和悲怆，体现了京剧南梆子唱腔的典型特征，这也是本课唱腔的重点。梅兰芳先生的另一个作品《海岛冰轮初转腾》选自京剧《贵妃醉酒》，剧中此唱段是不见玄宗驾临的杨玉环在百花亭哀怨自伤，独饮沉醉的情况下演唱的。梅兰芳的这个唱段华丽委婉，体现了京剧四平调的典型特征。拓展教学内容有《天女散花》绸舞、《霸王别姬》剑舞等。

教学目标

1.通过聆听《看大王在帐中和衣睡稳》《海岛冰轮初转腾》,初步了解和认识梅派唱腔“南梆子”、“四平调”的特点;通过学唱《看大王在帐中和衣睡稳》了解“梅派”唱腔、伴奏及念白等特点;通过观看、模仿《天女散花》《霸王别姬》《贵妃醉酒》片段,了解京剧梅派的表演特点。

2.学唱京剧片段,感受唱腔之美;学念京白片段,揣味念白之韵;学练京舞片段,体验身段之形。

3.通过对京剧梅派之美的认识和了解,使学生对梅兰芳先生从高超的艺术魅力到高洁的人格魅力产生由衷的敬仰,进而升起对传统京剧艺术的热爱之情。

教学重点

了解梅兰芳的艺术成就,感受其艺术表演特点。

教学难点

感知体验梅派唱腔、念白、身段等特点。

教学过程

一、漫画封面导入

多媒体出示图片《武神戏曲》。

师:同学们,这是一张漫画封面,从这张封面你读到了怎样的一些信息?

生观察后回答:穿着戏服……手持双剑……

师:对,漫画中的人物是身着戏服的,并且手持双剑,由此你想到了戏曲中哪位人物的形象?

生:旦角……霸王别姬……虞姬……

师:这本漫画的作者是日本漫画家上田宏。他为什么要创作这样的漫画?这本漫画又是以哪一位扮演过虞姬的京剧大师为原型创作的呢?

生:梅兰芳。

师:那么,一个日本的漫画家为什么要以梅兰芳为原型创作这本漫画呢?我想不仅仅是因为他对中国的戏曲有着极大的爱好,而且更重要的原因可能是他被梅兰芳这位京剧大师的艺术魅力所折服。上田宏这本漫画一经问世,得到了全世界青少年的关注,他们也从上田宏的这本漫画中了解和认识了中国的国粹京剧,以及京剧大师梅兰芳所创立的“梅派”。那么作为深受中华悠久灿烂文明史教育和影响的你们这一代,对于我国的国粹京剧了解多少呢?对于梅兰芳和他所创立的梅派又了解多少呢?今天就让我们一起走近京剧大师梅兰芳,感受京剧“梅派”之美。(出示课题)

【设计意图】用日本漫画家创作的一部关于中国戏曲、关于梅兰芳的漫画作品《武神戏曲》来吸引学生,以此激发学生对于中国京剧，以及对于梅兰芳这位京剧大师的艺术魅力和他所创立的梅派的探知兴趣，为接下来的课堂教学做好铺垫。

二、感受“梅派”细致委婉的唱腔之美

1.《看大王在帐中和衣睡稳》（南梆子唱腔）

（1）师：同学们，事实上啊，老师也是一个京剧迷，对于梅兰芳的许多经典剧目和唱段也是略知一二，偶尔也会跟着音乐咿咿呀呀地唱上几句，要不老师今天也来唱几句？

教师演唱《看大王在帐中和衣睡稳》片段。

（2）师：谢谢同学们的鼓励。虽然老师刚才已经非常用心地在演唱，但事实上跟专业的京剧唱腔相比，老师真的只是停留在非常粗浅的模仿阶段。这样吧，让我们一起来聆听京剧大师梅兰芳是如何完美演绎这段《看大王在帐中和衣睡稳》的。在聆听过程中，同学们也可以把自己当成京剧票友，边听边击拍……

播放梅兰芳先生演唱的音频，教师带动学生边聆听边击拍。

（3）师：刚才我们所听的这段唱腔就来自经典剧目《霸王别姬》，而对于霸王别姬的故事，课前我们已经有所了解。我们已经聆听了这个唱段，也用肢体语言感知了这段唱腔，那么这段唱腔的节奏、速度是怎样的呢？

生：节奏平稳……速度缓慢……

2.介绍南梆子唱腔的改良

（1）师：同学们，刚才的这段唱腔是京剧中的南梆子唱腔，有同学可能会有疑问了，京剧不是只有西皮和二黄两种唱腔吗？怎么又多了南梆子唱腔呢？原来梅兰芳在排练的过程中，发现原有的这两种唱腔远远满足不了刻画人物的需要，因此他就在西皮原有的基础上不断地进行改良创新，创出了这种改良后的新型唱腔——南梆子唱腔。

（2）师：那么南梆子唱腔的创新特点究竟体现在哪里呢？我们不妨依然以虞姬的这段唱腔为例，一起来探讨一下。比如——

（教师示范演唱第三句上句“轻移步——”）

师：有什么特点呢？

生：唱词往后面拖了。

师：这就是“拖腔”。

师：我们再来听第二句当中“且散——愁——情——”，这里有没有拖腔出现？

生：有。

（3）师：为什么要用拖腔的方式呢？如果没有拖腔，情绪上又会有怎样的变化呢？

教师示范演唱。

生：更能表达人物的情绪。

师：那么这里的拖腔又表达了虞姬怎样的一种情绪呢？她的内心是怎样的啊？

引导学生回答——虞姬的双重身份，作为谋臣面对霸王时强颜欢笑，作为爱妃背对霸王时却是愁眉冷面。

（4）师：所以，拖腔的运用把虞姬双重身份下的矛盾心理，和踌躇不定的情绪表现得淋漓尽致。那么这

里的拖腔分别都出现在哪里？

生：句首、句尾。

师：是啊，像这种将上句和下句的一头一尾发展出拖腔，恰恰是南梆子唱腔最典型的一个特点。由此，这一改良也使得虞姬这个人物在舞台上的形象栩栩如生，现在不妨让我们也一起来感受一下这个唱段，我们简单学唱一句。

3.学一学，唱一唱

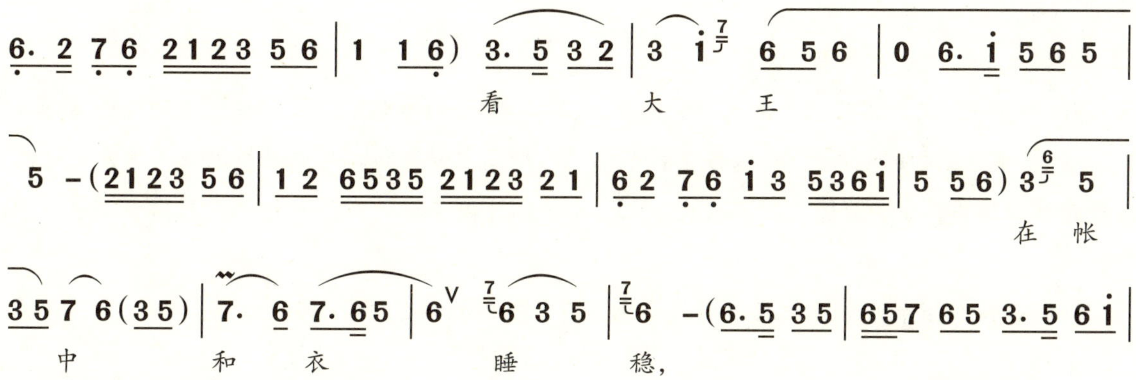

教师带领学生们演唱，演唱时提示吐字、音色、共鸣、句尾音等特点，在黑板上画旋律线。

师：同学们学唱得非常好。那么现在大家根据刚才我们听唱的感觉进行讨论——音色音量、吐字口形、旋律节奏、行腔尾音都有哪些特点？

师生分析“梅派”唱腔特点。

4.《海岛冰轮初转腾》（四平调唱腔）

师：梅兰芳先生不仅仅对南梆子唱腔进行了改良，而且对另外一种唱腔也进行了改良创新，那就是——四平调。下面我们来欣赏一段四平调的典型唱腔，听一听，四平调唱腔又具有怎样的特点？

播放梅兰芳演唱的《海岛冰轮初转腾》片段。

师：同学们，这段四平调唱腔又有什么特点？

教师范唱。

生：华丽多姿、委婉、缠绵……

5.总结唱腔之美

师：由以上唱段可见，梅兰芳先生刻画戏曲人物，总是能够根据人物的不同形象和思想感情，给予不同的唱腔上的处理，使得唱腔更为丰富和细腻，对整个人物的烘托和刻画也更为传神。那么，欣赏了刚才两个唱腔“南梆子”和“四平调”之后，你认为梅派的唱腔具有怎样的特点啊？

生：细致、委婉……

【设计意图】这里关于唱腔之美的整个环节的设计，从学生的角度出发，让学生在循序渐进的活动中慢慢体会“梅派”唱腔的特点；通过教师范唱、对比聆听、学生学唱等方式让学生进一步认识和了解“梅派”唱腔的特点以及梅兰芳为改良唱腔所做出的贡献。

三、感受“梅派”细腻柔和的伴奏之美

1.师：那么刚才在我们静心聆听梅派的唱腔之美的同时，不知大家是否注意了伴奏，首先请告诉老师，

京剧中的伴奏乐器通常是什么啊？

生：京胡。

师：那京胡的音色是怎样的呢？

播放京胡音色。

生：高亢、嘹亮……

2.师：那么现在请听，你觉得京胡这种高亢嘹亮的音色在这里明显吗？

聆听伴奏片段。

生：不明显。

师：对，不明显。为了很好地刻画人物的内心，表现人物内心的细腻委婉，梅兰芳吩咐他的琴师王少卿启用了二胡来配合京胡的演奏。而后，为了将京胡的那种高亢嘹亮和二胡的委婉细腻更为完美地糅合在一起，更是大胆地对二胡的形制进行了改良，于是，中国的京剧伴奏就有了一种新的乐器——京二胡。(多媒体出示图片)

3.师：于是我们会听到，改良之后的伴奏音色具有了怎样的特点啊？

生：柔和。

师：因此，这与梅兰芳所塑造的旦角人物的形象更加地贴合。由此我们也从中感受到了梅派伴奏怎样的美呀？

生：细腻柔和的伴奏之美。

【设计意图】这个环节的设计是在唱腔的基础上，让学生通过对比聆听感受伴奏音色，认识和了解梅兰芳对京剧伴奏乐器的改良，知道梅派伴奏中最大的改良是创造了一件新乐器——京二胡。

四、感受“梅派”典雅流畅的身段之美

师：同学们，京剧作为一种完整的综合艺术，不仅仅唱腔和伴奏给人以听觉上的享受，更多的是在视觉上有更完美的演绎。那么，梅兰芳先生又是如何演绎京剧艺术的视觉之美的呢？

1.播放京剧舞蹈视频

师：梅兰芳之前，是一个“听”戏的年代；梅兰芳之后，便是“看”戏年代的开始。那么，从刚才的短片中我们了解到，人们所指的“看”，看的是梅兰芳新创的什么呢？

生：京剧舞蹈。

师：对，京剧舞蹈！那么京剧舞蹈又是怎样体现京剧剧情的呢？它和我们常看到的纯粹的舞蹈又有哪些区别呢？

2.播放三个小视频

师：大家分辨一下以上这三个视频，你从梅兰芳的表演中看出这三个视频分别是什么？

生：绸带舞、剑舞、贵妃闻花。

师：我们都知道艺术来源于生活，那么你们能否从这三个视频中找出他们具有的共同特点呢？这样吧，我们不妨选取其中的一个视频来试着表现一下。

学生在教师指导下进行模仿，并请一个同学进行现场演绎。

师：同学们，动作复杂吗？那你们的表演怎么样？

生:不复杂;不太好。

师:动作不复杂,而且就像同学们所说的非常的简洁而流畅,只是大家觉得不太好演。是啊,看似简单,然而梅兰芳却演得非常的怎样啊?

生:传神。

3.总结身段之美

师:梅兰芳先生在舞台上的表演之所以无处不美,是因为他在任何非舞蹈戏中都揉化了大量的舞蹈动作,并且根据历史人物的生活,合情合理地把这些舞蹈动作糅化于各种身段之中。

【设计意图】选择三个不同的表演视频让学生感受梅派身段的无处不美,让学生通过模仿和表演,感受梅派表演身段简洁、流畅、传神的特点。

五、感受"梅派"抑扬顿挫的念白之美

师:那么作为一种综合性的艺术,京剧除了唱腔、伴奏和身段之外,还有什么也是非常重要且必不可少的呢?你听!

1.播放"看我非我"念白片段

师:同学们,告诉老师,你刚才听到了京剧当中的什么?

生:念白。

师:是啊,行内有一句话,所谓"千斤话白四两唱",足见念白在京剧中是非常重要的。

师:这也是梅兰芳一生中最喜欢的一句话,他说这就是他的人生,你们觉得这句念白有怎样的特点?我们不妨一起来试着念一念。

2.学说念白

提示学生用京剧假嗓念白,越是高音,越是甜润。

师:同学们,它的整个念白的节奏是怎样的啊?

生讨论:抑扬顿挫、句读分明……

师:那么,请告诉老师,梅派的念白之美最重要的是体现在哪里啊?

生:抑扬顿挫的念白之美。

【设计意图】运用梅兰芳最喜欢的一句话来让学生了解,梅派念白有别于京剧中固有的念白;通过学说念白,在潜移默化中感受梅派念白抑扬顿挫的特点。

六、感悟梅兰芳大义凛然的民族气节之美

师:至此,我们感受了梅派细致委婉的唱腔之美、细腻柔和的伴奏之美、典雅流畅的身段之美以及抑扬顿挫的念白之美,这便是梅兰芳浓浓的艺术之美的魅力所在。但我想,作为一个日本的漫画家上田宏,梅兰芳先生的身上应该还有另外一种魅力让他折服,使他坚定不移地以他为原型创作漫画吧。那么究竟又是什么呢?

播放视频"民族气节"。

师:同学们,是什么折服了上田宏?

生:民族气节。

师：对，大义凛然的民族气节！就是这样一种高贵的爱国主义的民族气节，让一个来自曾经侵略过我们国家的日本的国民都对他产生了一种由衷的敬意。

七、课堂总结

师：是啊，梅兰芳先生——作为京剧四大名旦之首，他热爱戏曲，传承着民族文化；作为京剧“梅派”创始人，他投身戏曲，创新着民族文化；作为一名爱国者，他德艺双馨，用生命谱写着民族文化。如今，一代名师离我们远去虽已有半个多世纪，但历史不会忘记，作为中华民族传承者的我们更不会忘记，同学们，就让我们牢牢地记住这位京剧大师的名字——(学生一起说)梅兰芳！

播放《看大王在帐中和衣睡稳》唱段，学生在音乐声中走出教室。

【设计意图】本环节与导入部分相呼应，以漫画大师上田宏来引出梅兰芳先生的民族气节之美。通过视听结合，完整地勾勒出梅兰芳的光辉形象，从高超的艺术魅力到高洁的人格魅力，使学生对梅兰芳先生产生由衷的敬仰，进而升起对传统京剧艺术的热爱之情。

课例35　经典流行音乐——爵士乐

浙江省青田中学　胡彬彬

课　型

音乐鉴赏课

教　材

人音版高中教科书《音乐鉴赏》第十三单元《经典流行音乐——爵士乐精粹》第二十三节《爵士乐》

教学内容

1.爵士乐的音乐性格

2.爵士乐的音乐特点

3.爵士乐的地域源头、音乐源头、发展及其代表人物

授课年级

高一年级

教材分析

1.《南部之子》是一首由路易斯·阿姆斯特朗演奏并演唱的爵士音乐。乐曲速度稍快，表达了演奏者愉悦的心情。

2.路易斯·阿姆斯特朗是美国爵士乐音乐家，20世纪最著名的爵士乐音乐家之一，被称为“爵士乐之父”。他以超凡的个人魅力和不断的创新，将爵士乐从新奥尔良带向世界，使其成为广受大众欢迎的音乐形式。

3.《不知为何》是一首由诺拉·琼斯演唱的爵士歌曲。在以钢琴和大提琴为主的爵士乐伴奏下，歌声徐缓、缠绵，曲调松弛、怡然，略带忧伤。

4.诺拉·琼斯享有“爵士公主”的美誉，她的音乐受到了多种音乐文化的影响，融合了爵士音乐、乡村音乐、流行音乐等多种音乐风格。

5.爵士乐的地域源头:19世纪末20世纪初,美国路易斯安那州新奥尔良。

6.爵士乐的音乐源头:布鲁斯和拉格泰姆钢琴音乐。布鲁斯是17—18世纪黑奴怀念故乡和亲人,常常唱的一种表达痛苦心声的哀歌。由于蓝色在美国被看做是忧郁的色彩,这种悲哀的歌曲,统称“布鲁斯”。拉格泰姆钢琴音乐是从非洲民间音乐发展而成的,音乐带有幽默、欢乐、活泼的情趣。

7.爵士乐发展于新奥尔良,吸收了布鲁斯音乐和拉格泰姆钢琴音乐的成分,形成了20世纪初由小号领奏的迪克西兰爵士乐,20世纪20年代的大乐团到20世纪30年代的摇摆乐,20世纪40、50年代的爵士乐又出现了现代爵士的前身(比博普、冷爵士、硬博普)。20世纪60年代属于自由爵士乐,一直到今天的爵士乐。

教学目标

1.初步了解爵士音乐的地域源头、音乐源头以及爵士乐的发展。

2.通过欣赏爵士乐《南部之子》,感受体验爵士乐的音乐特点,认识了解爵士乐的代表艺术家路易斯·阿姆斯特朗。

3.感知爵士乐“不断否定、不断创新”的音乐性格,增强学生对多元文化的认知。

教学重点

感受体验爵士乐的音乐特点。

教学难点

感知爵士乐的调性、节奏。

教学过程

一、导入

1.教师在爵士乐的伴奏中用说唱形式自我介绍

师范唱:(提示学生注意伴奏音乐是什么风格)

欢迎来到　音乐课堂　我是今天的音乐老师

我知道　大家　平时非常忙碌　要走很多艰难的路

背上书包　走进课堂　所有的知识　全在心上

父母的期望　老师的期盼　自己的梦想　全部都在肩上

但是今天　我希望大家能够　把烦恼　和忧愁　通通都抛掉

你们和我一起　一起度过　轻松　愉快的　音乐课堂　time

2.师:刚才这段伴奏音乐是什么风格的?

生:爵士。

师:那你们知道爵士音乐的灵魂是什么呢?

通过学生回答,引出课题《经典流行音乐——爵士乐》。

二、爵士乐的地域源头

师:爵士乐诞生于19世纪末20世纪初的新奥尔良,请同学们思考,爵士乐为什么会诞生在这里?

学生交流讨论后回答。

师小结:新奥尔良是美国最开放的港口城市,融合了各个国家的文化,同时也是美国最大的黑奴集散地。爵士乐就是在这片土地上被黑人朋友们创造发展起来的,至今这里依然是美国乃至全世界的爵士乐之都。(板书:JAZZ　新奥尔良)

三、爵士乐的音乐源头

1.爵士乐的第一源头——布鲁斯

(1)欣赏歌曲《走钢索的人》

师:爵士乐的地域源头在新奥尔良,那么它的音乐源头是什么呢?我们先来欣赏一段音乐,思考歌曲给你带来怎样的感受。

(2)哼唱主题,感受布鲁斯音阶

聆听、感受、视唱主题。(出示谱例)

A.唱曲谱,找出布鲁斯音阶

师:旋律上有什么特点?固定大调是1 2 3 4 5 6 7 $\dot{1}$,而在歌曲当中运用布鲁斯音阶,在记谱上会将3、7级音降低半音,在演奏上也常常会把5级音也降低半音,以造成多愁善感的听觉冲击,让我们唱一下,感受一下。(板书)

B.布鲁斯音阶与大调音阶的对比

师:现在让我们把一首大调音阶歌曲,改编成布鲁斯音阶歌曲进行对比。(对比后)如果把大调歌曲比喻成明媚的阳光,那改编成布鲁斯歌曲后就是黯淡的月光。(板书)

C.唱歌词,找出颤音、滑音

师:现在让我们把布鲁斯的感觉带入到歌曲当中。(演唱后)你和演唱者的演唱有什么不同之处?现在我来模仿一下演唱者。

生讨论得出:颤音、滑音。

师:颤音和滑音不仅让歌声更加忧郁、凄楚,更让演唱者演唱得更加自由。

D.总结特点

师:17—18世纪,大量的黑奴被贩卖,黑奴怀念故乡和亲人,常常唱一种哀歌表达痛苦的心声,由此产生了爵士乐的第一大源头——布鲁斯。

2.爵士乐的第二源头——拉格泰姆

(1)欣赏《演艺人》音乐片段

师：那爵士乐的第二源头就是拉格泰姆钢琴音乐。拉格泰姆是19世纪末，由黑人钢琴手乔普林创造的。现在老师弹奏一下乔普林的代表作《演艺人》的音乐片段，请同学们思考，与布鲁斯相对比，拉格泰姆的音乐情绪又是怎样的？

生讨论得出：活泼、欢快。

(2)感知活动，感受拉格泰姆节奏

师：为什么会产生这样的音乐情绪呢？

师生共同讨论、分析。

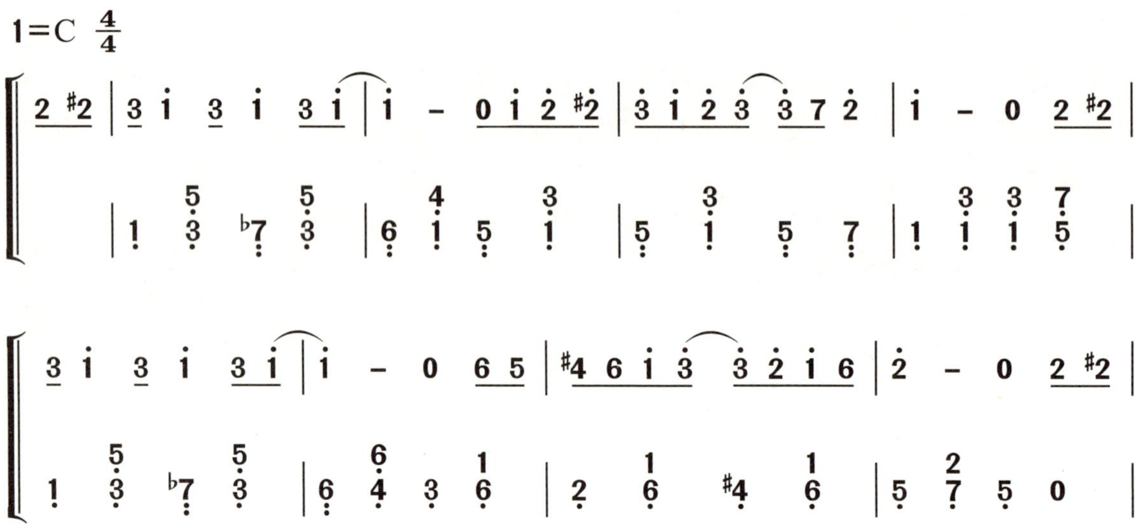

A.唱曲谱，找出切分节奏

师：让我们感受一下这首乐曲的重音。

B.看曲谱找出4/4拍

师：从谱例上我们知道这是一首4/4拍的歌曲，那它的强弱规律是怎样的？(强—弱—次强—弱)

C.弹奏左手伴奏，找出强弱规律，与传统的强弱规律进行对比

师：主旋律的强弱打破了传统规律，让我们再感受下伴奏声部的强弱。

生讨论得出：强弱颠倒。

D.感知活动，感受拉格泰姆伴奏节奏

师：让我们一起来感受下强弱颠倒，可以把身体当作乐器。(活动完，总结音乐特点)

师：拉格泰姆的词义是"参差不齐的拍子"，故又被称为"散拍乐"。主旋律连续的切分音和不规则的连音，伴奏强弱颠倒，打破了传统节奏的强弱规律，使音乐带有活泼欢快的情绪，让人们不自觉地随着它的节奏晃动起来。

四、爵士乐的特点

1.爵士乐常用的乐器

(1)模仿管乐器音色

师：我刚才加入一段即兴的爵士音乐，模仿了管乐器的音色，是什么乐器呢？

生：小号、萨克斯。

师:我们听一段早期的迪克西兰爵士乐《南部之子》,这段音乐的领奏乐器是什么?(播放《南部之子》视频)

(2)主奏乐器由来

师:是什么乐器呢?

生:小号。

师:小号属于什么乐器?

生:铜管乐器。

师:为什么早期爵士乐以铜管乐器作为主奏乐器呢?

生讨论。

师:有两个原因,一是历史原因,那个年代黑人地位低,经济条件差,他们当时能用的乐器都是军乐队遗留下来不要的铜管乐器;二是乐器特点,铜管乐器能够发出较大的音量,吹出来的乐句更接近于人说话时断句的特征,因此更容易在即兴音乐中演奏出更接近演奏者感觉的乐句。

(3)爵士乐常用的乐器

师:那除了主奏乐器小号外,视频中还出现了哪些乐器呢?(板书:小号)

生讨论得出:长号、吉他、低音提琴。

师:除了视频中这些同学们认识的乐器外,早期爵士乐还有一些常用乐器,如单簧管、爵士鼓,这些乐器就构成了早期爵士乐的乐队编制。而刚才我们欣赏的《南部之子》就是始于20世纪初在吸收了布鲁斯音乐和拉格泰姆音乐的基础上形成的以小号领奏、小乐队即兴演奏为特色的迪克西兰爵士乐的代表作。

2.分析爵士乐《南部之子》

(1)聆听《南部之子》第一乐段片段

分析旋律特点,并引导学生创作。

(2)完整聆听《南部之子》

师:接下来就让我们完整聆听,当第一乐段出现时就摇摆你的身体。一开始的引子之后出现A段的主旋律,B段出现不同旋律后再现,最后进入尾声,这样的结构我们称之为带再现的单二部曲式。

(带再现的单二部曲式:引子 A[a_1 a_2] B[b a_3] 尾声)

(3)“爵士乐之父”路易斯·阿姆斯特朗简介

3.总结爵士乐的特点

师:现在让我们总结一下爵士乐的特点。

出示表格分析:节拍(双拍),节奏(切分、不规则的连音线),音阶(布鲁斯音阶),强弱(打破传统规律),表演(即兴、自由),乐器(铜管乐器等)。

师:那现在我们知道爵士乐的灵魂是什么了吗?

生讨论得出:即兴。

五、爵士乐的发展及小结

1.爵士乐的流派

师:是的,爵士乐就是美国的民间音乐,早期的黑人爵士乐手没接受过正规学习,大多都不识谱,几个人聚在一起的演奏都是即兴的,所以爵士乐的灵魂就是即兴演奏。也正是因为这种强烈的即兴色彩,爵士乐才能在短短百年的历史中成为经典。爵士乐诞生于新奥尔良,吸收了布鲁斯音乐和拉格泰姆钢琴音乐的成分,形成了20世纪初由小号领奏的迪克西兰爵士乐,20世纪20年代的大乐团到20世纪30年代的摇摆乐,20世纪40、50年代的爵士乐又出现了现代爵士的前身(比博普、冷爵士、硬博普)。20世纪60年代属于自由爵士乐,一直到今天的爵士乐。

2.小结

师:爵士乐在不断否定中不断创新,成为一种永恒的时尚音乐。下面让我们一起欣赏"爵士公主"诺拉·琼斯演唱的代表作《不知为何》,结束今天的课。

课例36 《优雅》教学设计

宁波中学 王微

课　型

欣赏课

教　材

人音版高中教科书《音乐鉴赏》第八单元第十六节《欧洲与拉丁美洲音乐》

教学内容

苏格兰民间乐曲《优雅》

授课年级

高一年级

教材分析

本课选自人音版普通高中教科书《音乐鉴赏》第八单元第十六节《欧洲与拉丁美洲音乐》，作品是苏格兰民间乐曲《优雅》（又名《奇异恩典》）。

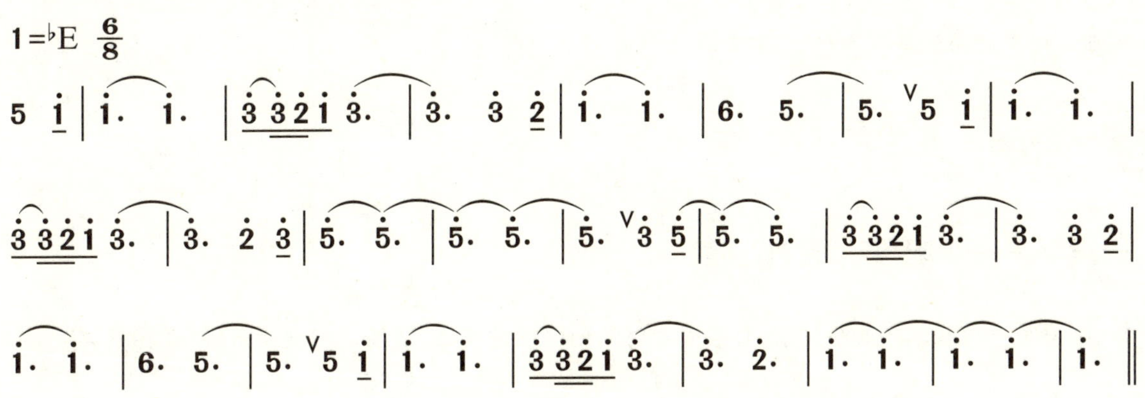

《优雅》是苏格兰著名的风笛曲和代表性音乐作品，旋律采用五声音阶，气势宏伟，乐曲蕴含着高雅、含蓄的古典美和热情奔放的现代精神。乐曲为降E大调，由三个基本相同的乐段构成，实际上是一个曲调反复演奏三遍，但每遍的和声构成各不相同。其旋律由四个悠长的乐句构成，速度徐缓、从容。每句节奏基本相同，含多处相同或相似的音型，且都以长尾音结束，给人一种雍容大度、典雅奔放的感觉。

风笛作为一件多声部乐器，它的高声部演奏主旋律，其他声部为衬托低音，发出持续的、不断变化的低音。第一段由低音sol作为衬托低音，第二段和第三段的衬托低音较为丰富，且变化多样。第三段加入了大鼓作为节奏伴奏，使音乐更加丰满、雄壮。

风笛是由吹管(Blowpipe)、气囊(Bag)、演奏管(Chanter)和旋管(Drone)构成的。古时候风笛的气囊由猪、牛、羊等动物的皮或者其他材料制作而成，现今通用的都是合成材料。吹奏者对着吹管吹气，而气囊存储气体，这样风笛在吹奏者换气时亦可维持一段时间的发声。音管有开放式端口，在吹奏时音乐是很难停下来的，因此多数的风笛在吹奏过程中始终保持着连贯的旋律。

风笛曾是苏格兰人民在战场上使用的一种特殊武器，他们用这种响亮、奇特的音响配合鼓声来鼓舞军队士气、震慑敌人。英格兰占领苏格兰后，苏格兰风笛逐渐被冷落，但苏格兰人民还是将这件乐器在历史的漫漫长河中传承下来。苏格兰民间一直把风笛及其演奏的曲调作为民族精神的象征。在某种程度上，风笛已成为苏格兰的传统民族乐器。

教学目标

1.通过欣赏《优雅》，使学生了解苏格兰风笛的乐器结构，感受、体验其音色特点。

2.通过对比聆听、启发比较等方法，让学生感受苏格兰风笛、爱尔兰风笛、爱尔兰哨笛三者的区别。

3.让学生体会到不同民族的音乐在世界音乐文化中的重要地位，从而提升爱国情怀。

教学重点

掌握苏格兰风笛的乐器特点。

教学难点

辨别苏格兰风笛的特殊音色，探索苏格兰民族的文化背景。

教学过程

一、导入——视唱《奇异恩典》乐谱

师：唱谱是一项基本的音乐技能，我来考考同学们的识谱能力，请同学们视唱乐谱《奇异恩典》。

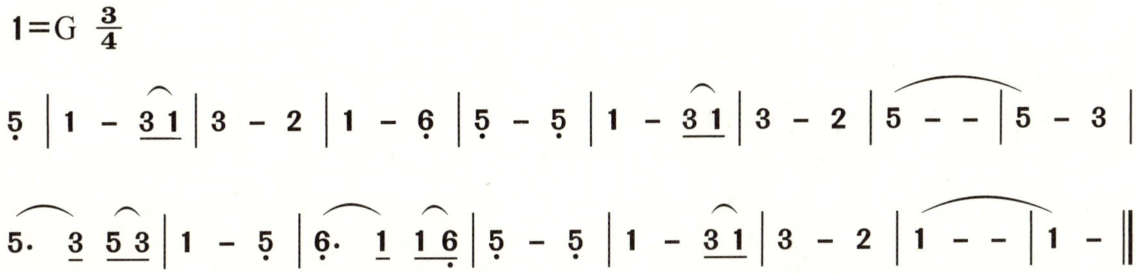

生视唱乐谱。

师：音乐可以演唱，它也可以演奏，我们来聆听三个器乐版本的《奇异恩典》，请同学们挑出你最喜欢的那个版本，并说出理由。

生畅谈对三个版本的感受。

师：这三个版本的《奇异恩典》中，在世界上流传最为广泛、最被世人认可的，是最后一个版本，同学们听出来是什么乐器演奏的吗？（提示：这个地方的男人会穿裙子——苏格兰风笛）这件乐器的音色好听吗？它为何会成为苏格兰的代表性乐器呢？

二、新授——介绍苏格兰风笛的乐器结构，分析其产生的历史背景

1.介绍苏格兰风笛的乐器结构

师：苏格兰风笛由一根吹管、一根低音管、两根次中音管、一根旋律管和一个格子花呢包面的羊皮袋子构成。它是怎么演奏的呢？请同学们看视频后讲述分析。

生：吹奏者通过吹管，向袋中充气，然后用手臂挤压皮袋，使空气通过声管演奏出悠扬的笛声。

师：它的音色有何特点？

生：刺耳、高亢、明亮、质朴、不间断。

师：为什么苏格兰风笛会有连绵、悠长的音色特点？

2.分析其产生的历史背景

师：（展示苏格兰地理图片）苏格兰位于欧洲大不列颠岛的西北部，三面环海，陆地多为高地，北部海拔在600到1000米之间。苏格兰的山峰高低起伏，连绵不绝，且形状平缓圆润，起伏不大，就好似苏格兰风笛的声线一样，音域跨度不大，但宽广、悠长。这件乐器又为何会有刺耳、激进的音色特点？苏格兰在历史上曾是一个独立的国家，从11世纪开始，它不断地受到英格兰的侵略、压迫。1296年，苏格兰爆发了第一次独立战争，以其民族英雄威廉·华莱士为首，苏格兰人民为了追求自由、独立，浴血奋战。从那一刻开始，除了悼念、节庆，苏格兰风笛还被用于战争，它尖锐刺耳、激昂亢奋的音色特点，方便召集人民作战，更能鼓舞军队士气。苏格兰风笛不仅仅是一种乐器，而更像是一个符号，它代表的是苏格兰整个民族追求自由的精神。

三、感受——师生哼唱《优雅》

师：了解了苏格兰风笛这件乐器的结构和它的历史背景，我们再来哼唱苏格兰古老的民谣《优雅》，同学们从旋律中感受到了什么？

带有感情地哼唱四个乐句。

1=♭E $\frac{6}{8}$

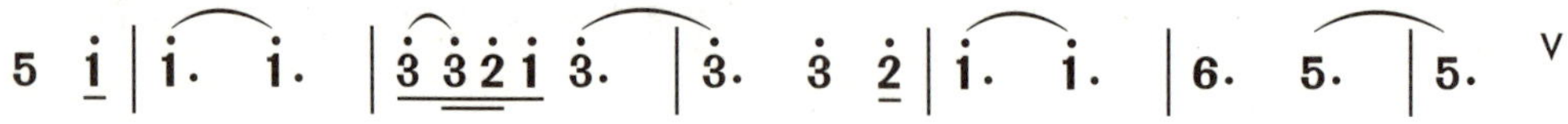

第一乐句：力度微弱，情绪暗藏心中，平稳的；

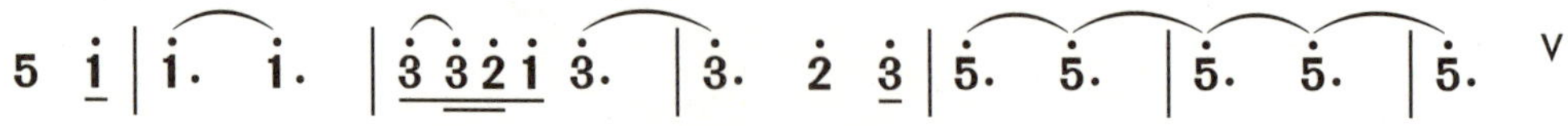

第二乐句：最后一个小节明显旋律上扬，带有歌颂、祈求的情感；

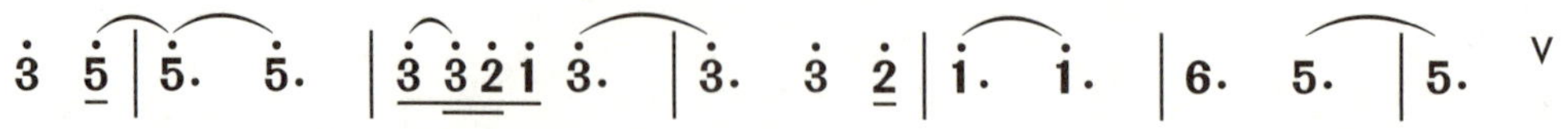

第三乐句：力度渐强，推动情绪发展；

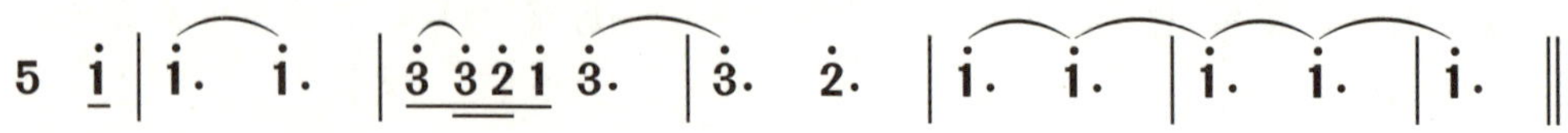

第四乐句：回归到第一乐句的平和。

师：音乐是细腻的，而语言的尽头就是音乐，同学们通过演唱感受到了什么样的情绪？

生：苏格兰人民对故乡的热爱，以及强大的音乐能量。

师：为了纪念先辈们为苏格兰做出的贡献，每一年在爱丁堡的城堡前，苏格兰人民都要举行著名的爱丁堡军乐队分列式演出。（播放视频）民族的声音就是世界的声音，现在只要一提到苏格兰，我们的耳畔就会响起苏格兰的风笛声。苏格兰风笛和中国还有一段故事，在1997年6月30日下午香港总督府的降旗仪式上，一首用苏格兰风笛演奏的乐曲《高地大教堂》，见证了香港结束英国殖民统治、回归祖国的历史时刻。

四、探索——听辨苏格兰风笛、爱尔兰风笛、爱尔兰哨笛

师：苏格兰风笛是一件很有个性的乐器，但可惜的是，我们在日常生活中经常会把它和其他乐器混淆，比如说这段音乐，同学们听听看，它是用什么乐器演奏的？

生：音色更加柔和，没有持续低音——爱尔兰风笛。

师：爱尔兰风笛除了音色，演奏技法也和苏格兰风笛不同，请同学们分析两者的区别。（播放视频）

生：爱尔兰风笛跟苏格兰风笛在演奏技法和音色上都有不同，苏格兰风笛是通过嘴部吹气给气囊鼓风，而爱尔兰风笛靠肘部的鼓风器给气囊鼓风。共同点是两者都是由气囊带动簧管发声。苏格兰风笛的音色高亢而又振奋人心，因而被军乐队广泛使用；而爱尔兰风笛音色哀婉忧伤，多用于室内乐演奏。

师：两种乐器为何有这些不同点？请同学们结合历史思考。

生：苏格兰人和爱尔兰人同属于凯尔特人，但乐器上所表现的不同音色，可能和后天的环境有关。爱尔兰在1919年爆发独立战争，而苏格兰的独立战争比爱尔兰独立战争早了700多年。苏格兰人骨子里那种为了自由不惜付出任何代价的精神，也通过苏格兰风笛体现了出来。

师：最后一件乐器叫作爱尔兰哨笛，它可能是三种乐器中大家最熟悉的。（教师演奏爱尔兰哨笛）电影《泰坦尼克号》主题歌的前奏部分就是用这件乐器演奏的。（播放视频）

五、总结

师：这三种乐器中，同学们最喜欢哪个？当我刚接触到苏格兰风笛的时候，我的态度也和同学们一样，认为这是一件不好听的乐器，但当我知道了它背后的故事，了解了苏格兰整个民族的抗争后，我对这件乐器更多的怀有一种崇敬的心情。音乐是自由的，我们可以选择任何乐器去演奏旋律，但是音乐并不是孤立的，有了厚重的社会文化支撑，音乐才有了内涵。贝多芬之所以优秀，靠的不仅仅是他的创作能力、写作才华，更多的，是时代所赋予他的人文气息。雕塑、建筑等等各类艺术形式也是如此，它们的美，并非单单来自作品本身，更多的是通过这些媒介所表达出来的社会意识。经过今天这节课，我相信，同学们会对苏格兰风笛这件乐器认识得更加全面。

课例37 《拉丁美洲音乐》教学设计

宁波市镇海区龙赛中学　武晶

课　型

音乐鉴赏课

教　材

人音版高中教科书《音乐鉴赏》

教学内容

第六单元第十三节《拉丁美洲音乐》

授课年级

高一年级

教材分析

《拉丁美洲音乐》是《音乐鉴赏》中的第十三节，属于第六单元《欧洲民间音乐　拉丁美洲音乐》。这一节的教学要求是感受、体验，初步知道、初步认识，和其他章节相比教学要求相对偏低。教材提供的音乐材料非常少，乐曲、歌曲、舞曲各一首，时长加起来不超过10分钟。《美丽的小天使》是一首有着浓郁拉美民间音乐风格的歌曲，极具墨西哥民族个性；《告别》是安第斯高原印第安人的民间器乐合奏曲，由盖那笛、排箫、恰朗戈演奏；《小伙伴》是著名的阿根廷探戈舞曲。

教学目标

1.欣赏《美丽的小天使》《告别》《小伙伴》等几首有代表性的拉丁美洲民间音乐，引导学生感受、体验拉丁美洲民间音乐的风格特征。

2.初步知道拉丁美洲民间音乐的概况，了解拉丁美洲音乐是三种音乐(欧洲音乐、印第安音乐、非洲音乐)的融合;初步认识拉丁美洲民间器乐、歌舞,特别是探戈音乐的特点。

3.通过学唱《美丽的小天使》、模仿拉丁美洲歌舞动作、模仿探戈节奏等实践活动,加强学生对拉丁美洲音乐风格的感受。

教学重点

1.了解拉丁美洲音乐是三种音乐(欧洲音乐、印第安音乐、非洲音乐)的融合。

2.通过听、唱、拍节奏等音乐活动了解拉丁美洲民间器乐、歌舞,特别是探戈音乐的特点。

教学难点

了解拉丁美洲音乐是三种音乐(欧洲音乐、印第安音乐、非洲音乐)的融合。

教学过程

一、导入

课前播放音乐“Lambada”,通过音乐氛围调节学生的情绪。

师:同学们好!欢迎来到音乐课堂!音乐与我们的生活关系非常密切,它可以缓解劳动的疲劳,统一行进的步伐,可以调节情绪、陶冶情操,还可以在重要的场合发挥特殊的作用,比如当运动员获得世界冠军的时候,不但要升国旗,还要奏国歌。有这样一支球队,他们比赛的时候,球迷们唱着歌为他们加油助威,赢了比赛以后,还要唱这首歌来庆祝胜利。他们是谁?唱的是什么歌呢?(播放视频《美丽的小天使》)

二、《美丽的小天使》

师:据说这首歌墨西哥球迷每场必唱,名字叫作“Cielito Lindo”(播放西班牙语读音),中文名叫“美丽的小天使”。(播放歌曲中文版音频B段)

1.后半段

师:歌词唱了什么内容?“美丽的小天使不要难过,唱起歌来心情就欢畅了”,那咱们也一起唱一唱吧!

(1)教师手风琴伴奏,学生用“la”歌唱。

(2)分析旋律。

师:这段旋律虽然短小,但是唱起来的确很舒畅,刚好在人最适合歌唱的自然音区。请大家思考,旋律是五声音阶还是七声音阶?旋律进行以上行为主还是下行为主?

师:大家还记得吗?第一节音乐课的时候我们学习了旋律的进行方向,下行旋律一般表现什么情绪?(悲伤的,例如《小白菜》)可是这首歌为什么听起来并没有那么悲伤?(速度稍快,中和了悲伤的情绪,而且下行的坡度比较平缓。 3 – – | 2 – 1 | $\underset{\cdot}{6}$ – – | 像是轻声叹气,然后紧接着上升到3音,小的连线加休止符,大跳到最高音,再一路下行至最低,但是坡度比较平缓,像是从山坡上慢慢走下来。)歌词也是这样

唱的。(播放歌曲中文版音频全曲)

2.全曲

师:第一句由一个短小的音乐动机发展而来,重复三次以后,接一个尾音。有一个像眉毛一样弯弯的跨小节连线很有意思,如果没有它,效果是这样的(教师用手风琴演示);加上跨小节连线以后,第二小节的强拍不发音,感觉如何?(舞蹈性变强了,可以随着音乐翩翩起舞了)

3.乐队

师:这首歌本来属于墨西哥一种叫作"松"的歌舞曲。为"松"伴奏的乐队叫马里阿契,Mariachi(播放西班牙语读音),在西班牙语里是"流浪"的意思。这可是墨西哥的国粹,墨西哥总统外出访问,也会带上一支马里阿契乐队,作为墨西哥民族音乐文化的象征。我们看看马里阿契由哪些乐器组成?小提琴、小号,吉他等,都是欧洲的常用乐器。小提琴和吉他的音量大还是小?小,声音是柔和细腻的。小号呢?明亮嘹亮甚至是尖锐的。它们组合在一起,效果会怎样?(播放歌曲中文版视频)

师:刚才的视频通过舞台表演的形式给我们展现了马里阿契乐队,演员们穿着传统的墨西哥服饰,唱的是译成中文的歌词。实际上这首歌也可以唱得非常生活化(播放歌曲西班牙语版视频),同学们听一听和刚才的版本相比有哪些不同?(滑音、颤音、适当变化了的节奏)

师:我们再来回顾一下,这首歌曲的旋律采用了七声音阶、自然的唱法,有装饰音、适当变化的节奏,由源自欧洲的乐器小提琴、小号、吉他、贝斯、手风琴等伴奏。具有这些特点的音乐,是古代墨西哥流传下来的还是由其他地方传入的呢?大家可能想到了,是由殖民者从欧洲带来的。

(出示PPT)墨西哥位于北美洲南部,是古代印第安文化的重要发祥地之一。通常人们把美国以南的美洲地区称为拉丁美洲。16世纪以前,美洲大陆生活着印第安人,古代印第安人曾经创造了辉煌的玛雅、阿兹特克、印加三大文化,音乐在当时也得到了比较高的发展。印第安人的音乐旋律单纯质朴,没有和声,是以五声音阶为主的。古代印第安人没有弦乐器,他们的乐器以笛子、排箫和各种摇响器最有特色。

三、《告别》

1.盖那笛

师:首先来看盖那笛(出示PPT,播放盖那笛西班牙语发音),"V"形吹口,与我国的箫形似,但是音色不同,它的中低音区粗犷,高音区明亮(播放盖那笛音频)。在秘鲁流传着一首古老的歌曲,名字叫"飞驰的鹰",是歌颂秘鲁的民族英雄的。由于旋律优美,大家用各种乐器来演奏,以盖那笛和排箫最多。(播放歌曲音频)这段音乐听起来感觉如何?印第安人敬畏自然,热爱自己的土地,淳朴、空灵、自然的音乐感觉就源于他们与大自然和谐完美的共处。

2.印第安排箫

师:这是安第斯高原最古老的乐器之一——排箫。排箫在拉丁美洲各国都有,它们形制不同,音色各异,连名字叫法也不一样,在秘鲁叫作安塔拉箫。我们来听听它的音色(播放安塔拉箫音频),秘鲁排箫的音色深沉而古朴。

师:接下来我们要欣赏一首用秘鲁排箫和盖那笛作为主奏乐器的印第安民间乐曲《告别》,表现的是印第安人在集会之后,临行前告别时的情景。同学们要注意感受盖那笛和排箫的音色,乐曲中还有另外一件乐器,仔细听听是什么?(播放乐曲《告别》)

师:乐曲中有很多相同的部分,(出示PPT)A、B、A1主题的结尾句的四小节都是相同的,这有些类似中国民间音乐的“换头合尾”,体现了统一与变化的结构美。

3.恰朗戈

师:刚刚我们听的《告别》里的另外一件乐器是什么?(恰朗戈)300多年的殖民统治让拉丁美洲的音乐发生了巨大的变化,欧洲移民带来的伊比利亚半岛音乐逐渐融入其中。以西班牙吉他为代表的乐器在拉丁美洲受到欢迎,而且按照当地居民的需要被改造。例如恰朗戈,是一种高音弹拨乐器,形似吉他,吉他是六弦的,但是恰朗戈有五组双弦(出示PPT),又称五弦琴,是用印第安五声音阶来定弦的。而且大家看恰朗戈的背板是凸起的,它的共鸣箱是用小动物犰狳的硬甲壳来做的,在欧洲人看来,这是诞生了一种新的乐器,所以说恰朗戈是印第安音乐和欧洲音乐融合的产物。这还只是拉丁美洲音乐混合性的一个缩影,大量的欧洲音乐文化在拉丁美洲传播的同时,被贩卖到新大陆的非洲黑人奴隶也带来了他们故乡的音乐艺术——那就是丰富的节奏。

四、《小伙伴》

1.拉丁节奏

目前,世界上广受欢迎的“拉丁节奏”如伦巴、桑巴,几乎都是以非洲节奏为基础的。

(1)伦巴节奏:$\frac{4}{4}$拍(播放伦巴节奏或用电子琴弹奏伦巴节奏)

请学生拍手模仿,拍出重音。提示感觉音乐是平稳的摇摆。

师:大家可以去看看广场舞,有很多广场舞的伴奏都是用伦巴节奏的。

(2)桑巴节奏:$\frac{2}{4}$拍(播放桑巴节奏或用电子琴弹奏桑巴节奏)

请学生拍手模仿,拍出重音。提示音乐的感觉是热烈明快,更适合行进。

(3)探戈节奏:$\frac{2}{4}$拍(播放探戈节奏),切分,顿挫感强。

师:歌舞音乐是拉丁美洲音乐的灵魂,除了刚刚提到的伦巴、桑巴,还有特色更加鲜明的探戈。

A.出示连续小前附点节奏的谱例,学生拍节奏(只拍第一小节),持续2小节以后,教师加入《鸽子》的旋律。

B.师:还是这个节奏,我们给它加上音高。(用钢琴弹出附点节奏的$\underset{\cdot}{6}3\dot{1}3$旋律)加上音高以后这个前奏熟悉吗?(播放“哈巴涅拉+小伙伴”0至20秒)这是歌剧《卡门》里的唱段,用古巴的哈巴涅拉节奏创作而成。黑人们先把欧洲的波尔卡节奏加上附点,变成了哈巴涅拉节奏,然后在这个基础上,逐渐形成了探戈音乐。(继续播放“哈巴涅拉+小伙伴”)

C.欣赏

师:中间加了一段不一样的音乐,是著名的探戈舞曲《小伙伴》。

2.探戈舞蹈《小伙伴》

师:这里有一段用《小伙伴》伴奏的探戈舞蹈,请同学们注意看舞蹈的姿态,仔细听一听,有哪些乐器?(播放探戈舞蹈视频)

(1)第一句的节奏是怎样的?旋律呈现出什么特点?

师：旋律中七八级大跳和半音级进并存，是与舞蹈动作相结合的——上身直立，膝盖弯曲，并常常伴有快速甩头的动作。请同学们试着模仿一下探戈的舞蹈动作，注意动作要领。

(2)你听到了哪些乐器？

师：为探戈伴奏的乐队，由小提琴、低音提琴、钢琴和六角手风琴组成。其中六角手风琴是最具特色的探戈乐器。

3.皮亚佐拉

师：(出示PPT)这是六角手风琴演奏家皮亚佐拉，他大幅提升了探戈音乐的审美格调，使得古典音乐界都开始关注探戈。如今世界上已形成一股用古典音乐的方式演奏皮亚佐拉作品的热潮，如大提琴家马友友就非常热衷于演奏他的作品。现在我们可以一起和马友友演奏，我们演奏低音部，来看看这个节奏。

1 2 3 4 5 6 7 8

● ● ●

跟随《自由探戈》片段拍节奏，找准重音的位置。(播放马友友《自由探戈》视频)

四、课堂结语

师：同学们做得非常好！最后，让我们通过一段视频把这节课的内容梳理一下。(播放课堂结语视频)这节课，我们鉴赏了《美丽的小天使》《告别》《小伙伴》等音乐作品，认识了乐器盖那笛、安塔拉箫、恰朗戈，体验了伦巴、桑巴和探戈的节奏，也了解到拉丁美洲音乐是由印第安音乐、欧洲音乐和非洲音乐融合而成的。的确，拉丁美洲的音乐中流淌着印第安、欧洲和非洲音乐文化的血液，这三种因素经过长时间的碰撞、冲突、渗透、吸收后融合成一种统一而又多元的音乐形态，以崭新的面貌呈现在世人面前。在拉丁美洲，无论是哪个国家，无论是哪个地区，人们都自豪地夸耀"这是我们自己的音乐"。如今，拉丁美洲音乐正以其丰富的色彩、独特的节奏、美妙的旋律吸引着广大的音乐爱好者，它那无比的热情、充沛的活力、神奇的风貌，让世人为之瞩目。

教学反思

在对《拉丁美洲音乐》这节课进行教学设计时，笔者希望能够达到以下的目标：内容丰富多样，结构上变化与统一相结合，各教学环节的过渡能够自然流畅等。

1.内容丰富

在备课过程中，笔者阅读了大量与拉丁美洲历史、文化、音乐相关的书籍，也在网上搜集了很多相关的图片和视频，力求所准备的教学素材在各个知识点上更为准确和详细。笔者以教材提供的三段音乐材料为基础进行了拓展，一共有28段音乐。

2.变化与统一相结合

这么多的内容如果全部都处理成听一遍音乐再分析一下，那么形式上的单一会让学生感到乏味无趣，所以笔者在三个内容上有不同的侧重：乐曲的重点在于结合印第安音乐的特点听辨乐器的音色(采用看图片，听音色，分析乐曲旋律的方法)；歌曲的重点是分析其来源于欧洲的音乐要素(把音乐分析和歌唱相结合，听音频、看视频里的演唱，老师唱，学生也唱)；舞曲则突出它来自非洲丰富的节奏(这里让学生手脚并用地拍立体节奏并将三种节奏作比较)。

3.过渡流畅

因为课堂的时间有限,想要获得好的教学效果,那么不管是音乐材料还是课堂提问,笔者希望它的功能都不是单一的,要么承上启下,要么一举多得。

以导入环节为例:播放的一段广告视频配乐就是歌曲《美丽的小天使》,所以既可以说是导入,也可以说是直奔主题,能让学生了解歌曲的旋律,知道歌曲流传的广泛程度,还为接下来唱歌的环节做铺垫,因为学生看过以后就知道这首歌可以这样轻松地唱。

类似的做法有:分析旋律进行以下行为主引出下山的歌词;分析跨小节连线的音乐感觉引出歌舞曲的音乐体裁;从比较桑巴、伦巴和探戈的节奏,加钢琴低音伴奏引出哈巴涅拉的节奏名称,然后到歌剧《卡门》的《爱情像一只自由的小鸟》,再通过一段音乐直接过渡到教材内容舞曲《小伙伴》。又如:欣赏《飞驰的鹰》听盖那笛的音色,感受印第安音乐的淳朴、空灵,同时认识另一件乐器排箫,而这些是为了欣赏乐曲《告别》做铺垫的,完整欣赏时学生只需关注恰朗戈乐器和乐曲的结构即可。

4.结尾画龙点睛

课堂结语采用自制微视频的形式,解决了词多易忘、配乐声过大、PPT不及时等问题;对整节课的脉络进行了梳理,使教学内容得到升华。

以上为《拉丁美洲音乐》一课的教学设计说明与教学反思,如果有不恰当的地方,还请读者批评指正。

课例38 《丝竹相和》教学设计

宁波市镇海教师进修学校 杨晓波

课 型

欣赏课

教 材

人音版高中教科书《音乐鉴赏》

教学内容

第三单元第七节《丝竹相和》(新教材为第六节)

授课年级

高一年级

教材分析

教材主要介绍了《中花六板》和《娱乐升平》这两个作品。《中花六板》为江南丝竹曲,又名《虞舜薰风操》或《熏风曲》。这首乐曲是由民间器乐曲牌《老六板》放慢加花发展而来的。《中花六板》作为民间器乐合奏曲,采用了支声性复调的创作方法。各种乐器在旋律骨干音基本相同的前提下,各自发挥其相对的独立性。乐曲旋律优美抒情、清新悠扬、庄重典雅,颇具江南色彩,抒发了人们追求幸福、乐观向上的情怀。《娱乐升平》是广东音乐中流行较广的一首乐曲,为"粤乐新谱",是作曲家遵循我国民间音乐的传统及创作手法,汲取西方专业音乐的创作经验而创作出来的一种更具清新色彩的广东音乐。乐曲情绪欢快活泼、热情开朗、朝气蓬勃,具有一种乐观向上的气质。

教学目标

1.通过聆听音乐,关注音乐表现要素,使学生了解江南丝竹、广东音乐的风格特点,提升审美感知。

2. 通过哼唱旋律等音乐实践活动使学生进一步了解江南丝竹《中花六板》的变奏手法和曲名的含义；了解《娱乐升平》旋律、乐器的特色。

3. 通过审美感知和音乐实践，使学生了解音乐与地方人文之间的关系，培养学生对作品的人文性做出判断和反思的能力。

教学重点

主要聆听《中花六板》《娱乐升平》两个作品，了解江南丝竹和广东音乐的风格特点，了解音乐与地方人文之间的密切关系。

教学难点

区别江南丝竹和广东音乐的不同风格特点，辨析高胡这一乐器的音色。

教学过程

一、辨识乐器，导入新课

听音乐猜乐器。

播放二胡、笛子、扬琴、琵琶、箫的音乐片段，请学生回答是何种乐器。

【设计意图】用游戏的方式，激发学生学习的兴趣，同时直击主题，了解江南丝竹的主奏乐器。

二、听赏音乐，教授新课

1. 江南丝竹《中花六板》鉴赏

(1)聆听《中花六板》，辨识演奏乐器

播放《中花六板》音乐，请学生说说，听出音乐中出现了一些什么乐器。(二胡、笙、萧、板等)

【设计意图】不仅继续了解江南丝竹的主奏乐器，而且还熟悉作品，同时与导入环节紧密相连。

(2)出示江南丝竹乐队图，了解器乐乐种

介绍图片中的乐器，同时介绍江南丝竹这一民族器乐乐种：江南丝竹是流行于上海市以及江苏南部、浙江西部的民间器乐乐种。所用乐器有：二胡、小三弦、琵琶、扬琴、笛、萧、笙、鼓、板、木鱼、铃等。其音乐风格以轻巧、明朗、欢快、活泼为主，表现了江南人民朴实健朗的乐观性格。

【设计意图】在课的前部就将江南丝竹的概念抛出，有助于学生明确学习目标，这也是高中生进行自主学习和思考的前提。

(3)聆听《中花六板》，感受风格特点

播放《中花六板》音乐，请学生从音乐速度、力度、情绪上进行体验，小组讨论并发言。(音乐中速、力度中强，给人小桥流水、闲庭漫步的感觉)

【设计意图】从辨识乐器到关注速度、力度等要素，使学生感受作品风格，提升审美感知能力。同时在探讨发言中提升自身的合作与思维表达能力。

(4)哼唱主题旋律，体验旋律色彩

教师范唱，学生跟唱二胡演奏的旋律，从前倚音、级进音符和偶尔的跳进中体验旋律优美抒情、典雅细腻的江南色彩。

【设计意图】通过音乐实践，使学生了解旋律色彩，有助于培养他们对音乐与地方人文之间的关系的思考能力。

(5)分析旋律，了解创作特色

看谱例，听教师范唱，聆听音乐，了解复调创作手法。

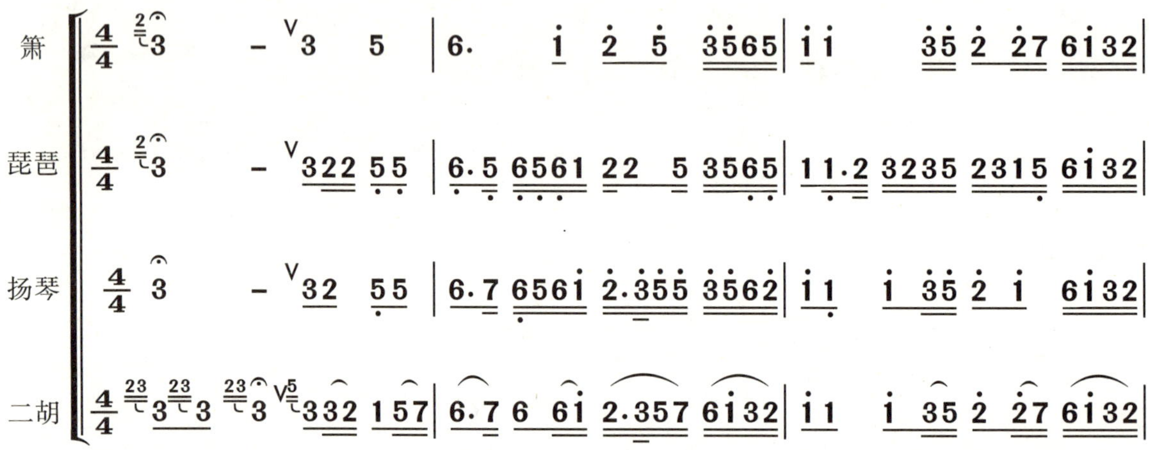

小结：每件乐器所演奏的旋律既有独立性，又相互依存统一；旋律规整却又即兴统一；鉴赏音乐要学会整体看作品。

看谱例，哼唱旋律，比较《老六板》与《中花六板》旋律之异同。小组讨论并发言。

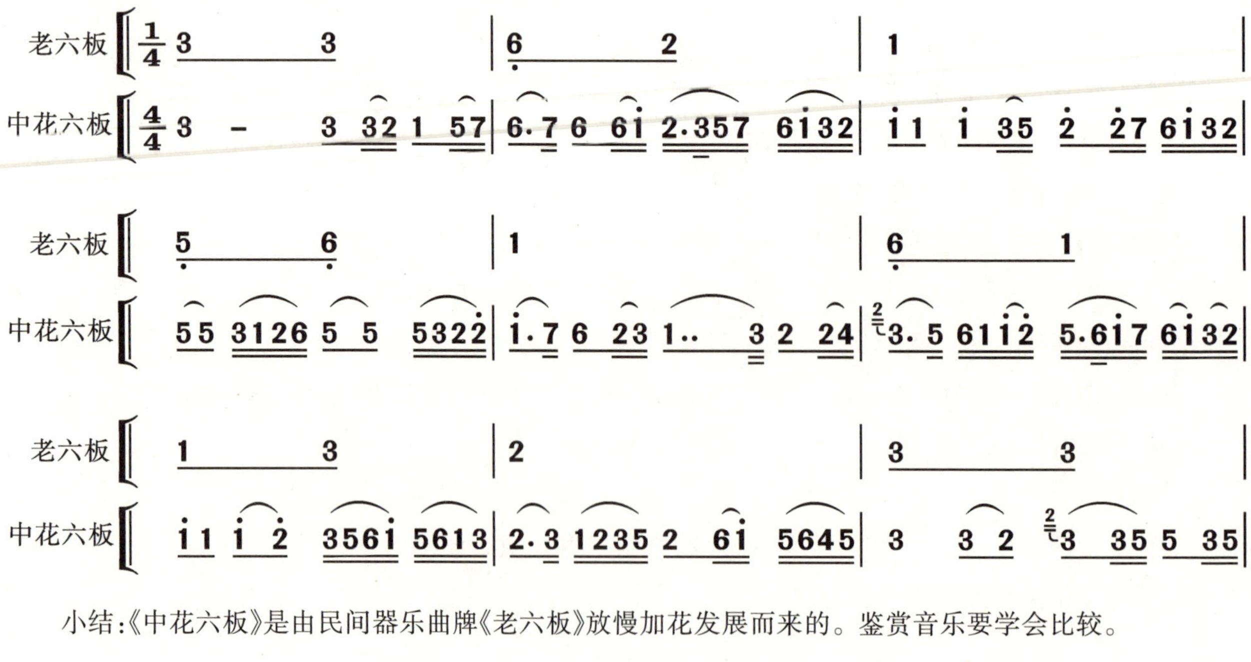

小结：《中花六板》是由民间器乐曲牌《老六板》放慢加花发展而来的。鉴赏音乐要学会比较。

【设计意图】多维度赏析，深度了解作品。

(6)完整聆听作品，感受人文影响

总结江南丝竹优雅恬静的风格特点与江南秀美的风光、细腻的人文之间有着密切联系，提示学生鉴赏应从音乐与人文入手。

【设计意图】培养学生对作品的人文性做出判断和反思的能力。

2.广东音乐《娱乐升平》鉴赏

(1)描述江南丝竹，引出《娱乐升平》

师：江南丝竹优雅恬静，而属于经济发达地区的广东，它的音乐又会是什么样呢？

【设计意图】自然引出《娱乐升平》这个作品，过渡流畅。

(2)初听音乐，体会音乐情绪

播放《娱乐升平》音乐，与江南丝竹比较，体会出音乐情绪更具活泼性。

【设计意图】比较聆听，更有利于对音乐的辨析。

(3)再听音乐，辨识演奏乐器

播放《娱乐升平》音乐，再播放二胡音乐，辨识高胡这一特色乐器。

【设计意图】再听和比较聆听，让学生一步步走进广东音乐。

(4)出示广东音乐乐器图，了解器乐乐种

介绍图片中的乐器，同时介绍广东音乐这一民族器乐乐种：广东音乐是流行于广州市以及珠江三角洲一带的民间器乐乐种。高胡、扬琴为主奏乐器。乐曲一部分源于古曲或民间乐曲，另一部分则是作曲家的创作。其音乐风格轻快活泼、缠绵细腻、流畅动听。

【设计意图】将广东音乐的概念清晰地抛出，有助于学生明确学习目标，这也是高中生进行自主学习和思考的前提。

(5)听唱旋律，品赏创作特色

娱乐升平

1=G $\frac{4}{4}$

丘鹤俦 编曲

中板

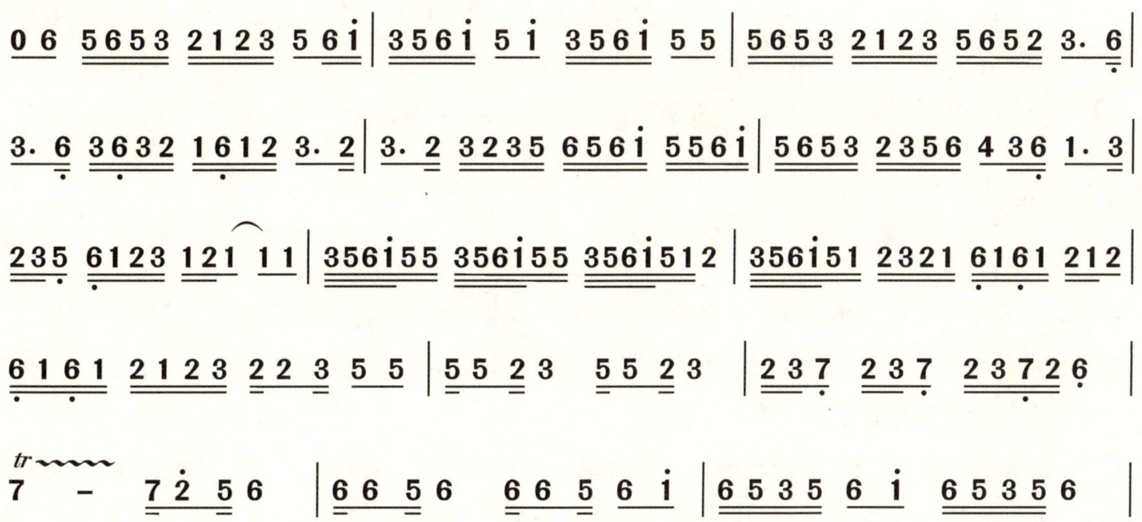

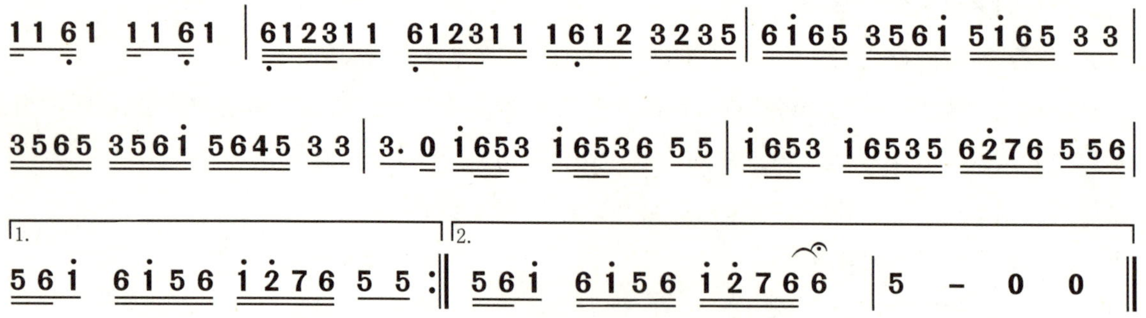

听唱旋律，提炼4、7两音的运用。

听唱旋律，体会不断重复的音型，例如切分节奏的重复：

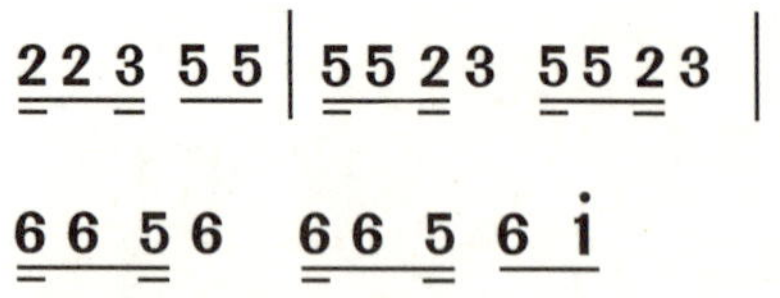

【设计意图】通过音乐实践，使学生了解旋律色彩，有助于培养学生用音乐要素去鉴赏作品的能力。

(6)完整聆听作品，讨论人文影响

小结：广东音乐的风格特点与广东作为开放性地区以及开朗外向的人民性格有密切关系。鉴赏音乐应学会从音乐与人文入手。

【设计意图】从江南丝竹领着学，到此时通过讨论自主学，培养学生独立思考探究的能力，同时也培养学生对作品的人文性作出判断和反思的能力。

3.聆听音乐，拓展与提升

(1)江南丝竹、广东音乐名曲介绍。

江南丝竹：《中花六板》《三六》《慢六板》《慢三六》《欢乐歌》《云庆》《行街》《四合如意》

广东音乐：《娱乐升平》《旱天雷》《雨打芭蕉》《步步高》

(2)介绍、聆听广东音乐名作《步步高》，并介绍曲作者吕文成。

【设计意图】名曲名家的介绍，有助于开拓学生的思维与眼界，对培养学生继续学习的兴趣和能力有一定帮助。

(3)讨论总结：音乐鉴赏应该多维度进行，要学会从音乐要素和人文入手。

（乐器　旋律　人文　风格　评价）

【设计意图】总结音乐鉴赏的方法，培养学生鉴赏音乐的能力，进而提升学生的学科素养。

教学反思

本节课的设计紧紧围绕高中音乐学科的核心素养以及关注培养学生的能力这两方面来进行。

首先在目标的制定中，关注了聆听，关注了学科核心素养中的审美感知、艺术表现与文化理解，在教学设计中时刻围绕教学目标进行。

其次，在教学中多处进行了音乐实践，充分体现了学科的特点，也关注了学生艺术表现能力的培养。如：跟唱二胡的演奏——《中花六板》；哼唱主题旋律——《娱乐升平》；寻找旋律特色音符——《娱乐升平》

中的“4”和“7”；发现旋律特色音型——不断重复的音型等等。

再者，教学中笔者不时进行探究与讨论，从而培养学生的自主学习能力。例如在分析音乐与人文性关系的时候，从江南丝竹由老师引领着进行感受与讨论，到鉴赏广东音乐的人文影响时，由学生自主讨论探究，一步步提升，充分培养学生独立思考探究的能力，同时也培养学生逐渐学会对作品的人文性作出判断和反思。

最后，教学中笔者时刻关注高中生鉴赏能力的培养，并时刻用总结性的话语提示学生，帮助他们理解与消化。如在总结江南丝竹旋律复调手法的创作特点时，提示学生，鉴赏音乐要学会整体看作品。又如在课的最后特意设计了“讨论音乐鉴赏的方法”这一环节，并明确提出音乐鉴赏应该多维度，要学会从音乐要素和人文内涵入手。

值得深思的地方是，高胡的音色以及两种民族器乐乐种对于学生来说并不熟悉，一节课仅40分钟，要让学生能够完全区分与鉴别，其难度是比较大的。我们应该多一些关注课后的延伸与拓展。让音乐课的影响在无意间拓宽，这应该就是音乐教学的最大功效了。

课例39 《欧洲歌剧及其艺术形式》教学设计

宁波市惠贞书院 庄学健

课 型

欣赏课

教 材

人民音乐出版社普通高中课程标准实验教科书《音乐与戏剧表演》

教学内容

1.欧洲歌剧的简要历史发展过程及代表作

2.欧洲歌剧的艺术表现形式

3.歌剧《茶花女》剧情及重要段落赏析

授课年级

高一或高二年级

教材分析

本节是学生学习歌剧的起始章节，由于歌剧这种艺术形式产生于欧洲，故教材首先让学生学习和了解欧洲歌剧。教材选用了几部世界著名歌剧的唱段作为欣赏内容，通过这些作品使学生深入了解欧洲歌剧及其艺术形式。其中选段《饮酒歌》是歌剧史上极其重要的作品《茶花女》的经典唱段，这部歌剧是意大利歌剧的代表作，作曲家威尔第是歌剧史上最重要的作曲家之一。歌剧《茶花女》在题材、形式、作曲技巧、艺术风格等方面都体现了歌剧作品的典型特点，对学生认识和理解歌剧艺术有直观而全面的帮助。

教学目标

1.通过欣赏歌剧《茶花女》片段，了解欧洲歌剧的历史，知道歌剧所包含的各种艺术形式。

2.通过欣赏歌剧《茶花女》片段，借助学案，提高对歌剧的审美欣赏能力、自主探究能力与合作探究能力。

3.通过欣赏歌剧《茶花女》片段，认识歌剧的艺术价值，提升对歌剧艺术的兴趣。

教学重点

结合剧情欣赏《茶花女》各重要片段，引导学生了解歌剧及其艺术形式。

教学难点

歌剧《茶花女》序曲中悲剧主题、爱情主题及爱情主题变体的记忆与听辨。

教学过程

一、谈话式导入

课前准备：

(1)学案——课前下发给学生，每人一份。

(2)板书——《茶花女》序曲中的悲剧主题、爱情主题、爱情主题变体这三条旋律片段的曲谱。

① 1=E $\frac{4}{4}$

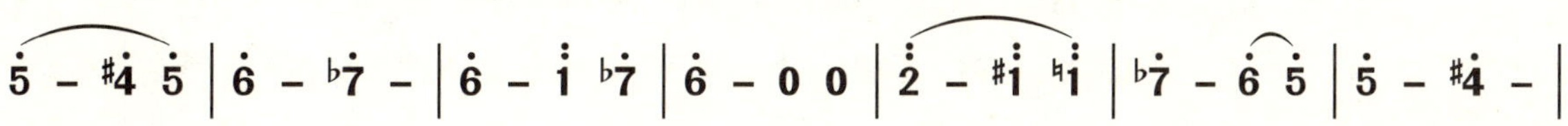

② 1=E $\frac{4}{4}$

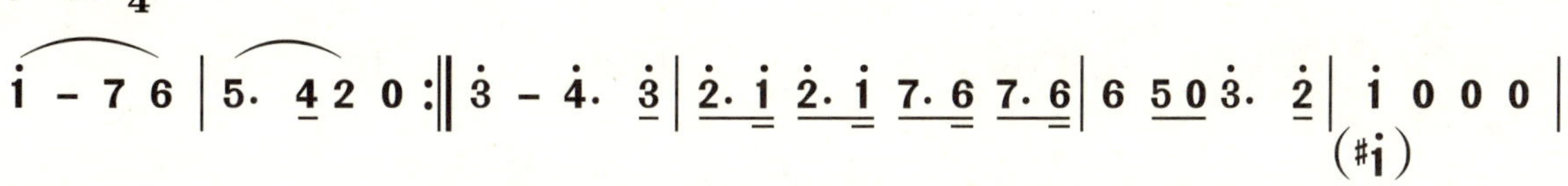

③ 1=A $\frac{3}{8}$

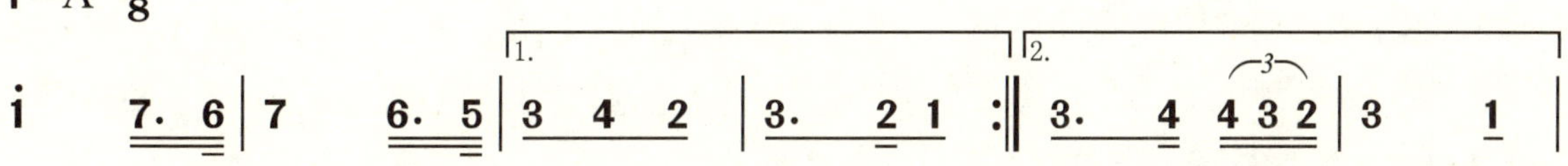

师：近几年电视上出现了各类比较火热的歌唱类音乐选秀、比赛节目，这些节目在后期制作中可以将歌手们录制过程中的演唱瑕疵做修复和弥补。有另外一些歌手，或者应该叫歌唱家们，他们的歌唱表演却不可能有再来一次或后期制作的机会，只有现场版，他们就是歌剧演唱家。他们要保证自己在长达几小时的演唱中不出现音准、节奏、表演、艺术处理上的瑕疵。今天这节课就让我们来欣赏歌剧演唱家们的表演，同时也来深入地了解歌剧。(出示课题)

二、新授课（学生以学案为辅助）

1.歌剧简史

（1）歌剧于16世纪末起源于意大利佛罗伦萨，之后盛行于欧洲各地。

（2）歌剧自诞生于意大利后，在欧洲其他国家也流行开来。至19世纪末，德国、奥地利、法国、英国、俄国都诞生了极具影响力的歌剧作曲家和歌剧作品，如：18世纪莫扎特的《费加罗的婚礼》《魔笛》，19世纪初罗西尼的《塞维利亚理发师》，19世纪中后期的比才、瓦格纳……（引出威尔第及其代表作《茶花女》）

2.歌剧序曲及其艺术价值

师：歌剧固然以歌唱为主，但歌剧的开场是怎样的？

（请学生试着回答：由一段器乐曲也就是序曲开场）

（1）师：故事围绕男女主角的爱情故事展开，而他们的结局是怎样的？

聆听序曲的悲剧主题，听后请学生说说音乐情绪。

（阴森的气氛和悲凉的情绪，暗示悲剧结局；序曲具有提示剧情的作用）

（2）聆听、记忆、学唱爱情主题及其变体。

师：序曲中的旋律通常是贯穿整部歌剧的重要的主题音乐。这些主题既然是贯穿全剧的线索，待会儿听到这些主题时请举手示意告诉老师。

3.继续赏析《茶花女》各主要段落

在欣赏过程中学习歌剧中的声乐部分、器乐部分的艺术形式以及歌剧的结构，在下发的学案中逐步完成填空。

（1）欣赏第一幕。

根据学案的剧情提示（剧情1：薇奥列塔［薇］久病初愈，在家举办宴会，经人介绍认识了阿尔弗莱德［阿］，也听闻自己生病期间阿的默默送花、探望、关怀），欣赏开场《快乐人生》，思考：有哪些演唱形式？用了哪种唱法？

（听后请学生回答）

接着欣赏片段“尊贵的夫人，请容我介绍……”，思考：剧情中人物之间进行了什么样的对话？

（听后生回答）

引出宣叙调，师讲述其概念及特点。

（2）根据学案的剧情提示（剧情2：正当大家快乐地享用美酒佳肴时，阿的好友提议他唱首歌来助兴，薇也热情恳求），欣赏《饮酒歌》，思考：歌词所唱的内容还是人物间的对话吗？这段音乐以叙述还是抒情为主？

引出咏叹调的概念、特点及其在歌剧中的重要性。

（3）根据学案的剧情提示（剧情3：不久，圆舞曲从隔壁大厅中传来，当薇想邀请客人跳舞时，突觉身体不适，晕坐在沙发上。这一次晕倒，也是肺病加重的预兆，大家纷纷前来问候、安慰，最后只剩下一直放心不下的阿还在一旁陪伴她。阿借此机会向薇表达一直以来的爱意），欣赏男主角唱段《幸福的日子》，思考：男主角唱的是黑板上的哪条旋律？是宣叙调还是咏叹调？

（听后生回答）

师：这是爱情主题在整部歌剧中第一次在歌声中出现，这个唱段也表达了男主角对女主角发自肺腑的真诚的爱。薇奥列塔被真情打动，将胸前的茶花赠与阿尔弗莱德，并约定与他隔日再相见。

(4)根据学案的剧情提示(剧情4:舞会结束已是深夜,客人们相继同薇告别,送走客人后,她疲倦地躺在沙发上,回想刚才发生的一切),欣赏《啊,梦中的人儿》,体会咏叹调的艺术魅力,体会歌剧演唱家在演唱与表演上的高超技巧。

师:听到熟悉的旋律时请举手示意。

听完后,师问:是宣叙调还是咏叹调?

(生回答)

师:该唱段表现了女主角虽身份卑微、身世凄惨,但同样渴望爱情、追求幸福的纯洁的内心世界。

(5)欣赏第二幕第一场。

师:薇奥列塔和阿尔弗莱德的爱情迅速发展,薇奥列塔兑现了她的诺言,迁离巴黎来到近郊与阿尔弗莱德过起了甜蜜快乐的生活。可是平静生活刚开始没多久,又出现了波澜。

根据学案的剧情提示(剧情5:阿的父亲乔治以薇的身份卑贱而影响阿的妹妹婚事为由,用各种方式逼迫薇离开阿,薇步步退让),欣赏《神赐给我天使般纯洁可爱的女儿》,思考:演唱形式是什么?

(听后生回答:二重唱)

根据学案的剧情提示(剧情6:乔治要求薇永远离开阿,最终薇只好痛苦妥协。在薇给阿留字条时,阿突然从巴黎回来,薇知道这可能是最后一次见到心上人了,但她又不能把实情说出,在无奈和悲痛中,她强堆笑脸),欣赏唱段"爱我吧,阿尔弗莱德",设问:女主角唱的是序曲中的哪段主题?

(爱情主题)

这次演唱的为什么不是爱情主题的变体,而是爱情主题完整的呈现?

(听后生回答:被迫放弃,为阿家里人着想,为爱牺牲自我,这是薇对阿的爱的最丰满的表现)

(6)欣赏第二幕第二场。

根据学案的剧情提示(剧情7:在薇的朋友芙罗拉家的聚会中,看到薇又跟旧相好男爵在一起,不明真相的阿在气头上把赌博赢来的一大堆金币扔向薇,以此羞辱她。可怜的薇受此刺激痛心疾首,昏倒在芙罗拉怀里。阿的这一过分举动激起在场所有人的谴责,醒来后的薇却说"阿尔弗莱德不明白我的内心,尽管受此侮辱,我还是深深爱他"),欣赏《假面舞会——吉普赛女郎舞蹈》。

师:同剧情相关的、带有民族风格的舞蹈也是歌剧中常见的艺术表现形式。

(7)欣赏第三幕。

欣赏《幕间曲(间奏曲)》,思考:与哪条旋律相同?

(听后生回答:序曲中的悲剧主题)

从序曲到幕间曲,前后呼应,达到了结构上的完整统一。

根据学案的剧情提示(剧情8:在经过心灵上的沉重打击之后,薇的肺病日益严重,医生私下对女仆说她命不久矣。那天正好是狂欢节,窗外热闹的音乐声和屋内令人窒息的悲凉形成鲜明对比。薇收到乔治的信,得知阿已经知道事情原委,即将和乔治一起回来看望自己,可薇只有叹息道:"太晚了,一切都太晚了!"),欣赏《终曲——五重唱》,教师说明该场景的五个人物——女仆、医生、父亲乔治以及男女主角。

设问:该唱段的演唱形式是什么?

(听后生回答)

三、小结欧洲歌剧及其艺术形式

1. 学生前后小组讨论，完成剩下的填空

有问题举手，教师在巡视中个别解答。

2. 师生回顾本课知识点

校对填空答案。

3. 总结歌剧的概念

一种将音乐与戏剧、舞蹈和美术融为一体，主要以歌唱表现戏剧故事及人物的综合性艺术。

4. 引用罗曼·罗兰的话作为结语

四、拓展学习（课后作业）

欣赏著名歌剧序曲《塞维利亚理发师》《费加罗的婚礼》，咏叹调《今夜无人入睡》《晴朗的一天》；了解其他著名歌剧作曲家普契尼、瓦格纳等。

课例40　管乐队的构成及主要乐器简介

宁波滨海学校　林品龙

课　型

演奏、欣赏课

教　材

人民音乐出版社普通高中课程标准实验教科书《演奏(乐队)》

教学内容

管乐队的构成及主要乐器简介

授课年级

高二年级

教材分析

本课选自人音版高中教科书《演奏(乐队)》中的《管乐队》单元,旨在让学生了解管乐队中各组乐器的音色和相应的地位。学生自小学阶段即已开始接触管乐作品和相关的乐器,对管乐队相关乐器已积累了较为丰富的认知,但获取的信息大都来自书本、音频或视频等渠道,极少近距离亲身接触管乐队,对管乐器的实体与原声了解非常少。故本节课重在引导学生通过观看管乐器实物、聆听示范演奏、亲自尝试吹奏等方式,现场了解管乐器的构造、音色、音乐表现力,进而对管乐队的基本乐器有更为直接的认识;同时培养学生在欣赏相关作品时具备一定音乐织体及音响构架方面的辨识力。

教学目标

1.通过观察、聆听、尝试演奏,了解各种管乐器的构造、音域、音色和基本的演奏方法。

2.聆听管乐重奏、合奏曲,了解每种管乐器在作品中的角色与地位。

3. 学会聆听分辨管乐合奏曲中不同乐器的表现，引导学生在聆听同类音乐作品时形成聆听和声音响的音乐思维习惯。

教学重难点

感受并分辨管乐器的音色，培养整体聆听合奏音色与音乐表现的意识。

教学过程

一、课题导入

1. 教师用长笛吹奏歌曲《凉凉》片段，导入课题

带领学生观看乐队图片与管乐器实物，师生交流对管乐器的认识。

【设计意图】激发学生了解管乐器的兴趣。

2. 学生分组手持乐器，观察各类管乐器的构造

【设计意图】近距离了解管乐器的形制、质感，激发学生认知乐器的兴趣。

二、出示课题，了解木管乐器与铜管乐器的音色、构造及重奏的和声效果

【设计意图】通过管乐队现场表演的图片唤起学生的记忆。

1. 介绍萨克斯

(1)师生交流萨克斯的形状特点，了解萨克斯发声的笛头。

(2)教师现场演奏乐曲《卡萨布兰卡》片段，感受萨克斯的音色特点。

(3)出示课件，了解萨克斯的历史及在乐队中的地位。

2. 介绍长号

(1)引导学生观察乐器，思考长号如何吹奏音阶。教师吹奏长号的泛音，让学生初步了解长号的音色。

【设计意图】通过观察教师演奏的方式，了解长号的发声特点。

(2)教师演奏《欢迎进行曲》片段和《鸿雁》。

【设计意图】通过强奏和弱奏两种吹奏方式的对比，了解长号丰富的音色及在乐队中所发挥的作用。

(3)学生尝试吹奏长号。

【设计意图】学生亲身演奏，体验长号发声的方式。

(4)出示课件，小结长号的音色特点及在乐队中的地位。

3. 介绍上低音号

(1)观察乐器外形特征，教师吹奏5个基本泛音，让学生了解带按键铜管乐器的发声原理。

(2)教师吹奏歌曲《十年》，学生感受乐器的音色，同时对比长号的音色，了解上低音号的音色特点。

(3)出示课件，介绍乐器。

【设计意图】通过对比聆听，引导学生听辨上低音号的音色与音域。

4.介绍单簧管

(1)出示单簧管的介绍课件,了解学生对单簧管音色的基本印象。

(2)认识单簧管各音区的特点,教师分别用低音区、中音区和高音区演奏乐曲《天空之城》。

【设计意图】通过学生对单簧管印象的回忆和现场演奏音色的对比,重塑对乐器的认识;了解单簧管各个音区的音色特点与音乐表现力。

(3)简介单簧管,出示PPT课件。

5.介绍双簧管和大管

(1)对比观察单簧管和双簧管、大管的外形特征。

(2)简介双簧管,出示课件。

(3)视听大管独奏与介绍视频。

【设计意图】此两种乐器的吹奏嘴型一样,音色相近,但形制与大小不同,以对比的方式进行观察能够较好地区别两种乐器。

6.木管乐器组简介,木管乐器重奏欣赏

(1)视听木管乐器重奏作品,引导学生关注各个乐器的音乐表现力。

(2)通过钢琴和声的演奏,辅助感知乐器演奏的高低音组合产生的和声色彩。

【设计意图】引导学生关注各个木管乐器的个性表现与整体音响的特点。

7.圆号、小号对比介绍

(1)听圆号的音色:教师演奏《念故乡》,学生描述对圆号声音的印象,感受圆号柔和的音色,以及易于和其他乐器相融合的特性。教师出示课件文字介绍圆号。

(2)观察小号,师生交流,并通过进行曲与抒情片段的示范演奏,进一步认识小号刚劲有力和柔美如歌的音乐表现力。

(3)出示课件介绍。

【设计意图】通过不同乐器音色的对比和同一乐器不同演奏方式的对比,培养学生音色的辨识力,同时形成对乐器多维度的认知。

8.介绍大号

(1)视听上低音号和大号二重奏,了解大号的低音效果。

(2)听辨、寻找大号演奏的旋律,用低音模仿大号的演奏。

(3)引导学生小结大号在乐队中的作用,出示课件。

【设计意图】因管乐队的演奏中大号的声音不易被关注,利用二重奏的欣赏可以让学生更清晰地听到大号的声音。提示学生欣赏相关作品时能有意识地关注低音乐器的表现,认识低音乐器在塑造和声功能中的作用。

9.铜管乐器简介

聆听铜管五重奏《老朋友进行曲》,引导学生感受每种乐器在重奏中的表现。

三、巩固与总结

1. 播放音频和视频，聆听、辨别管乐器音色

【设计意图】教师为音色的听辨准备音频和视频两种格式的文件，当学生辨析所听的音色有争议时，可以观看视频，从演奏的音区或其他相似点进行细致剖析。

2. 视听管乐队室内与室外演奏视频，请学生思考管乐重奏与合奏的音乐效果与意义

【设计意图】联系生活中所接触到的相关管乐作品，引导学生学会聆听；同时拓开学生的音乐视野，让他们了解更为丰富的管乐队作品呈现方式和相关的音乐文化。

3. 结语

师：今天这节课我们一起现场认识了管乐队中各个乐器的特点及其在合奏中的表现，今后同学们在聆听相关的作品时既要学会观察和分辨乐器的个性表现，也要能够以整体的视角去欣赏音乐，那样你们将会获得更为丰富的音响感受和情感体验。

教学反思

本节课所准备的乐器种类较为齐全，在教学中学生的实际参与面较大，现场体验效果较好。因课程的容量过大，学生在实践互动与体验中有一些可变因素，实际收效与预期目标有一些出入，尚有以下方面有待改进：

1. 对单个乐器的介绍比较具体，所占的比重偏多，对重奏、合奏描述得相对简单。
2. 在乐器介绍的表达方面还可以再精炼一些。
3. 未对管乐队的打击乐器组进行介绍，可适时在教学的某个环节进行提示，让学生稍作了解。